Geschäftsgang und Wirkungskreis der Landgerichte älterer Ordnung in Bayern unter besonderer Berücksichtigung verschiedener Reformvorschläge

Europäische Hochschulschriften

European University Studies

Publications Universitaires Européennes

Reihe II **Rechtswissenschaft**

Series II Law

Série II Droit

Band/Volume **5955**

Robert Wallenberger

Geschäftsgang und Wirkungskreis der Landgerichte älterer Ordnung in Bayern unter besonderer Berücksichtigung verschiedener Reformvorschläge

Untergerichte in Bayern im ländlichen Raum von der 1. Hälfte des 19. Jahrhunderts

PL ACADEMIC RESEARCH

Bibliografische Information der Deutschen Nationalbibliothek
Die Deutsche Nationalbibliothek verzeichnet diese Publikation in der Deutschen Nationalbibliografie; detaillierte bibliografische Daten sind im Internet über http://dnb.d-nb.de abrufbar.

Zugl.: München, Univ., Diss., 2017

D 19
ISSN 0531-7312
ISBN 978-3-631-73543-5 (Print)
E-ISBN 978-3-631-73544-2 (E-PDF)
E-ISBN 978-3-631-73545-9 (EPUB)
E-ISBN 978-3-631-73546-6 (MOBI)
DOI 10.3726/b11850

PL Academic Research ist ein Imprint der Peter Lang GmbH.
Peter Lang – Frankfurt am Main · Bern · Bruxelles · New York · Oxford · Warszawa · Wien

Diese Publikation wurde begutachtet.

www.peterlang.com

Gliederung

A. Literatur- und Quellenverzeichnis

Literaturverzeichnis

Anonym. (1819). *Bemerkungen über die Einführung der Oeffentlichkeit des gerichtlichen Verfahrens und der Geschworenengerichte in Baiern.* München.

Anonym. (1819). *Ueber das Bedürfniß einer besseren Justiz in Baiern, besonders bey den Landgerichten den Land-Ständen gewidmet.*

Anonym. (1832). *Ueber die Sporteltantiemen der bayerischen Landrichter und ihr Surrogat. Eine humoristische Abhandlung.* München.

Anonym. (1834). *Ueber die bevorstehende Verkleinerung der Landgerichte in Bayern.* Straubing.

Anonym. (1860). *Ein Gutachten in der Gerichtsorganisationsfrage: von einem Landgerichts-Assesor.* Nördlingen.

Baatz, G. (2008). 125 Jahre Geschichte deutscher Rechtsanwaltskammern. *BRAK-Mittelungen.*

BADW. (1972). Johann Peter von Hornthal. *Neue Deutsche Biographie, 9.*

Barth, J. (1823). *Über die Nothwendigkeit und Art der Trennung der Justiz von der Administration in Staaten mit Verfassung.* Würzburg.

Becher, H. (1896). *Das rechtsrheinisch-bayerische Landescivilrecht u. Landescivilprozeßrecht unter Berücksichtigung der freiwilligen Gerichtsbarkeit.* München.

Becker, C. (2013). Beurkundung im öffentlichen Amt als Kulturgut – Herausbildung des modernen Notariates in Bayern. *Festschrift 150 Jahre Bayerisches Notariat herausgeg. von Bayerischer Notarverein.* München.

Bosl, K. (1968). Aus den Papieren des Regierungsrates J.N.Frh. von Pelkhoven. In K. Bosl (Hrsg.), *Festschrift aus Anlaß des 750. Gründungsjubiläums von Straubing.* Straubing.

Bromsdorf, F. (1971). *Prozessmaximen und Rechtswirklichkeit – Verhandlungs- und Untersuchungsmaxime im deutschen Zivilprozeß; vom gemeinen Recht bis zu ZPO.* Kiel.

Buchinger, F. (1827). *Die Einführung der öffentlichen Rechtspflege in Bayern mit Beziehung auf die Oeffentlichkeit des Kultus: Die Landgerichte, Herrschafts- und Patrimonialgerichte, und ihre Auflösung – in Bezirksgerichte, Friedens-Gerichte, Notariate und Land-Kommissariate.* Passau.

Carsten, E. S., & Rautenberg, E. (2012). *Die Geschichte der Staatsanwaltschaft in Deutschland bis zur Gegenwart, 2. Auflage.* Baden-Baden.

Clark, C. (2007). *Preußen. Aufstieg und Niedergang. 1600–1947.* München.

Demel, W. (1983). Der Bayerische Staatsabsolutismus 1806/08–1817. – Staats- und gesellschaftspolitische Motivationen und Hintergründe der Reformära in der ersten Phase des Königreichs Bayern. *Schriftenreihe der Bayerischen Landesgeschichte, 76*. München.

Dickopf, K. (1960). *Georg Ludwig von Maurer 1790–1872. Eine Biographie.* Kallmünz.

Doeberl, M. (1928). *Entwicklungsgeschichte Bayerns.* (Bd. 2). München.

Edelkötter, F. (2005). *Der Anwalt in Deutschland und in England: Eine rechtsvergleichende Untersuchung im europäischen Kontext.* Münster.

Elster, L., Weber, A., & Wieser, F. (1923). *Handwörterbuch der Staatswissenschaften* (Bd. 5). Jena.

Engelhard, W. G. (1817). *Entwurf einer verbesserten Gesetzgebung für bürgerliche Rechtsstreitigkeiten.* Rudolfstadt.

Fellner, C. (1986). *Die Reform der bayerischen Zivilrechtspflege von den ersten Anregungen des Landtages im Jahre 1819 bis zur Gründung des Deutschen Reichs.* Kiel.

Fischer, J. (1949). *Die Entwicklung der formellen Trennung von Justiz und Verwaltung in Bayern und ihre Wirkung auf die Gestaltung der Verwaltungsgerichtsbarkeit.* München.

Freudel, G. H. (1846). *Anleitung zur wesenzlichen Kenntnis für den administrativen Wirkungskreis der Landgerichte in Bayern* . Bayreuth.

Gerstner, L. J. (1850). *Systematische Entwicklung des Gesetzes vom 4. Juni 1848: die Aufhebung der standes- und gutsherrlichen Gerichtsbarkeit, dann die Aufhebung, Fixirung und Ablösung von Grundlasten betreffend* (Bd. 2). Ansabach.

Gönner, N. T. (1804). *Handbuch des deutschen gemeinen Prozesses in einer ausführlichen Erörterung seiner wichtigsten Gegenstände.* Erlangen.

Gönner, N. T. (1815). *Entwurf eines Gesetzbuchs über das Gerichtliche Verfahren in bürgerlichen Rechtssachen.* Erlangen.

Gruner, W. (1972). *Das bayerische Heer von 1825–1864.* Boppard.

Hammer, E. (1963). Die Geschichte des Grundbuchs in Bayern. (P. Oestmann, J. Rückert, & H.-P. Haferkampf, Hrsg.) *Zeitschrift der Savigny-Stiftung für Rechtsgeschichte: Germanistische Abteilung, 80*(1).

Hartung, F. (1906). *Hardenberg und die preußische Verwaltung in Ansbach-Bayreuth von 1792 bis 1806.* Erlangen.

Heller von Hellersberg, K. (1802). *Beiträge zur neueren Geschichte der Patrimonialgerichtsbarkeit in Baier.* München.

Hellmuth, C. (1854). *Die königlich bayerischen Landgerichte diesseits des Rheins vom 24. März 1802 bis zur Gegenwart, bezüglich ihrer Bezirksformation, Verfassung, amtlichen Stellung und der Personalverhältnisse ihrer Beamten.* Nördlingen.

Hermann, H.-G. (2012). Zur Geschichte des Notariats im links- und rechtsrheinischen Bayern. In M. Schmoeckel, & W. Schubert, *Handbuch zur Geschichte des deutschen Notariats seit der Reichsnotariatsordnung von 1512.* Baden-Baden.

Hermann, H.-G. (2013). § 779. Vergleich. *Historisch-kritischer Kommentar zum BGB, 3: Schuldrecht. Besonderer Teil. 2. Teilband: §§ 657–853.* (M. Schmoeckel, J. Rückert, & R. Zimmermann, Hrsg.) Tübingen.

Hetting, M. (1990). *Reform ohne Revolution.* Göttingen.

Hiereth, S. (1950). *Die bayerische Gerichts- und Verwaltungsorganisation vom 13. bis 19. Jahrhundert.* München.

Holler, G. L., & Gönner, N. T. (1804). *Geschichte und Würdigung der deutschen Patrimonialgerichtsbarkeit, mit besonderer Rücksicht auf Bayern.* Landshut.

Hopffer, H., & Scheurl, C. G. (1845). *Reden am Grabe des Herrn Dr. Wolfgang Heinrich Puchta, pensionierter Landrichter, Ritter des königlich bayerischen Verdienstordens vom heiligen Michael gehalten am 9. April 1845.* Erlangen.

Höpfner, L. J. (1803). *Theoretisch-practischer Commentar über die Heineccischen Institutionen nach deren neuesten Ausgabe.* Frankfurt am Main.

Hornthal, J. P. (1837). *Die Verfassung und Verwaltung der Landgerichte in Bayern mit Vorschlägen zu ihrer Reform.* Bamberg.

Ignor, A. (2002). *Geschichte des Strafprozesses in Deutschland 1532–1846.* Paderborn.

Kaizl, J. (1901). *Finanzwissenschaft, Teil II.* Wien.

Kießling, R., & Schmid, A. (1977). Regierungssystem und Finanzverfassung. In *Dokumente zur Geschichte von Staat und Gesellschaft in Bayern herausgeg. von Kommission für Bayerische Landesgeschichte* (Bd. III/3). München.

Klose, D., & Jungmann-Stadler, F. (2006). *Königlich Bayerisches Geld, Zahlungsmittel und Finanzen im Königreich Bayern 1806–1918.* München.

Koellenberger, M. (1822). *Sendschreiben der baierischen Landgerichtsassessoren an die Machthaber und Landstände Baierns. Ein Beitrag geliefert zur nothwendigen Verbesserung oder Reorganisierung der äußeren Ämter von einem Wahrheits- und Vaterlandsfreunde.* Baiern.

Koellnberger, M. (1818). *Allerunterthänigste Vorstellung eines königlichen Justizbeamten an das königliche Oberappellationsgericht des Königreichs Baiern.* Baiern.

Kollmann, O. (1952). Zur Entwicklung des Ausbildungs- und Prüfungswesens für Richteramt, höheren Verwaltungsdienst, Rechtswissenschaft und Notariat in Bayern. *Verfassung und Verwaltung in Theorie und Wirklichkeit. Festschrift für Dr. Wilhelm Laforet, 3.* (W. Laforet, Hrsg.) München.

Körner, H.-M. (2005). *Große Bayerische Biographische Enzyklopädie* (Bd. 3). München.

Körner, H.-M. (2006). *Geschichte des Königreichs Bayern.* München.

Kotulla, M. (2007). *Deutsches Verfassungsrecht 1806–1918. Eine Dokumentensammlung nebst Einführung* (Bd. 2: Bayern). Berlin/Heidelberg.

Krauss, M. (1997). *Herrschaftspraxis in Bayern und Preussen im 19. Jahrhundert. Ein historischer Vergleich.* Frankfurt am Main.

Kreittmayr, W. X. (1769). *Grundriß des Allgemeinen, Deutsch. und Bayerischen Staatsrechts.* München/Leipzig.

Kreittmayr, W. X. (1842). *Anmerkungen über den Codex juris Bavarici judiciarii, worin derselbe sowohl mit den gemeinen, als den ehemalige statutarischen Gerichtsordnungen und Rechten genau verglichen ist.* München.

Kroeschell, K. A. (1998). Zent, Zentgericht. *Lexikon des Mittelalters, 9.* München/Zürich.

Landsberg, E. (1910). *Geschichte der Deutschen Rechtswissenschaft. Dritte Abteilung.* München.

Mayer, F. (1958). *Die Eigenständigkeit des bayerischen Verwaltungsrechts, dargestellt am Bayerns Polizeirecht.* München.

Mayr, G. K. (1800). *Sammlung der Churpfalz-baierischen allgemeinen und besonderen Landesverordnungen von Sr. Churfürstl. Durchläucht Maximilan Joseph IV. (Fortsetzung der Sammlung Bd. I-VI von 1784–1799)* (Bd. I). München.

Meyer (Hrsg.). (1908). Dikasterium. *Meyers großes Konversationslexikon, 5, 6. Auflage.* Leipzig/Wien.

Meyer (Hrsg.). (1908). Simra. *Meyers großes Konversatuinslexikon, 11, 7. Auflage.* Leipzig/Wien.

Miller, J. (1825). *Kritische Beleuchtung der von Feuerbach´schen Grundsätze über Öffentlichkeit und Mündlichkeit und gleiche Gerichtsverfassung.* München.

Moritz, H. A. (1837). *Novellen zur Bayerischen Gerichtsordnung vom Jahre 1754–1837.* München.

Moser, J. J. (1754). *Einleitung in das Chur-Fürstliche-Bayerische Staatsrecht.* Frankfurt an der Oder.

Nelkenbrecher, J. C. (1828). *Allgemeines Taschenbuch der Münz-, Maaß- und Gewichtskunde für Banquiers und Kaufleute.* Berlin.

Obernberg, J. v. (1815). *Über die baierische Landgerichts-Praxis.* Augsburg.

Oestmann, P. (kein Datum). Abgerufen am 05. 01 2017 von Handwörterbuch zur deutschen Rechtsgeschichte; zum Armenrecht: https://www.hrgdigital.de/hrg.armenrecht

Oestmann, P. (2015). *Wege zur Rechtsgeschichte: Gerichtsbarkeit und Verfahren.* Köln.

Overath, P. (2001). *Tod und Gnade. Die Todesstrafe in Bayern im 19. Jahrhundert.* Köln/Weimar/Wien.

Pahlow, L. (2000). *Justiz und Verwaltung. Zur Theorie der Gewaltenteilung im 18. und 19. Jahrhundert.* Goldbach.

Pelkhoven, J. N. (1811). *Über die Justizverwaltung auf dem Lande.*

Peters, K. (2010). *J. D. H. Temme und das preußische Strafverfahren in der Mitte des 19. Jahrhunderts.* Berlin/New York.

Pfenningmann, J. (1957). *1500 Jahre bayerische Landkarte: die Geschichte Bayerns* (Bd. 2: Die Neuzeit). München.

Pohl, H., & Menger, C.-F. (1983). Wurzeln und Anfänge der Selbstverwaltung, dargestellt am Beispiel der Städte. *Selbstverwaltung im Staat der Industriegesellschaft: Festgabe zum 70. Geburtstag von Georg Christoph von Unruh.* Heidelberg.

Prändel, J. G. (1806). *Geographie der sämmtlichen kurpfalzbaierschen Erbstaaten: ins Kurze gefasst.* Amberg.

Puchta, W. H. (1818). *Was giebt den Baiern ihre neue Verfassungs-Urkunde? Was fordert sie von ihnen? besonders in Beziehung auf die ständische Einrichtung; beantwortet in einem Sendschreiben eines Landrichters an seine Amtsanbefohlenen.* Erlangen.

Puchta, W. H. (1818/2). *Der Geschäftsmann in Gegenständen der öffentlichen und Privatrechts-Praxis.* Erlangen.

Puchta, W. H. (1819). *Ueber die Grenzen des Richteramts in bürgerlichen Rechtssachen.* Nürnberg.

Puchta, W. H. (1822). *Beiträge zur Gesetzgebung und Praxis des bürgerlichen Rechtsverfahrens* (Bd. 1). Erlangen.

Puchta, W. H. (1826). *Über die bürgerliche Rechtspflege und die Gerichtsverfassung Baierns mit Hinsicht auf die Verbesserungs-Vorschläge.* Erlangen.

Puchta, W. H. (1829). *Der Dienst der deutschen Justizämter oder Einzelrichter* (Bd. 1). Erlangen.

Puchta, W. H. (1830). *Der Dienst der deutschen Justizämter oder Einzelrichter* (Bd. 2). Erlangen.

Puchta, W. H. (1831). *Handbuch des gerichtlichen Verfahrens in Sachen der freiwilligen Gerichtsbarkeit* (Bd. 1). Erlangen.

Puchta, W. H. (1832). *Handbuch des gerichtlichen Verfahrens in Sachen der freiwilligen Gerichtsbarkeit* (Bd. 2). Erlangen.

Puchta, W. H. (1834). *˜Dieœ Landgerichte in Bayern und ihre Reform: mit vergleichender Rücksicht auf das deutsche Gerichtswesen früherer Zeit.* Erlangen.

Puchta, W. H. (1834/2). *Über das Verfahren in geringfügigen Civilrechtssachen.*

Puchta, W. H. (1838). *Anleitung zur Civilprozess-Praxis in Bayern: nach dem Gesetz vom 17. November 1837.* Erlangen.

Puchta, W. H. (1842). *Erinnerungen aus dem Leben und Wirken eines alten Beamten: vornehmlich für Anfänger in der juristischen, besonders Aemter-Praxis.* Nördlingen.

Raffael, H. (1952). *Ausbau und Entwicklung der Ministerialverfassung Bayerns unter Maximilian von Montgelas 1799–1808. Eine verfassungsrechtliche Studie.* München.

Regelsberger, F. (1874). Das Bayerische Hypothekenrecht. In V. v. Meibom (Hrsg.), *Deutsches Hypothekenrecht.* Leipzig.

Regnet, M. G. (1819). *Ueber die Wiederherstellung oder ganz neue Einrichtung der am leichtesten herzustellenden Landgerichte Altbaiern, nebst jeziger und künftiger Beschaffenheit derselben.* Regensburg.

Reigersberg, H. A. (1820). *Bericht über die Justizverwaltung im Königreiche Baiern für das Etatsjahr 1818/19.* München.

Reingruber, J. B. (1814). *Ueber den Wirkungskreis eines Landgerichts im Königreiche Baiern* (Bd. 1). Landshut.

Reingruber, J. B. (1814). *Ueber den Wirkungskreis eines Landgerichts im Königreiche Baiern* (Bd. 2). Landshut.

Riedenauer, E. (2003). Gebietsreform in Franken im frühen 19. Jahrhunder. In K. Ackermann, & A. Schmid (Hrsg.), *Staat und Verwaltung in Bayern. Festschrift für Wilhelm Volkert. Schriftenreihe zur bayerischen Landesgeschichte* (Bd. 139). München.

Rosenthal, E. (1906). *Geschichte des Gerichtswesens und der Verwaltungsorganisation Baierns* (Bd. 2). Aalen.

Rudhart, I. v. (1827). *Ueber den Zustand des Königreiches Bayern nach amtlichen Quellen.* Erlangen.

Samhaber, C. (1838). *Das königlich bayerische Prozessgesetz vom 17. November 1837 als Nachtrag zum Rechtsweg in Bayern.* Würzburg.

Schimke, M. (1996). Regierungsakten des Kurfürstentums und Königreichs Bayern 1799–1815. *Quellen zu den Reformen in den Rheinbundstaaten herausgeg. von Historische Kommission bei der Bayerischen Akademie der Wissenschaften,* 4. München.

Schuster, J. (1926). *Rückblicke in die Entwicklung der bayerischen Behörden und Stellen der Justiz- Innern- Finanz- und Forst-Verwaltung.* Regensburg.

Seybold, F. v. (1854). *Das Institut der Ämter: Ein Beitrag zum allgemeinen Staatsrechte.* München.

Seydel, M. v. (1913/1). *Bayerisches Staatsrecht* (2. Ausg., Bd. 1: Die Staatsverfassung nebst geschlichtlicher Einleitung). Tübingen.

Seydel, M. v. (1913/2). *Bayerisches Staatsrecht* (2. Ausg., Bd. 2: Die Staatsverwaltung). Tübingen.

Spindler, M. (1974). *Handbuch der bayerischen Geschichte* (1. Ausg., Bd. 4/I: Das Neue Bayern). München.

Spindler, M. (1988). *Handbuch der bayerischen Geschichte* (2. Ausg., Bd. 2: Das Alte Bayern. Der Territorialstaat vom Ausgang des 12. Jahrhunderts bis zum Ausgang des 18. Jahrhunderts). München.

Spindler, M. (1997). *Handbuch der Bayerischen Geschichte* (3 Ausg., Bd. 3/I: Geschichte Frankens bis zum Ausgang des 18. Jahrhunderts). München.

Spindler, M. (2003). *Handbuch der bayerischen Geschichte* (2. Ausg., Bd. 4/I: Das Neue Bayern). München.

Stahleder, E., & all. (1990). Gerechtigkeit erhöht ein Volk. Recht und Rechtspflege in Bayern im Wandel der Geschichte. *Eine Ausstellung im Bayerischen Hauptstaatsarchiv, Ausstellungskatalog Nr. 28.*

Stangl, A. (2002). *Entwicklung des Bauplanungsrechts in Bayern 1863–1933: mit Beispielen aus München, Nürnberg und Regensburg.* Regensburg.

Stephan, M., & Rumschöttel, H. (2008). Bayerns Anfänge als Verfassungsstaat. Die Konstitution von 1808. *Eine Ausstellung im Bayerischen Hauptstaatsarchiv, Ausstellungskatalog Nr. 49.*

Stinzing, R. v. (1910). *Geschichte der Deutschen Rechtswissenschaft. Erste Abteilung.* München.

Stuckenberg, C.-F. (1998). *Untersuchungen zur Unschuldsvermutung.* Berlin/New York.

Stürzer, J. (1838). *Theoretisch-praktische Bemerkungen zum dermaligen bayerischen Civilgerichts-Verfahren.* München.

Teichmann. (1876). Puchta – Lebenswerk. In F. Holtzendorff (Hrsg.), *Encyclopädie der Rechtswissenschaften in systematischer und alphabetischer Bearbeitung, 2. Teil* (Bd. 2). Leipzig.

Ullmann, E. (1879). Gönner, Nikolaus Thaddäus Ritter von. In H. C. Wissenschaften (Hrsg.), *Allgemeine Deutsche Biographie* (Bd. 9). Leipzig.

Ullmann, H.-P. (1983). Die bayerische Finanzverfassung der Jahre 1807/1808. In *Archiv für Sozialgeschichte herausgeg. von der Friedrich Ebert Stiftung* (Bd. 23). Bonn.

Volckamer, V. v. (1963). Das Landgericht Pfaffenhofen und das Pfleggericht Wolnzach. *Historischer Atlas von Bayern herausgeg. von Kommission für bayerische Landesgeschichte, Teil Altbayer, Reihe I, Nr. 14.* München.

Volkert, W. (1983). *Handbuch der bayerischen Ämter, Gemeinden und Gerichte 1799–1980.* München.

Weber, F. C. (1817). *Entwurf zur Geschäftsführung der Untergerichte.* München.

Weis, E. (1970). Montgelas' innenpolitisches Reformprogramm. Das Ansbacher Memoire für den Herzog vom 30.9.1796. *Zeitschrift für bayerische Landesgeschichte herausgeg. von Kommission für bayerische Landesgeschichte, 33.*

Weis, E. (1987). Die Trennung zwischen Justiz und Verwaltung bei den bayerischen Unterbehörden. Zur Vorgeschichte des Gerichtsverfassungsgesetzes von 1861. *Zeitschrift für bayerische Landesgeschichte herausgeg. von Kommission für bayerische Landesgeschichte, 50.*

Weis, E. (1988). *Montgelas. Zwischen Revolution und Reform. 1759–1799* (Bd. 1). München.

Weis, E. (2005). *Montgelas. Der Architekt des modernen bayerischen Staates. 1799–1838* (Bd. 2). München.

Weißler, A. (1905). *Geschichte der Rechtsanwaltschaft.* Leipzig.

Wendt, C. E. (1835). *Der Bürger in Rechtssachen sein eigener Anwalt.* Nürnberg.

Werthmann, S. (1995). *Vom Ende der Patrimonialgerichtsbarkeit. Ein Beitrag zur deutschen Justizgeschichte des 19. Jahrhunderts.* Frankfurt am Main.

Widtmann, J. (1963). Verwaltungsrechtspflege in Bayern von 1863 bis 1963. In M. Baring (Hrsg.), *Aus 100 Jahren Verwaltungsgerichtsbarkeit.* Köln/Berlin/Bonn/München.

Zintl, J. v. (1786). *Theoretische-praktische Anmerkungen über die in dem H. R. Reiche geletende vorzüglichste Kriegegesätze.* Franfurt/Leipzig.

Zintl, J. v. (1803). *Reflexionen über die neue Organisation der Churfürstl. Landesdirektion von Baiern und der Churfürstl. Landgerichte.*

Quellenverzeichnis

Allgemeines Intelligenzblatt 1819

Allgemeines Intelligenzblatt 1825

Bayerisches Hauptstaatsarchiv Staatsrat Nr. 3292

Bayerisches Hauptstaatsarchiv Landtag 9666
Bayerischer Staatsrat Nr. 2154
Bundesurlaubsgesetz
Churfürstlich pfalzbayerisches Regierungs- und Intelligenzblatt 1801
Churpfalzbaierisches Regierungsblatt 1802
Churpfalzbaierisches Regierungsblatt 1803
Churpfalzbaierisches Regierungsblatt 1805
Codex Maximilianus Bavaricus Civilis
Codex Juris Bavarici Judiciarii
Döllinger, Verordnungssammlung, Abteilung V
Döllinger, Verordnungssammlung, Abteilung XV
Döllinger, Verordnungssammlung, Abteilung XVII
Döllinger, Verordnungssammlung, Abteilung XVIII
Döllinger-Strauß, Verordnungssammlung, Abteilung XXXII
Gesetzblatt 1818
Gesetzblatt 1831
Gesetzblatt 1837
Gesetzblatt 1848
Gerichtsverfahrensgesetz
Protokolle des Bayerischen Staatsrats 1799–1817, Band 2
Protokolle des Bayerischen Staatsrats 1799–1817, Band 3
Regierungs- und Intelligenzblatt 1800
Regierungs- und Intelligenzblatt 1825
Regierungsblatt 1802
Regierungsblatt 1803
Regierungsblatt 1804
Regierungsblatt 1805
Regierungsblatt 1807
Regierungsblatt 1808
Regierungsblatt 1809
Regierungsblatt 1810
Regierungsblatt 1812
Regierungsblatt 1813

Regierungsblatt 1817
Regierungsblatt 1822
Regierungsblatt 1823
Regierungs- und Intelligenzblatt 1825
Staatsarchiv Augsburg, Regierung des 3. Oberdonaukreises, Akten, Nummer 1218

B. Vorbemerkung

„Was aber die königlichen Landgerichte betrifft, so müssten sie mit Wesen von einer erhabeneren Natur, als es die menschliche ist, besetzt werden können, um allen Anforderungen zu entsprechen“[1].

Ausgehend von dieser ebenso provokanten wie auch plakativen Charakterisierung eines bayerischen Landrichterideals durch den Juristen und Justizbeamten (u.a. Stadtgerichts- und Appellationsgerichtsassessor) von Pelkhoven[2], setzt sich diese Arbeit mit Geschäftsgang und Wirkungskreisen der Landgerichte älterer Ordnung in Bayern auseinander.

Die Rechts und Verfahrenspraxis der königlichen Landgerichte in Bayern in der ersten Hälfte des 19. Jahrhunderts hat in der Historiographie des deutschen Rechts bislang recht wenig Aufmerksamkeit erfahren. Dies ist umso verwunderlicher, als es auch die Erfahrungen mit dieser Ämterorganisationspraxis sind, die für die institutionelle Weiterentwicklung der Rechtspflege gedient haben. Eigentlich waren die Landgerichte mit ihrem umfassenden Zuständigkeits- und Aufgabenbereich für einen im Wesentlichen agrarisch geprägten Raum eine auf den ersten Blick zielführende – und geradezu ‚bürgernahe‘ – institutionelle Lösung, zumal auch die Alimentation der Landrichter wie auch anderer Organe der Rechtspflege als durchaus großzügig intendiert war. Wie diese Institutionen jedoch gerade an der übergroß dimensionierten Zuständigkeit wie auch an den Unzulänglichkeiten des Personals scheiterten, soll hier erstmals auf Basis einer umfangreichen Berücksichtigung zeitgenössischer Quellen nachvollzogen werden.

Das Ziel der Untersuchung ist es zu zeigen, wie – bisher wenig dokumentierte und aufgearbeitete – bayerische institutionelle Problemlösungen in der ersten Hälfte des 19. Jahrhunderts als eine Art „Negativbeispiel“ gesehen werden können, die für die weitere institutionelle Entwicklung der bayerischen[3], aber auch der deutschen, Gerichtsbarkeit, insbesondere aber auch für die Verankerung struktureller Prinzipien wie desjenigen der Gewaltenteilung, leitend geworden ist.

Als „Landgerichte älterer Ordnung“ werden heutzutage die bayerischen Unterbehörden auf dem Lande bis 1879 bezeichnet. Die Bezeichnung „älterer

1 (Pelkhoven 1811, S. 30).
2 Zum Leben Pelkhovens (Lenk 1968, S. 221–258).
3 Vgl. hierzu die Reformwilligkeit des bayerischen Staatsrats 1848 aufgrund der Erfahrungen der vorherigen Jahrzehnte in Bayerisches Hauptstaatsarchiv, Unterlagen zum Grundlagengesetz vom 4. Juni 1848, Staatsrat Nr. 3292.

Ordnung“ ist lediglich als Abgrenzung zu den Landgerichten „jüngerer Ordnung“ zu verstehen, wonach ein Landgericht prinzipiell als zweitinstanzliches Gericht nach dem Amtsgericht und zudem einzig für die streitige Zivilrechtspflege und die Strafgerichtsbarkeit in Erscheinung tritt. In dieser Arbeit sind mit „Landgericht“ ausnahmslos solche „älterer Ordnung“ gemeint[4].

Die Bezeichnung „Gericht“ greift hierbei allerdings viel zu kurz. Diese Unterbehörden nahmen neben der streitigen und der freiwilligen Gerichtsbarkeit in erster Instanz auch die gesamte Kriminaluntersuchung samt teilweiser Ausübung der Kriminalgerichtsbarkeit wahr sowie eine Vielzahl öffentlich-rechtlicher Aufgaben, insbesondere Verwaltungsaufgaben. Trotz ihrer Bezeichnung als „Landgerichte“ stellten sie eher eine Art Zwitterbehörde[5] auf unterster Ebene im ländlichen Raum dar[6].

Wenn das bayerische Königreich und die bayerischen Gebiete erwähnt werden, so handelt es sich in dieser Arbeit um die rechtsrheinischen Gebiete Bayerns, also das bayerische Herrschaftsgebiet „diesseits des Rheins“, ohne die Pfalz.

In der Pfalz galten seit der Eroberung durch Napoleon und auch danach andere Grundsätze für die Gerichts- und Ämterorganisation, insbesondere auch für deren Zuständigkeiten sowie das Gerichtsverfahren[7].

Sollten vereinzelt doch die linkrheinischen Gebiete Bayerns eine Rolle spielen, werden diese explizit als solche bezeichnet und in diesem Zusammenhang auch immer als Vergleichsmaßstab den rechtsrheinischen Gebieten gegenübergestellt.

Gegenstand und Gang der Untersuchung umfassen den Zeitraum der Jahre von 1802 bis 1848.

---

4 (Hiereth, 1950, S. 6–14). Durch deutsches Gerichtsverfassungsgesetz von 1879 wurde die unterste Instanz der Zivilrechtspflege nicht mehr als „Landgericht“, sondern als „Amtsgericht“ bezeichnet, vgl. §§ 23, 71 GVG.

5 Auch als „januskköpfige Institution“ bezeichnet (Weis E., Die Trennung zwischen Justiz und Verwaltung bei den bayerischen Unterbehörden. Zur Vorgeschichte des Gerichtsverfassungsgesetzes von 1861, 1987, S. 759).

6 Hinsichtlich der Stadtgerichte, die eine stärkere personelle Besetzung aufwiesen und bei denen bereits eine Trennung der Gewalten erfolgte (Volkert, 1983, S. 72, S. 88, S. 119, S. 122 ff, S. 605–610). Ebenso befassen sich damit die Gliederungspunkte „Vergleich mit Besetzung bei den Stadtgerichten“ und „Streit um die Gewaltentrennung“ der vorliegenden Dissertation.

7 (Puchta, Über die bürgerliche Rechtspflege und die Gerichtsverfassung Baierns mit Hinsicht auf die Verbesserungs-Vorschläge, 1826, S. 6). Weiterführend zu der Ämter- & Gerichtsorganisation in den rechtsrheinischen Gebieten (Becher, 1896; Volkert, 1983, S. 125 f.).

Das Jahr 1802 bietet sich als maßgebliches Jahr für den Beginn der Untersuchung der landgerichtlichen Tätigkeit an, da zu diesem Zeitpunkt die in Bayern bestehenden Pflegegerichte abgeschafft und stattdessen Landgerichte mit verbeamteten Amtsträgern gegründet wurden[8].

Bei der Ausgangssituation des rechtsrheinischen Bayerns ab 1802 gilt es zu unterscheiden zwischen den altbayerischen Gebieten, in denen auf unterster Behördenebene Pflegegerichte bestanden, und den fränkischen Gebieten des Fürstentums Ansbach-Bayreuth, die bis zum „Preßburger Friedensabkommen" vom 25. Dezember 1805 unter preußischer Herrschaft standen und zunächst im Zuge des hardenbergschen Reformprogramms nach preußischem Vorbild umorganisiert wurden. Die Betrachtung der Behördenverwaltung im Fürstentum Ansbach-Bayreuth ist aus zwei Gründen nötig:

1. Viele im Fürstentum Ansbach-Bayreuth umgesetzten Reformen wurden in der Folgezeit auch für die bayerischen Gebiete, insbesondere mit Blick auf die „preußische Erfolgsgeschichte"[9], gefordert, vor allem durch fränkische Abgeordnete der Ständeversammlung[10].
2. Das Fürstentum Ansbach-Bayreuth stellte den bei weitem größten Teil der Gebietsgewinne Bayerns dar. Daher musste dort enorme Arbeit geleistet werden, um die in diesen Gebieten bestehenden behördlichen Strukturen an die bayerische Behördenorganisation anzupassen[11].

1848 endet die Untersuchung der Landgerichte, da dies das Jahr der Abdankung von König Ludwig I. war, der in den letzten Jahren seiner Regentschaft jegliche Reformbestrebungen bei den Landgerichten unterbunden hatte. In der Zeit ab dem Jahr 1848 folgten im bayerischen Königreich die sogenannten „Reformjahre"[12].

---

8 Zur Situation vor 1802 (Weis E., Montgelas. Der Architekt des modernen bayerischen Staates. 1799–1838, 2005, S. 556; Seydel, Bayerisches Staatsrecht, 1913/1, S. 9; Puchta, ˜Dieœ Landgerichte in Bayern und ihre Reform: mit vergleichender Rücksicht auf das deutsche Gerichtswesen früherer Zeit, 1834, S. 74; Stinzing, 1910, S. 77; Spindler, Handbuch der bayerischen Geschichte, 1988, S. 1244; Rosenthal, 1906, S. 90).

9 Die Eingliederung nach Bayern wird von Weis als „Rückschritt" bezeichnet (Weis E. ‚Montgelas' innenpolitisches Reformprogramm. Das Ansbacher Memoire für den Herzog vom 30.9.1796, 1970, S. 754).

10 (Hornthal, 1837).

11 Gerade aus den ehemals preußischen Gebieten kam bei der Eingliederung erheblich Kritik an der „bayerischen Behördenorganisation" (Puchta, Erinnerungen aus dem Leben und Wirken eines alten Beamten: vornehmlich für Anfänger in der juristischen, besonders Aemter-Praxis, 1842, S. 207).

12 (Seydel, Bayerisches Staatsrecht, 1913/1, S. 363).

Mit Geschäftsgang und Wirkungskreis sind die zwei zentralen Gegenstandsbereiche der Untersuchung umrissen: Unter Geschäftsgang bei den Landgerichten werden Fragen der Besetzung wie auch der internen Arbeitsabläufe und ihrer Kontrolle (so z.B. Beschwerdemöglichkeiten gegen Beamte) behandelt, wobei insbesondere auch die für den Geschäftsgang zentrale Rolle der Advokatur berücksichtigt wird. Unter Wirkungskreis der Landgerichte, also dem zweiten Kernbereich der Untersuchung, wird der Zuständigkeitsbereich der Landgerichte in den einzelnen Geschäftsfeldern abgehandelt. Die Bezeichnung Landgerichte älterer Ordnung meint heutzutage die bayerischen Unterbehörden auf dem Lande bis 1879 im Gegensatz zu den heutigen Landgerichten als zweitinstanzlichen Gerichten mit auf Zivil- und Strafrecht beschränkter Zuständigkeit.

Zwar gestaltet sich, wie bereits angedeutet, die Literaturlage zu diesem für die Entwicklung der Organe der Rechtspflege doch recht maßgeblichen Bereich so bescheiden, dass sie bereits hier kurz gewürdigt werden kann.

Trotz der Bedeutung der Organisation der bayerischen Landgerichte älterer Ordnung für die weitere Behördenorganisation gibt es zu ihrem Geschäftsgang und Wirkungskreis kaum tiefergehende neuere Literatur[13]. Diese Untersuchung stützt sich daher erstmals auf Originalquellen aus der Zeit von 1803–1854.

Wie bereits eingangs angedeutet, steht im Mittelpunkt der modernen rechtsgeschichtlichen Literatur in der ersten Hälfte des 19. Jahrhunderts eher die Gesamtheit des durch Montgelas[14] ausgearbeiteten Reformpakets für die bayerische Verfassung als die Organisation der Untergerichtsbarkeit. Zwar wird regelmäßig die Gerichtsbarkeit und die Verwaltung begutachtet, jedoch zumeist nur in einer Gesamtbetrachtung. Die Probleme des Geschäftsgangs und des Wirkungskreises bei den Landgerichten werden erkannt und oberflächlich auch angesprochen, in der Folge aber nicht tiefgehend aufgearbeitet[15]. So bleiben die Probleme der Untergerichtsbarkeit auf dem Lande im Vagen und nahezu unbehandelt.

Grund hierfür könnte sein, dass die Reformen Montgelas′ in ihrer Gesamtheit, insbesondere aus verfassungsrechtlicher Sicht, eine deutliche epochale Neuausrichtung für das bayerische Königreich bedeuteten. Einzelne organisatorische Probleme, zumal sie nur die Untergerichtsbarkeit der Landbevölkerung betrafen,

---

13 Auch die Ausführungen Hiereths bleiben beispielsweise in Bezug auf die Untergerichtorganisation weit oberflächlicher als die Literatur des 19. Jahrhunderts (Hiereth, 1950) bzw. detaillierter, aber lediglich auf die Besonderheiten des Landkreises Landshut bezogen (Hiereth, Zur Geschichte des Landkreises Landshut, 1962).

14 (Hermann, Handwörterbuch zur Deutschen Rechtsgeschichte, 2017).

15 (Hiereth, 1950, S. 21).

könnten daher als nicht so signifikant betrachtet und deswegen von der heutigen Literatur nahezu ausgeblendet oder allenfalls am Rande behandelt worden sein.

Vielleicht noch am ausführlichsten hat sich Eberhard Weis mit dem Geschäftsgang und dem Wirkungskreis der Landgerichte befasst[16].

Thematisiert wird die Organisation der Landgerichte auch bei Max Spindler. Dieser beschränkt sich allerdings bei seiner Betrachtung der Landgerichte auf die politischen Komponenten, also auf die Frage, ob die dortigen Zustände die Ständeversammlungen und die Politik des bayerischen Monarchen beeinflussten[17]. Eine Auseinandersetzung mit den praktischen Folgen landgerichtlicher Organisation und Strukturen für den Alltag der Landbevölkerung bleibt außer Betracht.

Auch Wilhelm Volkert skizziert grob die Zuständigkeiten der Landgerichte, vertieft die sich hieraus ergebenden Hemmnisse und Schwierigkeiten für den dortigen Geschäftsgang jedoch nicht. Er verweist zwar auf die wesentlichen Gründe der landgerichtlichen Überforderung[18], das gesamte Ausmaß des landgerichtlichen Wirkungskreises und dessen Auswirkungen auf das tägliche Praxisgeschäft der Landgerichte bleiben aber auch hier unbehandelt.

Eine eingehendere Auseinandersetzung mit der Alltagspraxis der Landgerichte in der Literatur des 20. Jahrhunderts findet sich schließlich noch in der zweiten Auflage von Max von Seydels „bayerischem Staatsrecht"[19]. Diese Auflage erschien aber schon im Jahr 1913. Intensiver noch behandelt Josef Schuster[20] am Ende seines Buches „Rückblicke" aus dem Jahr 1926 die praktischen Schwierigkeiten des landgerichtlichen Geschäftsgangs[21]. Ob man hierbei jedoch von „moderner" Rechtsliteratur sprechen kann, erscheint fraglich.

Am Rande anderer Abhandlungen findet sich hin und wieder ein Verweis auf den Wirkungskreis und den Geschäftsgang der Landgerichte, ohne diesen jedoch in der erforderlichen Tiefe auszuarbeiten, so beispielsweise in der Dissertation

16 (Weis E. , Die Trennung zwischen Justiz und Verwaltung bei den bayerischen Unterbehörden. Zur Vorgeschichte des Gerichtsverfassungsgesetzes von 1861, 1987, S. 749–766).

17 (vgl. Spindler, Handbuch der bayerischen Geschichte, 2003, S. 87–157; S. 3-S. 87).

18 (Volkert, 1983, S. 40–42; S. 119–121).

19 (Seydel, Bayerisches Staatsrecht, 1913/1, S. 33–45; S. 360–364).

20 Dieser war zum Zeitpunkt, als er das zu Rate gezogene Werk verfasste, Geheimer Rat und Regierungsdirektor aD. mit über 40 jähriger Diensterfahrung und beweist dies an vielen Stellen durch tiefgehende Kenntnis der gesammelten Verordnung in Döllinger.

21 (Schuster, 1926, S. 258–284).

von Fellner[22] oder in der Abhandlung von Franz Mayer über das bayerische Verwaltungsrecht[23].

Auch hier wird die praktische Problematik des weiten Wirkungskreises und Geschäftsganges der Landgerichte lediglich oberflächlich angesprochen.

Aufgrund dieses doch recht überschaubaren Forschungsstandes wird, wie bereits eingangs angedeutet, auf eine ausführliche Würdigung zeitgenössischer Quellen und Literatur großen Wert gelegt.

Denn wie man sieht, fokussieren die bisher angesprochenen Untersuchungen unter verschiedenen Fragestellungen zwar Einzelbereiche der Landgerichte älterer Ordnung, gelangen aber nicht zu einer Darstellung und Würdigung der Gesamtpraxis auch im Kontext der weiteren Entwicklung der Organe der Rechtspflege. Diesem Manko versucht die vorliegende Untersuchung dadurch Abhilfe zu schaffen, dass sie zeitgenössischen Quellen und zeitgenössischer Literatur breiten Raum gibt.

Ein Großteil der in dieser Studie verwendeten Abhandlungen stammt von dem Landrichter Wolfgang Heinrich Puchta[24], der sich bei der Darstellung der bayerischen Untergerichtsbarkeit zu jener Zeit als „Kenner seines Fachs" erwies. Er konnte auf eine 45-jährige Amtszeit als Richter eines Untergerichts zurückblicken. Seine zahlreichen Schriften basieren auf diesem umfangreichen Erfahrungsschatz und sind für diese Untersuchung eine zentrale Quelle.

Das Besondere an Puchta ist zudem, dass er von zwei verschiedenen Gerichtsorganisationen geprägt wurde. Im Fürstentum Ansbach-Bayreuth erlebte er die praktischen Auswirkungen der Neuorganisation der Gerichtsbarkeit im preußisch beherrschten Franken durch die Instruktionen von Minister Hardenberg vom 3. Juli 1795 und vom 11. Juni 1797. Auch die Reformbestrebungen betreffend die Gerichtsverfassung in Bayern ab 1803 lernte er kennen, nachdem die vorgenannten Fürstentümer als Folge des Preßburger Friedens 1805 an Bayern gefallen waren[25].

Am 25. März 1823 wurde er von der bayerischen Regierung zum Mitglied einer Kommission ernannt, die das bestehende Gerichtsverfahrensrecht sowie die Gerichtsorganisation untersuchen und entsprechende Reformvorschläge unterbreiten sollte.

---

22 (Fellner, 1986).

23 (Mayer, 1958, S. 48–62).

24 Vgl. Biographischen Exkurs in dieser Untersuchung unter dem Gliederungspunkt „Der Prototyp eines Landrichters"

25 Zu den Territorialveränderungen im Untersuchungszeitraum: (Pfenningmann, 1957, S. 135–142).

Puchtas Schriften, in denen sich der scharfe Blick des erfahrenen Landrichters auf unmittelbar praktische Fragen wie auch institutionelle Defizite artikuliert, sind mithin hervorragend geeignet, den Geschäftsgang an den Landgerichten seiner Zeit zu erhellen[26].

26 (Landsberg, 1910, S. 439 f).

C. Ausgangssituation

Um den Geschäftsgang und den Wirkungskreis der Landgerichte ab 1802 in der Praxis besser verstehen zu können, werden zunächst die dieser Zeit unmittelbar vorausgehenden Reformen näher beleuchtet.

Exemplarisch werden hierfür die Reformen in den altbayerischen Gebieten durch Montgelas und die Reformen im Fürstentum Ansbach-Bayreuth durch Hardenberg herangezogen. In beiden Gebieten war die Ausgangssituation bei den Unterbehörden vergleichbar, zum einen wegen der Vielzahl an Zuständigkeiten, zum anderen, weil die Ämter in Wirklichkeit nicht durch die damit beliehenen Personen[27] ausgeübt wurden, sondern durch von diesen besoldete Hilfspersonen[28]. Ein Beamtenwesen auf unterbehördlicher Ebene fehlte.

Unterschiedlich waren aber die Reformansätze bei den Unterbehörden durch Montgelas und Hardenberg. Dies zeigte sich insbesondere in den unterschiedlichen Forderungen der altbayerischen Abgeordneten und der fränkischen Abgeordneten in der Ständeversammlung.

I. Staatsorganisation durch Montgelas

Schon Kurfürst Max III. Joseph und dessen Nachfolger Karl Theodor wollten das bayerische Justiz- und Verwaltungssystem reformieren. Allerdings konnten sie sich damit nicht durchsetzen, weil ihre Bestrebungen entweder am ständischen Widerstand scheiterten[29] oder von den Beamten gar nicht umgesetzt wurden[30].

Montgelas war sich des unübersichtlichen Zustandes des bayerischen Staatswesens bewusst und legte bereits in dem von ihm verfassten „Ansbacher Memoire"[31] vom 30. September 1796 seine Reformideen dar. In seinen Vorstellungen ließ er sich von den Entwicklungen in Frankreich, Preußen und Österreich prägen[32].

27 Untergerichte waren eher Versorgungseinrichtung des Adels und verdienter Beamter (Schimke, 1996, S. 239).

28 (Seydel, Bayerisches Staatsrecht, 1913/1, S. 9).

29 (Spindler, Handbuch der bayerischen Geschichte, 1988, S. 1245).

30 (Demel, 1983, S. 98).

31 (Weis, Montgelas. Zwischen Revolution und Reform. 1759–1799, 1988, S. 266–287).

32 (Weis, Montgelas' innenpolitisches Reformprogramm. Das Ansbacher Memoire für den Herzog vom 30.9.1796, 1970, S. 221).

Schon in dieser frühen Denkschrift finden sich Anzeichen dafür, dass er nicht die Reformvorhaben der früheren Kurfürsten fortführen, sondern einen Bruch mit den alten Zuständen und einen völligen Neubeginn wagen wollte[33].

Ergebnis dieser innenpolitischen Reform sollte eine Erneuerung des Staates „von oben" sein, geprägt durch eine einheitliche Staatsverwaltung nach französischem Muster[34]. Montgelas bemühte jedoch als Vorbild vornehmlich Preußen, Österreich, Sachsen und Hessen, wohl um sich keine zu großen Sympathien für das revolutionäre Frankreich und sein Regierungssystem vorwerfen lassen zu müssen[35].

Zur Durchsetzung dieser Reform sollte der obere und mittlere Verwaltungs- und Behördenapparat und das Beamtenwesen in seiner Gesamtheit erneuert werden. Als die zentralen Punkte nennt Montgelas in seinem Memoire die Schaffung von Ministerien zur Behandlung genau abgrenzbarer Geschäftsbereiche (Spezialisierung) und die bessere Besoldung von Beamten. Auch deren rechtliche Absicherung gegen willkürliche Entlassungen, Witwen- und Waisenrenten für Beamtenfamilien, einen einheitlichen Ausbildungsgang für alle Bewerber, leistungsorientierte Stellenvergabe sowie die Abschaffung von Ämtern „ohne echte Funktion"[36] sah Montgelas als unverzichtbar für ein funktionierendes Staatswesen an.

1. Ministerium und oberste Justizstellen

Da die vorhandene Staatsverwaltung aufgrund der außerordentlichen Herausforderungen durch die napoleonischen Kriege und die territorialen Zugewinne schnell an ihre Belastungsgrenzen stieß, galt es, die Organisation des Staates im bayerischen Kernland (ohne die Rheinpfalz und das Herzogtum Berg) zu zentralisieren und zu spezialisieren[37].

Hierzu wurde eine Ministerialverfassung nach dem Realsystem[38] geschaffen, bei der die oberste Leitung der Staatsgeschäfte in einem Ministerium zentralisiert wurde, welches aus vier Departements (Auswärtiges, Finanzen, Justiz und Geistliches) bestand[39].

33 (Mayer, 1958, S. 49).
34 (Mayer, 1958, S. 52).
35 (Weis, Montgelas' innenpolitisches Reformprogramm. Das Ansbacher Memoire für den Herzog vom 30.9.1796, 1970, S. 229).
36 (Demel, 1983, S. 101).
37 (Kotulla, 2007, Absatz-Nr. 946).
38 Dies bedeutet: nach Sachgebieten getrennte Ministerien (Hetting, 1990, S. 35).
39 (Spindler, Handbuch der bayerischen Geschichte, 2003, S. 71).

Jedem Departement stand ein geheimer Staatsminister vor. Durch Verordnung vom 26. Mai 1801[40] wurden die einzelnen Ressortkreise jedes Departements näher geregelt und die Minister erhielten eigene Entscheidungskompetenzen. Zuvor hatten sie nur vorbereitende und beratende Aufgaben für den Kurfürsten wahrgenommen[41].

Das für die Justiz und die Verwaltung zuständige Justizministerium hatte zwar keine jurisdiktionellen Kompetenzen, nahm aber die Dienstaufsicht über alle ihrem Zuständigkeitsbereich unterfallenden Beamten, Gerichte und die hierzu gehörenden Bediensteten wahr[42]. Weiter war es Aufgabe des Justizministeriums, Lösungen zu Fragen, die mit Gesetzgebung und Gerichtsbarkeit zusammenhingen, aufzuzeigen sowie Entscheidungen für den Landesherrn vorzubereiten. Auch Entscheidungen in Kompetenzkonflikten, die Aufsicht über die Verwaltung und die Jurisdiktion in Lehenssachen fielen in seine Zuständigkeit, bis 1806 zudem auch noch ein großer Teil der inneren Verwaltung (Aufsicht über die Polizei, die Verwaltung der Städte und Märkte und die öffentliche Sicherheit und Ordnung etc.)[43].

Oberste Rechtsprechungsinstanz, von der Zuständigkeit des Ministeriums vollständig abgetrennt, waren die obersten Justizstellen (so auch deren Bezeichnung) in München, Ulm und Bamberg[44].

2. Mittelbehörden und Hofgerichte

Auf der mittleren Ebene der Verwaltung wurden für den altbayerischen Raum Generallandesdirektionen eingerichtet. Vorbild hierfür war die preußische Generaldirektion (Generallandesdirektorium)[45]. In ihren Zuständigkeitsbereich fiel der Vollzug der durch das Ministerium ausgearbeiteten Gesetze und Verordnungen[46].

In der Oberpfalz und Neuburg, später auch in ähnlicher Weise in den neu erworbenen Gebieten in Schwaben und Franken, wurden als Außenbehörden

40 Höchst-landesherrliche VO. Die Ministerial-Organisation betreffend, vom 26.Mai 1801 in Churfürstlich pfalzbayerisches Regierungs- und Intelligenzblatt 1801, Spalte 353–364.

41 (Kotulla, 2007 Absatz-Nr. 947).

42 (Raffael, 1952, S. 76f).

43 (Volkert, 1983, S. 109).

44 (Volkert, 1983, S. 116).

45 (Spindler, Handbuch der bayerischen Geschichte, 2003, S. 72).

46 (Weis, Montgelas. Der Architekt des modernen bayerischen Staates. 1799–1838, 2005, S. 511).

Landesdirektionen zur Aufsicht über die Landgerichte als untere Justiz- und Verwaltungsbehörden eingerichtet. Diese Außenbehörden wurden ihrerseits von den Generallandesdirektionen beaufsichtigt, die wiederum selbst dem jeweiligen Resort des Ministeriums untergeordnet waren. Insoweit war die Generallandesdirektion somit Zentral- und Mittelbehörde gleichzeitig.

Die Justizaufgaben wurden hingegen an neu eingerichtete Hofgerichte als Berufungsgerichte übertragen[47].

Es erfolgte somit immerhin auf den beiden oberen Ebenen eine Trennung von Justiz und Verwaltung im Gegensatz zur früheren Zeit, als die Bereiche Justiz und Verwaltung noch vereinigt waren.[48]

3. Situation der Unterbehörden in Bayern im 18. Jahrhundert

a. Wirkungskreis des Pflegegerichts (Landgerichts)

Das bayerische Territorium war auf unterster Ebene in die Bezirke der Pflegegerichte (oder z.T. auch damals schon synonym als Landgerichte bezeichnet) eingeteilt. An der Spitze dieses Gerichts stand der Pfleger, der sowohl die Gerichts- als auch die Verwaltungsfunktionen des Amtes übernahm[49]. Er war der oberste Leiter seines Pflegebezirks[50] und in dieser Position für die Polizeiverwaltungsangelegenheiten sowie die untergerichtliche Rechtsprechung zuständig[51]. Unter Verwaltungsangelegenheiten verstand man insbesondere die Kultur- und Wohlfahrtspflege, die Sicherheits- und Gewerbepolizei, das Mündel- und Vormundschaftswesen sowie die „Verpflichtung als Hüter der wahren katholischen Religion“[52].

Darüber hinaus war ein Pfleger mit der Aufsicht über die Gemeinden des Bezirks betraut und als Organ der Militärhoheit für die Landesverteidigung sowie die Schaffung eines Landesaufgebots aus Bürgern und Bauern in seinem Bezirk zuständig[53].

---

47 (Volkert, 1983, S. 35f).

48 (Kreittmayr, Grundriß des Allgemeinen, Deutsch. und Bayerischen Staatsrechts, 1769, S. 353–357).

49 (Mayer, 1958, S. 26).

50 (Moser, 1754, S. 289).

51 (Rosenthal, 1906, S. 322 f).

52 (Rosenthal, 1906, S. 101ff).

53 (Rosenthal, 1906, S. 106).

Im Wesentlichen umfasste die Zuständigkeit der Pflegegerichte demnach alle Rechte der Staatsgewalt einer Unterbehörde[54].

b. Zustand des Pflegewesens

Das Pflegewesen, wie das untere Gerichts- und Verwaltungswesen auch genannt wurde, war im Laufe der Zeit zu einer erblichen[55] Versorgungseinrichtung des Adels und verdienter Beamter geworden[56]. Teilweise erfolgte auch eine Bestallung zum Pfleger als Gegenleistung für ein dem Landesherren gewährtes Darlehen.

Die so Begünstigten wurden als Hauptpfleger bezeichnet, ihnen wurde lediglich die Verpflichtung auferlegt, das Amt von tüchtigen Beamten verwalten zu lassen. Die Einkünfte aus dem Amt fielen dem Hauptpfleger zu, dieser brauchte hierfür aber keine Gegenleistung zu erbringen[57].

Die Aufgaben selbst wurden dann von sog. Pflegeverwaltern (oder auch Verwesern), denen es zum Teil sogar an entsprechender Sachkenntnis mangelte[58], wahrgenommen, die von den Hauptpflegern besoldet wurden[59].

Problematisch war, dass die Hauptpfleger die Pflegeverwalter aus ihren eigenen Einkünften zu besolden hatten, und daher oftmals solche dazu ernannten, die die geringste Besoldung forderten[60]. Dies führte dazu, dass

> „eine Schaar von Halbwissern und Halbgelehrten sich über das Land verbreitete und, von den Hemmnissen, welche heute der Staat durch Studienordnungen und Examina aufgebaut hat, nicht belästigt, auf den Gang der niederen Rechtspflege Einfluss gewann“[61].

---

54 (Rosenthal, 1906, S. 88).

55 (Kreittmayr, Anmerkungen über den Codex juris Bavarici judiciarii, worin derselbe sowohl mit den gemeinen, als den ehemalige statutarischen Gerichtsordnungen und Rechten genau verglichen ist., 1842, Thl. V, 24. Kapitel).

56 (Schimke, 1996, S. 239).

57 (Weis, Montgelas. Der Architekt des modernen bayerischen Staates. 1799–1838, 2005, S. 556).

58 (Doeberl, 1928, S. 205).

59 (Seydel, Bayerisches Staatsrecht, 1913/1, S. 9).

60 (Puchta, ˜Dieœ Landgerichte in Bayern und ihre Reform: mit vergleichender Rücksicht auf das deutsche Gerichtswesen früherer Zeit, 1834, S. 74).

61 (Stinzing, 1910, S. 77).

Nicht selten waren die Pflegeverwalter zudem, um ihre kärgliche Besoldung aufzubessern, der Bestechlichkeit[62] zugänglich[63]. Zwar hatte man versucht, der Gefahr der Amtsausbeutung im Pflegewesen durch die Schaffung von Zentralbehörden Herr zu werden, dies gelang aber allenfalls nur teilweise[64].

c. Organisation der Unterbehörden unter Montgelas

Montgelas begann 1799 im Bereich der Unterbehörden bereits sechs Tage nach seinem Amtsantritt mit der Umsetzung seiner zuvor angekündigten Pläne, nämlich der Abschaffung der Erbpflegen[65].

Zunächst war der Plan, nicht die ursprüngliche Gerichtsverfassung der Untergerichte zu reorganisieren, sondern vielmehr das alte System von Hauptpflegern als Oberbeamten und von ihnen angestellten Pflegeverwaltern abzuschaffen, um die oben aufgeführten Missstände zu beseitigen[66].

Die Landgerichte als Unterbehörden hingegen behielten ihre bisherige Zwitterzuständigkeit für Justiz und Verwaltung[67]. Außerdem waren die Landgerichte zunächst weiterhin für Einnahme und Verrechnung aller Abgaben zuständig[68]. Eine Abtrennung der Finanzverwaltung vom Aufgabenbereich der Landgerichte erfolgte aber umgehend[69]. Sinn und Zweck der Reform war, die Staatsgewalt zu straffen, dafür sollte eine umfassend zuständige Unterbehörde erhalten bleiben.

Entscheidender Punkt bei der Modernisierung der Staatsverwaltung war für Montgelas ein leistungsfähiger Beamtenapparat[70]. Diesen gedachte er durch höhere Qualifikation und eine bessere Besoldung zu schaffen, wie er bereits in seinem Ansbacher Memoire angedeutet hatte.

---

62 Auch Korruptionsbekämpfung war ein erklärtes Ziel Montgelas´. (Weis, Montgelas. Zwischen Revolution und Reform. 1759–1799, 1988, S. 254).

63 (Spindler, Handbuch der bayerischen Geschichte, 1988, S. 1244).

64 (Rosenthal, 1906, S. 90).

65 (Weis, Montgelas' innenpolitisches Reformprogramm. Das Ansbacher Memoire für den Herzog vom 30.9.1796, 1970, S. 221).

66 (Puchta, ˜Dieœ Landgerichte in Bayern und ihre Reform: mit vergleichender Rücksicht auf das deutsche Gerichtswesen früherer Zeit, 1834, S. 77).

67 (Kotulla, 2007, Absatz-Nr. 949).

68 (Puchta, ˜Dieœ Landgerichte in Bayern und ihre Reform: mit vergleichender Rücksicht auf das deutsche Gerichtswesen früherer Zeit, 1834, S. 77).

69 Zur bayerischen Finanzverfassung :(Seydel, Bayerisches Staatsrecht, 1913/1 , S. 132 ff); (Kießling & Schmid, 1977); (Ullmann H.-P. , 1983, S. 51–98).

70 (Demel, 1983, S. 99).

Bereits 1799 wurde daher verfügt, dass höhere Justizbeamte für den Ministerialdienst neben ihrer theoretischen Ausbildung im Studium eine maximal zweijährige Praxiszeit zu absolvieren hatten[71]. Vor allem die bis dahin mangelhafte Besoldung der Beamten, die ihr Einkommen überwiegend aus Sporteln und Taxen[72] bezogen, sorgte für eine mangelnde Auswahl ausreichend qualifizierter Bewerber, die zudem oftmals für Korruption anfällig waren[73].

Es galt, den Beamten eine feste Besoldung zukommen zu lassen, unabhängig davon, ob und in welcher Höhe im jeweiligen Gerichtsbezirk Taxen und Sporteln „produziert" wurden. Die Besoldung der Beamtenschaft sollte also durch den Staat erfolgen und nicht mehr durch die Rechtssuchenden[74].

Bereits in seinem Ansbacher Memoire führte Montgelas aus:

> „Jedes Individuum, das seine Zeit dem Dienst am Staat verschreibt, hat einen berechtigten Anspruch auf angemessene Entlohnung während seines Lebens, entsprechend dem gesellschaftlichen Rang, den es einnimmt, und nach seinem Tod auf eine angemessene Entschädigung für seine Frau und seine Kinder. Bisher ist man genau in die entgegengesetzte Richtung gegangen; man glaubte unendlich zu gewinnen, indem man sie billig dienen ließ"[75].

Durch die deutlich gestiegene Besoldung wurde der Beamtenberuf für potentielle Bewerber attraktiver[76]. Hierdurch konnte man auch höhere Ansprüche an die Qualifikation des Justizpersonals stellen und im Anschluss an das theoretische Studium eine daran anschließende unbesoldete[77], maximal zweijährige–, Praxiszeit anordnen[78].

---

71 Verordnung vom 25. Juni 1799, Döllinger, Bd. XVII, S. 86 f.

72 Anteil an den Erträgen der („ziemlich willkürlich festgetzten" (Weis, Montgelas. Der Architekt des modernen bayerischen Staates. 1799–1838, 2005, S. 255) Gerichtsgebühren, die an den Richter persönlich (nicht an die Staatskasse vgl. Kaizl, 1901 S. 95), vgl. auch in dieser Arbeit den Gliederungspunkt den Gliederungspunkt „Besoldung des Landrichters".

73 (Demel, 1983, S. 100).

74 Dies wurde auch von der Bevölkerung goutiert, (Anonym, Ueber das Bedürfniß einer besseren Justiz in Baiern, besonders bey den Landgerichten den Land-Ständen gewidmet, 1819, § 3).

75 (Weis, Montgelas' innenpolitisches Reformprogramm. Das Ansbacher Memoire für den Herzog vom 30.9.1796, 1970, S. 243).

76 (Demel, 1983, S. 103).

77 Vgl. „Accessisten und andere unbesoldete Amtsindividuen" in Döllinger, Bd. XVII, S. 112 und die Diäten der Accessisten in Döllinger, Bd. XVII, S. 111 ff.

78 (Mayr, 1800, S. 5–7).

Infolge der besseren Besoldung konnte man unter der nun höheren Bewerberzahl die fähigsten Bewerber auswählen und erreichte so das Ziel der höheren Qualifikation der Beamten.

Bei der zweiten Reform der Landgerichte durch Kurfürst Maximilian Joseph mit Verordnung vom 24. März 1802[79] wurden die Landgerichtsbezirke, trotz erheblicher Kritik[80], hinsichtlich Größe und Einwohnerzahl aneinander angeglichen, um einen einheitlichen Geschäftsgang mit einheitlicher Besetzung zu ermöglichen[81]. Bei dieser Organisation handelte es sich um diejenige, die die Landgerichte die nächsten Jahrzehnte prägen sollte. Eine vollständige Umorganisation der Landgerichte sollte dabei gerade vermieden werden.

So führt die entsprechende Verordnung vom 24. März 1802[82] aus: „Um die Landgerichte selbst, in welche unsere herobere Staaten abgeteilt sind, besser und verhältnismäßiger zu begränzen, ohne durch eine gänzliche Auflösung ihrer Bestandtheil den Gang der Geschäfte zu stören…“[83].

Da die Abtrennung der Finanzverwaltung von vielen Seiten[84] gefordert worden war, wurde einzig diese an eigene Rentämter auf der unteren Ebene, in der mittleren Ebene an Kreisfinanzdirektionen, übertragen[85]. In den großen Städten mit eigenen Stadtgerichten erfolgte hingegen eine Trennung von Justiz, Verwaltung und Gemeindeangelegenheiten[86].

Die o.g. Reform erfasste allerdings nicht die Patrimonialgerichtsbarkeit[87]. Hier konnte sich Montgelas mit seinem Ziel, eine völlig einheitliche Staatsverwaltung im Bereich der Unterbehörden zu schaffen, gegen die Stände nicht vollständig durchsetzen[88]; Reste einer Sonderverwaltung durch Patrimonialgerichte blieben erhalten[89].

---

79 Verordnung vom 24. März 1802 Nr. 10 in Churpfalzbaierischem Reg. Bl. 1802, S. 236.

80 (Zintl, Reflexionen über die neue Organisation der Churfürstl. Landesdirektion von Baiern und der Churfürstl. Landgerichte, 1803, S. 61 f).

81 (Volkert, 1983, S. 40f).

82 RegBl. 1802, S. 236.

83 RegBl. 1802, S. 237.

84 (Zintl, Reflexionen über die neue Organisation der Churfürstl. Landesdirektion von Baiern und der Churfürstl. Landgerichte, 1803, S. 80).

85 (Weis, Montgelas. Der Architekt des modernen bayerischen Staates. 1799–1838, 2005, S. 517).

86 RegBl. 1803, S. 8 und 291.

87 (Fischer, 1949, S. 60).

88 (Hiereth, Zur Geschichte des Landkreises Landshut, 1962, S. 13).

89 (Mayer, 1958, S. 52).

d. *Exkurs: Patrimonialgerichtsbarkeit*

Die Schaffung eines einheitlichen Behörden- und Justizsystems warf die Frage auf, ob und wie sich die in Bayern bestehende Patrimonialgerichtsbarkeit[90] in diese neue Behördenstruktur einbauen lässt. Da die reichs- bzw. landständischen Adelsprivilegien[91] nicht gegen den Willen des Adels abgeschafft werden sollten[92], bemühte man sich, die Patrimonialgerichte in die Behördenstruktur zu integrieren[93].

So wurde im Rahmen der Verordnungen vom 31. Dezember 1806[94] und vom 19. März 1807[95] klargestellt, dass auch die Patrimonialgerichtsbarkeit der königlichen Souveränität und damit der staatlichen Oberaufsicht unterworfen und infolgedessen in den Instanzenzug zu den Hofgerichten eingefügt war[96].

Da die konkrete Umsetzung der Verordnungen jedoch aufgrund vieler Unklarheiten schleppend verlief[97], wurde die Patrimonialgerichtsbarkeit im Zuge der Konstitution von 1808 mit dem „organischen Edikt über die Patrimonialgerichtsbarkeit“[98] neu geregelt. Ziel war es, die Patrimonialgerichtsbarkeit klar zu strukturieren und sie nur in bestimmten Grenzen zuzulassen. So war deren Ausübung gem. §§ 1–4 des Edikts nur in geschlossenen und zusammenhängenden Sprengeln zugelassen und dies nur, wenn in diesem Sprengel mindestens 50 Familien lebten und nicht weiter als 4 bayerische Straßenstunden[99] von diesem Gericht entfernt wohnten. Um die Voraussetzungen zur Errichtung eines Patrimonialgerichts zu schaffen, war auch der Tausch oder Kauf von Gerichtsrechten[100] erlaubt[101]. Die streitige Zivilgerichtsbarkeit[102] sowie wesentliche Teile

90 Zur Geschichte der Patrimonialgerichtsbarkeit: (Holler & Gönner, 1804, S. 106–117) und (Heller von Hellersberg, 1802).

91 (Volkert, 1983, S. 42).

92 Vgl. §§ V & VI der Domänialfideikommißpragmatik in Reg. Bl. 1805, S. 168.

93 Bereits in früheren Jahren erfolgte eine Kontrolle der kriminalgerichtlichen Akten bei dem übergeordneten Hofgericht, quasi als Qualitätsprüfung, (Maurer, 2015, S. 475 f).

94 Reg. Bl. 1807, S. 193 ff.

95 Reg. Bl. 1807, S. 466 ff.

96 Reg. Bl. 1807, S. 195 f.

97 (Werthmann, 1995, S: 39f).

98 Reg. Bl. 1808, S. 2245 ff.

99 Ca. 15 km berechnet nach (Nelkenbrecher, 1828, S. 277).

100 Dies hatte einen „unwürdigen Handel mit Gerichtsrechten“ zur Folge (Werthmann, 1995, S. 41).

101 § 8 und § 9 „Organisches Edikt über die Patrimonialgerichtsbarkeit“, Reg. Bl. 1808, S. 1785 ff.

102 § 22 „Organisches Edikt über die Patrimonialgerichtsbarkeit“, Reg. Bl. 1808, S. 1785 ff.

der Kriminal-[103] und Verwaltungsgerichtsbarkeit[104] oblagen den königlichen Gerichten und somit im Wesentlichen nur die nicht-streitige Gerichtsbarkeit[105] den Patrimonialgerichten[106].

Da das Edikt aber in vielen Belangen unpräzise war[107], wurde die Patrimonialgerichtsbarkeit durch das „Organische Edikt über die Gutsherrliche Gerichtsbarkeit" vom 16.8.1812[108] erneut umorganisiert.

Gem. § 16 des Edikts wurde die Patrimonialgerichtsbarkeit in Herrschaftsgerichte (solche 1.[109] und 2.[110] Klasse) und Ortsgerichte[111] unterteilt, nach §§ 143–165 des Edikts waren die dortigen Richter verbeamtet und hatten die gleichen Qualifikationsanforderungen wie die Landrichter zu erfüllen[112].

Aufgrund vielfältiger Schwierigkeiten bei der Umsetzung des Edikts[113] wurde der Verfassungsurkunde von 1818 als Beilage ein „Edikt, die staatsrechtlichen Verhältnisse der vormals reichsständischen Fürsten, Grafen und Herren betreffend"

---

103 Bis auf das Verhaftungsrecht gem. § 23 & § 24 „Organisches Edikt über die Patrimonialgerichtsbarkeit", Reg. Bl. 1808, S. 1785 ff.

104 Bis auf die niedere Polizeiverwaltung gem. § 25 „Organisches Edikt über die Patrimonialgerichtsbarkeit", Reg. Bl. 1808, S. 1785 ff.

105 § 16 „Organisches Edikt über die Patrimonialgerichtsbarkeit", Reg. Bl. 1808, S. 1785 ff.

106 Insoweit unterstand das Patrimonialgericht der Aufsicht des jeweiligen königlichen Untergerichts gem. § 18 „Organisches Edikt über die Patrimonialgerichtsbarkeit", Reg. Bl. 1808, S. 1785 ff.

107 So gab es beispielsweise keine klare Regelung welche Arten der Patrimonialgerichtsbarkeit erfasst waren – (Werthmann, 1995, S. 40 f.) , in § 33 des Edikts hieß es lediglich, dass die Ausbildung der Patrimonialrichter der Ausbildung der Landrichter „zu entsprechen haben" – es gab keine Regelung, ob Patrimonialrichtern auch ein Schutz vor willkürlicher Kündigung zusteht, wie den anderen Justizbeamten – (Demel, 1983, S. 296).

108 Reg. Bl. 1812, S. 1505.

109 Zu bilden unter den Voraussetzungen von § 17 des Edikts, diese standen gem. § 25 des Edikts den Landgerichten gleich und übten in der ersten Instanz die gesamte Zivilgerichtsbarkeit, die Polizeiverwaltung aus und unter der Voraussetzung von § 69 des Edikts sogar die zweite Instanz in der Zivilgerichtsbarkeit.

110 Zu bilden unter den Voraussetzungen von § 16 und § 18 des Edikts und bis auf die Kriminalgerichtsbarkeit gem. §§ 66–70 des Edikts demselben Wirkungskreis wie die Herrschaftsgerichte 1. Klasse.

111 gem. §§ 71 ff des Edikts mit reinen Vollzugaufgaben in der nicht-streitigen Gerichtsbarkeit und dem jeweiligen Landgericht oder Herrschaftsgericht untergeordnet.

112 Hinsichtlich dieser Anforderungen vgl. in dieser Arbeit den Gliederungspunkt „Bedingung, Fähigkeiten und Unabhängigkeit".

113 Vgl. hierzu im Einzelnen (Werthmann, 1995, S. 44f).

und ein „Edikt über die gutsherrlichen Rechte und die gutsherrliche Gerichtsbarkeit“ beigefügt, um die Organisation der Patrimonialgerichte erneut zu regeln.

Grundsätzlich unterschied man hier zwischen Herrschaftsgerichten und Patrimonialgerichten[114]. Dort im Speziellen wurde unterschieden zwischen sog. „Herrschaftsgerichten 1. Klasse“ (Herrschaftsgerichte des ehemals reichsunmittelbaren Adels)[115] und „Herrschaftsgerichten 2. Klasse“ (Herrschaftsgerichte anderer Gutsherren)[116] mit den gleichen Kompetenzen, wie sie ihnen bereits im Edikt von 1812 zugestanden worden waren, also streitige, nicht-streitige Zivilgerichtsbarkeit und Polizeiverwaltung[117]. Die „Herrschaftsgerichte 1. Klasse“ hatten lediglich in der Kriminalgerichtsbarkeit einen weiteren Aufgabenkreis, da diesen in Strafsachen auch das Ermittlungsrecht zustand[118].

Die Patrimonialgerichte[119] 1. Klasse hatten denselben Aufgabenkreis wie die „Herrschaftsgerichte 2. Klasse“[120] und den Patrimonialgerichten 2. Klasse[121] oblagen lediglich vorgeschriebene Aufgaben der nicht-streitigen Zivilgerichtsbarkeit[122].

Für die Herrschaftsgerichte und die Patrimonialgerichte 1. Klasse war für die dort zu besetzenden Richterstellen dieselbe Qualifikation[123] wie bei den Landrichtern erforderlich[124], für Patrimonialgerichte 2. Klasse jedoch keine juristische

114 Die Gerichtsbarkeit der Herrschaftsgerichte resultierte als Ausfluss aus der ehemaligen Reichsgerichtsbarkeit des römsichen-deutschen König/Kaisers und die Gerichtsbarkeit der Patrimonialgerichte resultierte aus dem Besitz bestimmter Ländereien (und damit gerade nicht unmittelbar aus der ehemaligen Reichsgerichtsbarkeit), vgl. hierzu im Einzelnen (Oestmann, Wege zur Rechtsgeschichte: Gerichtsbarkeit und Verfahren, 2015, S. 200).

115 (Werthmann, 1995, S. 45).

116 (Werthmann, 1995, S. 46).

117 § 19 Vierte Beilage zur Verfassungsurkunde, 26. Mai 1818, Gesetz Bl. 1818, S. 190 ff und §§ 72, 87, 91 Sechste Beilage zur Verfassungsurkunde, 26. Mai 1818, Gesetz Bl. 1818, S. 221.

118 § 19 Vierte Beilage zur Verfassungsurkunde, 26. Mai 1818, Gesetz Bl. 1818, S. 190 ff.

119 Diese werden als solche bezeichnet nach den Voraussetzungen in § 35 Sechste Beilage zur Verfassungsurkunde, 26. Mai 1818, Gesetz Bl. 1818, S. 221.

120 § 72 Sechste Beilage zur Verfassungsurkunde, 26. Mai 1818, Gesetz Bl. 1818, S. 221.

121 Nur diese waren den Landgerichten untergeordnet gem. § 68 Sechste Beilage zur Verfassungsurkunde, 26. Mai 1818, Gesetz Bl. 1818, S. 221.

122 §§ 73 ff. Sechste Beilage zur Verfassungsurkunde, 26. Mai 1818, Gesetz Bl. 1818, S. 221.

123 Hinsichtlich dieser Anforderungen vgl. in dieser Arbeit den Gliederungspunkt „Bedingung, Fähigkeiten und Unabhängigkeit“.

124 § 47 Sechste Beilage zur Verfassungsurkunde, 26. Mai 1818, Gesetz Bl. 1818, S. 221.

Qualifikation, sondern lediglich eine abgeschlossene gymnasiale Ausbildung und gerichtliche Praxis[125].

Diese Regelungen wurden bis zur Abschaffung der Patrimonialgerichtsbarkeit mit Gesetz vom 4. Juni 1848[126] beibehalten.

So stellt sich abschließend die Frage, weshalb der bayerische Adel so sehr auf den Erhalt der Patrimonialgerichtsbarkeit beharrte. Denn zum einen räumte diese dem Adel keine unmittelbaren Machtbefugnisse ein, da das Amt ohnehin nur durch entsprechend juristisch geschultes Personal ausgeführt werden durfte. Zum anderen überstiegen auch die Gebühreneinnahmen aus diesem Amt in der Regel die Kosten für das Gericht nicht[127].

Ein Grund für diesen vehementen Einsatz des Adels dürfte wohl einen die Furcht vor dem)Verlust althergebrachter Rechte sein[128]. Zum anderen, und dies dürfte der wichtigere Grund gewesen sein, bestimmte die Verfassung von 1818[129], dass in der zweiten Kammer des Landtags 1/8 der Sitze[130] von „den Grundbesitzern, welche eine gutsherrliche Gerichtsbarkeit ausüben…" gehalten wird. Da lediglich der Adel überhaupt Inhaber der Patrimonialgerichtsbarkeit sein konnte[131], war diese für den Adel ein entscheidendes Mittel, überhaupt eine eigene Vertretung zur Ständeversammlung entsenden zu können. Folglich wurde der Adel praktisch von der Verfassung dazu genötigt, an der Patrimonialgerichtsbarkeit festzuhalten, wenn er nicht seine Vertretung in der Ständeversammlung verlieren wollte. Erst ein entsprechendes Gesetz vom 28. Dezember 1831[132] änderte die Rechtslage dahingehend, dass die Standesrechte des jeweiligen Gutsherrn auch bei Verzicht auf die Patrimonialgerichtsbarkeit nicht verloren gingen[133].

II. Hardenbergsche Reformen in Ansbach-Bayreuth

Karl August von Hardenberg[134] wurde im Jahr 1792 vom preußischen König Friedrich Wilhelm II. beauftragt, die von Markgraf Karl Alexander an Preußen abgetretenen Fürstentümer Ansbach-Bayreuth in das preußische Reich einzugliedern

125 § 48 Sechste Beilage zur Verfassungsurkunde, 26. Mai 1818, Gesetz Bl. 1818, S. 221.
126 Abgedruckt bei (Gerstner, 1850, S. 131 ff).
127 (Volckamer, 1963, S. 231).
128 (Volckamer, 1963, S. 231).
129 Dort Titel VI. § 7 a.
130 Titel VI. § 9 a der Verfassung von 1818.
131 § 26 Sechste Beilage zur Verfassungsurkunde, 26. Mai 1818, Gesetz Bl. 1818, S. 221.
132 Gesetz Bl. 1831, 249 ff.
133 Vgl. zu dieser Problematik im Einzelnen (Volckamer, 1963; S. 231f).
134 Zum dessen Leben: (BADW, Carl August von Hardenberg, 1966, S. 658 ff).

und die Verwaltung zu reformieren. Problematisch hierbei war, dass das gesamte Gebiet von Enklaven und Exklaven zerstückelt war und zum Teil mehreren Hoheitsgebieten unterstand[135].

Keinem Fürst dieses Gebietes war es bisher gelungen, die Macht über die vielen Grundherren zu gewinnen, die Anspruch darauf erhoben, in ihrem Gebiet selbst das staatliche Recht auszuüben. Zwar waren hatten die Markgrafen versucht, die Landeshoheit dort auszuüben, wo sie die Zentgerichtsbarkeit[136] besaßen, allerdings nur in Gebieten, die ihnen politisch vielversprechend erschienen[137].

Es lag daher an Hardenberg, dafür zu sorgen, dass sich Ansbach-Bayreuth zum einen aus dem Reichs- und Kreisverband[138] löste und zum anderen ein einheitliches Staatsgebiet als Teil Preußens entstand, ohne Rücksichtnahme auf die Interessen der Grundherren[139].

In der öffentlichen Verwaltung und der Justiz galt es für Hardenberg, einerseits einen einheitlichen Behördenapparat zu schaffen, andererseits den Justizapparat mit hinreichend qualifiziertem Justizpersonal auszustatten, um eine ordnungsgemäße Rechtsprechung zu ermöglichen. Darüber hinaus hatte Hardenberg dafür zu sorgen, dass dieses Justizpersonal angemessen besoldet wurde, um einen leistungsfähigen Beamtenapparat schaffen zu können.

1. Die höhere und mittlere Verwaltung

Ab 1795 wurde die oberste Leitung der Landesverwaltung in Kameralangelegenheiten[140], den Angelegenheiten der Justiz, des Geistlichen und dem Militär zum Teil den einschlägigen preußischen Ministerien und dem Genrealdirektorium in Berlin übertragen. Zum Teil wurden diese Aufgaben an Ressorts, die aber auch Hardenberg eigens mit der Leitung dieser Aufgaben in Ansbach-Bayreuth betraut hatte, überantwortet.

135 (Clark, 2007, S. 328).

136 Gerichtsform seit dem Mittelalter, an dessen Spitze Geschworene unter Vorsitz des lokalen Grafen standen. Diese Gerichte waren seit dieser Zeit das zentrale unterbehördliche Instrument der Landesherrschaft, das nicht nur juristische, sondern auch zahlreiche Verwaltungsfunktionen innehatte(Kroeschell, 1998, Sp. 536–537).

137 (Hartung, 1906, S. 5).

138 Zum fränkischen Reichskreis (Spindler, Handbuch der Bayerischen Geschichte, 1997, S. 212–216) und zu dessen Auflösung (Spindler, Handbuch der Bayerischen Geschichte, 1997, S. 245–250).

139 (Hartung, 1906, S. 28 ff).

140 Angelegenheiten der Wirtschaft (Elster, Weber, & Wieser, 1923, S. 573 ff).

Für den Finanz-, Domänen-, Militärbereich und Angelegenheiten der höheren Landespolizei wurde in jedem Fürstentum eine „Kriegs- und Domänenkammer“ eingerichtet, welche zudem eine Rechtsprechungsbefugnis (Kammerjustizdeputation) über Streitigkeiten in Verbindung mit Finanzverwaltung und Landespolizei ausübte[141]. Diese Kammerjustizdeputation wurde neben dem Kammerdirektor und dem Kammerjustiziar noch mit Räten aus der Anwaltschaft besetzt.

Die übrige Justizpflege und die nachfolgend genannten Angelegenheiten der inneren Verwaltung wurden in dem jeweiligen Ministerium einem als „Regierung“ bezeichnetes Dikasterium[142] mit zwei Senaten[143] zugeordnet wobei auch eine Trennung der Gewalten durchgeführt wurde[144].

Als Mittelbehörden wurden Kreisdirektorien zwischen der höheren Verwaltung und den Unterbehörden eingeführt. Hierbei orientierte sich Hardenberg an den in Preußen bereits existierenden Kammerkollegien[145]. Die Aufgabe der Kreisdirektorien war die Beaufsichtigung der bei den Unterbehörden angesiedelten Polizeiverwaltungen, die anteilige Übernahme des Rechnungs- und Kassenwesens der Unterbehörden sowie die Aufsicht über die Stadtverwaltung und ihre Kassen und Einwohner und zuletzt die Übernahme eigener Geschäftszweige, wie dem Militär-, Marsch- und Einquartierungswesen[146]. Auf diese Weise wurde ein einheitlicher Behördenapparat zur Kontrolle der Unterbehörden geschaffen, die ihrerseits von nun an in Justiz und Verwaltung nicht mehr in adeligen, sondern ausschließlich in staatlichen Händen liegen und von einem leistungsfähigen Beamtentum[147] getragen werden sollten. Die Kreisdirektorien waren somit die Kontrollinstanzen der Staatshoheit in allen Bereichen der Verwaltung[148].

---

141 (Hartung, 1906, S. 103).

142 Seit dem Mittelalter verstand man unter Dikasterium ein Richterkollegium, das keine bestimmte Gerichtsbarkeit über einen gewissen Bezirk hatte, sondern bloß im Auftrag und auf Ersuchen anderer Gerichte oder von Privatpersonen rechtliche Entscheidungen erteilte (Meyer, Dikasterium, 1908, S. 6).

143 Deren Zuständigkeiten im Einzelnen (Puchta, Erinnerungen aus dem Leben und Wirken eines alten Beamten: vornehmlich für Anfänger in der juristischen, besonders Aemter-Praxis, 1842, S. 128ff).

144 (Spindler, Handbuch der Bayerischen Geschichte, 1997, S. 411).

145 (Hartung, 1906, S. 85).

146 (Hartung, 1906, S. 88).

147 Mit Verweis auf die tüchtigen Verwaltungsbeamten der sog. „fränkischen Schule“ (Spindler, Handbuch der Bayerischen Geschichte, 1997, S. 414).

148 (Spindler, Handbuch der Bayerischen Geschichte, 1997, S. 411).

2. Neuorganisation der Unterbehörden

a. Ausgangslage

aa. Geographische Zuständigkeit

Bis zu den hardenbergschen Reformen waren Mittel- und Unterbehörden in Ansbach-Bayreuth geographisch ungünstig organisiert. Die Amtsbezirke waren nicht geschlossen, sondern in der Regel mit anderen Amtsbezirken vermengt, so dass die einem bestimmten Gerichtsbezirk unterfallende Bevölkerung (Amtsanbefohlene[149]) oftmals mehrere andere Amtsbezirke durchqueren mussten, um zu dem für sie zuständigen Amt zu gelangen. Zudem bestanden, auch aufgrund noch bestehender herrschaftsrechtlicher Privilegien, oftmals mehrere Zuständigkeiten für denselben Ort[150]. Dies behinderte eine einheitliche Verwaltung des Staatsgebietes[151] durch den Fürsten und hielt gleichzeitig Rechtssuchende oftmals davon ab, Rechtsstreitigkeiten oder Verwaltungsangelegenheiten durch die Unterbehörden klären zu lassen.

---

149 Dieser Begriff fällt häufig in der praktischen zeitgenössischen Literatur (vgl. z.B.den Titel des Werkes: Puchta, Was giebt den Baiern ihre neue Verfassungs-Urkunde? Was fordert sie von ihnen? besonders in Beziehung auf die ständische Einrichtung; beantwortet in einem Sendschreiben eines Landrichters an seine Amtsanbefohlenen, 1818 – und vgl. Puchta, ˜Dieœ Landgerichte in Bayern und ihre Reform: mit vergleichender Rücksicht auf das deutsche Gerichtswesen früherer Zeit, 1834, S. 10), er suggeriert zum einen den erhobenen Stand des Landrichters über die in „seinem" Landgerichtsbezirk lebenden Bevölkerung (das Landgericht wurde auch über einen langen Zeitraum als „Grafschaft" und der Richter als „Graf" bezeichnet (Kollmann, 1952, S. 446), zum anderen vermittelt dieser Begriff ein Fürsorgeverhältnis zwischen Landrichter und Bevölkerung, gleichsam einer sich um deren rechtliche Angelegenheiten kümmernden Person (auch der an vielen Stellen des Codex Juris Bavarici Judiciarii statuierte Amtsermittlungsgrundsatz dürfte in diese Richtung zielen, vgl. dort 6. Kapitel § 9, 7. Kapitel § 6, 5. Kapital § 2 Nr. 3, 12. Kapitel § 3 Nr. 3 u.a.).

150 Puchta berichtet gar von der Situation, dass von zwei Nachbarn desselben Dorfes der eine zum Bamberger Amtsbezirk und der andere zum Bayreuther Amtsbezirk gehören konnten. Bei einer Hochzeit der Nachkommen musste der Brautvater 10 % des Hochzeitsguts an den jeweiligen Gutherren entrichten, gerade so als ob die Tochter ins Ausland verheiratet worden wäre (Puchta, Erinnerungen aus dem Leben und Wirken eines alten Beamten: vornehmlich für Anfänger in der juristischen, besonders Aemter-Praxis, 1842, S. 163).

151 (Spindler, Handbuch der Bayerischen Geschichte, 1997, S. 407).

bb. Aufgeblähter Behördenapparat und Besoldung

Zudem war der Behördenapparat in den jeweiligen Amtsbezirken zu aufgebläht. So gab es für den Amtsbezirk Ansbach 70 Ämter für 143.670 Einwohner und 54 Quadratmeilen Staatsgebiet, so dass auf ca. 2050 Einwohner und ¾ Quadratmeile ein Amt kam[152]. Ein Hauptgrund dafür war, dass die Markgrafen Ämter oftmals an verdiente Offiziere übergaben (mit dem Titel Oberamtmann oder Landeshauptmann), um diesen eine Versorgung im Alter zukommen zu lassen[153]. Diese übten das ihnen übertragene Amt allerdings in den wenigsten Fällen selbst aus[154]. Falls sie es doch taten, dann nicht in ausreichender Weise. Sie bezogen lediglich die Amtsvergütung inklusive der anfallenden Sporteln von zum Teil weit über 2000fl. Ihre eigentlichen Aufgaben übertrugen sie aber an von ihnen bezahlte, oftmals nur gering geschulte, Sekretäre[155].

Es kam somit häufig zu Prozessverschleppungen durch diese ungeschulten Amtspersonen. Die Fixbesoldung dieser Sekretäre war zudem mit lediglich ca. 800fl. (für einen Regierungsrat) sehr gering[156].

cc. Zuständigkeitskumulation

Ein weiteres Problem war die überladene Zuständigkeit der Ämter mit öffentlichen Aufgaben. Sie waren zuständig für die streitige und die freiwillige Gerichtsbarkeit, die Untersuchungsarbeit in Strafsachen in den Gebieten, in denen dieses Recht dem Markgrafen zustand, die Polizeiverwaltung, die Oberaufsicht über die sonstigen Verwaltungsangelegenheiten und die Einnahme und Verrechnung der Staatseinnahmen.

So kam es häufig zu Kompetenzstreitigkeiten zwischen den verschiedenen Ämtern, die jeweils ihre eigene Kompetenz durchzusetzen versuchten, um die Einkünfte aus den daraus anfallenden Sporteln als Einnahmequelle zu erhalten[157]. Für die Rechtssuchenden bedeutete dies überlange Verfahrensdauer und stetige Rechtsunsicherheit.

---

152 (Puchta, Erinnerungen aus dem Leben und Wirken eines alten Beamten: vornehmlich für Anfänger in der juristischen, besonders Aemter-Praxis, 1842, S. 164).

153 (Puchta, Erinnerungen aus dem Leben und Wirken eines alten Beamten: vornehmlich für Anfänger in der juristischen, besonders Aemter-Praxis, 1842, S. 112 f).

154 Als Antwort hierzu wurden im Zuge der Reformen Qualifikationsnachweise eingeführt (Spindler, Handbuch der Bayerischen Geschichte, 1997, S. 412).

155 (Hartung, 1906, S. 19).

156 (Hartung, 1906, S. 100).

157 (Puchta, Erinnerungen aus dem Leben und Wirken eines alten Beamten: vornehmlich für Anfänger in der juristischen, besonders Aemter-Praxis, 1842, S. 165).

b. Neuorganisation

aa. Kameralämter

Mit den hardenbergschen Reformen wurden eigene Kameralämter als unterste lokale Verwaltungsbehörden geschaffen, die für Einnahme und Verrechnung der Staatseinkünfte zuständig warten. Durch diese Sonderbehörden wurde das Finanzwesen zentral gebündelt und der Verwaltungsapparat entlastet. Zudem oblag diesen Kameralämtern die Polizei- und Ordnungsverwaltung in ihrem Bezirk.

Insgesamt traten an die Stelle von ehemals 70 Ämtern, die für Justiz und Verwaltung im Fürstentum Ansbach zuständig waren, nunmehr 17 Kameralämter, die ausschließlich mit Verwaltung und Finanzen betraut waren. Im Fürstentum Bayreuth wurden gar nur 16 Kameralämter geschaffen. Auf die historische Einteilung der Verwaltungsbezirke wurde keine Rücksicht genommen. Hierdurch änderte sich auch die Stellung der Beamten, die sich nun als Staatsbeamte nicht mehr aus Sporteleinnahmen finanzierten, sondern ein festes Gehalt von 1350fl. (Kameralamtmann bzw. Justizamtmann) erhielten.

Jedes Amt wurde nunmehr mit zwei Staatsbeamten und einem Assistenten sowie mehreren staatlich bezahlten Schreibern besetzt, die sich gegenseitig zu kontrollieren hatten. In eximierten (kreisfreien) Städten wurden die untersten Verwaltungsbehörden als Polizeimagistrate bezeichnet und waren dort nur für Polizei- und Ordnungsaufgaben zuständig. Das Rechnungs- und Kassenwesen wurde in diesen Städten besonderen Rechnungsbeamten übertragen[158].

bb. Untergerichte

Neben den adeligen Patrimonialgerichten[159] wurden Stadtgerichte für die größeren Städte eingeführt, unterteilt in solche erster Klasse, die durch eine Gerichtskammer entschieden und solche zweiter Klasse, bei denen ein Einzelrichter entschied. Die Urteile bei den Stadtgerichten ergingen im Namen der Stadt.

Für das übrige Gebiet und die kleineren Städte wurden Justizämter als unmittelbare Gerichte des Königs (in dessen Namen diese auch urteilten) geschaffen[160].

158 (Puchta, ˜Dieœ Landgerichte in Bayern und ihre Reform: mit vergleichender Rücksicht auf das deutsche Gerichtswesen früherer Zeit, 1834, S. 76).

159 Diese wurden zwar den königlichen Untergerichten und den Kameralämtern gleichgeordnet, die adeligen Gerichtshalter mussten für die Ausübung der Patrimonialgerichtsbarkeit ihrerseits jedoch eine für den Justiz- und Verwaltungsbehörden befähigende Qualifikation nachweisen (Spindler, Handbuch der Bayerischen Geschichte, 1997, S. 412).

160 (Hartung, 1906, S. 102).

Für das Gebiet Ansbach waren 18 Justizämter zuständig, jedes für 15.000–18.000 Menschen. Ein Justizamt bestand aus einem „Hauptrichter", dem sog. Justizamtmann, und zwei Aktuaren, von denen einer ebenfalls befugt war, das Richteramt auszuüben, während der andere die Funktion eines Gerichtsschreibers übernahm. Ab dem 1. Januar 1796 war das preußische allgemeine Landrecht und die allgemeine Gerichtsordnung für die Justiz bindend[161]. Als später neue Hypothekenbücher[162] angelegt werden mussten, gab es einen eigenen Rechnungsbeamten für das Kassenwesen. Die eigentlichen Schreibarbeiten wurden von Kopisten übernommen.

Der Zuständigkeitskreis der Justizämter umfasste im Bereich der Rechtspflege die Leitung und Entscheidung in zivilrechtlichen Verfahren inklusive erstinstanzlicher Konkursprozesse, die Leitung von Kriminaluntersuchungen, die freiwillige Gerichtsbarkeit, das Vormundschafts- und Depositenwesen sowie das Führen des Hypothekenbuches.

Im Rahmen der allgemeinen Verwaltung trat das Justizamt einzig in Erscheinung, um den Erhalt der Hoheitsrechte der Regierung sicherzustellen und die Unteraufsicht über Kirchen und Schulen zu führen[163]. Die Sporteln wurden ab diesem Zeitpunkt in getrennten Kassen gesammelt, aus denen dann die Besoldung aller Justizbeamten erfolgte, so dass der einzelne Richter keinen eigenen Vorteil aus den Sporteln mehr hatte[164].

Neben der bereits erwähnten Geldbesoldung eines Beamten in der Stellung eines Justizamtsmannes von 1350fl. erhielt dieser eine Naturalbesoldung bestehend aus 4 Simra[165] Roggen, 2 Simra Weizen, eine freie Wohnung, 10 Klafter Brennholz für die Amtsstube und Pferdefutter für zwei Pferde sowie eine besondere Aufwandsentschädigung für Amtshandlungen außerhalb seines Amtslokals[166].

---

161 (Spindler, Handbuch der Bayerischen Geschichte, 1997, S. 411).

162 Zur Geschichte des Grundbuchs in Bayern (Hammer, 1963, S. 74 ff), das Buchwesen im fränkischen Raum (Hammer, 1963, S. 80–85) und der Exkurs zum preußischen Grundpfandwesen (Hammer, 1963, S. 89 ff).

163 (Puchta, Erinnerungen aus dem Leben und Wirken eines alten Beamten: vornehmlich für Anfänger in der juristischen, besonders Aemter-Praxis, 1842, S. 166ff).

164 (Hartung, 1906, S. 103).

165 1 Simra (auch Simri) entspricht 1/8 Scheffel oder 22 Litern (Meyer, Simra, 1908, S. 304).

166 (Puchta, Erinnerungen aus dem Leben und Wirken eines alten Beamten: vornehmlich für Anfänger in der juristischen, besonders Aemter-Praxis, 1842, S. 169).

III. Fazit

In beiden Gebieten, den fränkischen und den altbayerischen, standen die Fürsten vor ähnlichen Problemen. Es galt, die alten zersplitterten Strukturen zu erneuern bzw. aufzulösen und eine einheitliche Verwaltungsstruktur zu erschaffen.

Das Justizwesen der Untergerichte konnte hingegen im Wesentlichen erhalten bleiben. Hier konnte man auf den alten Strukturen aufbauen[167].

Einzig die Organe der unteren Justizbehörden sollten künftig durch höhere Qualifikation und Besoldung besser ihrer Aufgabe gerecht werden können, Streitigkeiten zwischen Rechtsuchenden in unabhängiger[168] Weise durch Vergleich oder Entscheidung beizulegen.

Im Hinblick auf die Verwaltung ging man in beiden Gebieten unterschiedliche Wege. In den unter preußischer Herrschaft stehenden fränkischen Gebieten erfolgte auch auf unterster Ebene eine Trennung zwischen Justiz und Verwaltung. Dagegen ging man in den altbayerischen Gebieten davon aus, eine einheitliche und zugleich kostengünstige Staatsverwaltung durch alle Behörden nur erlangen zu können, wenn man auf unterster Ebene eine einzige Behörde mit umfassender Zuständigkeit in Justiz und Verwaltung schuf[169].

Insoweit war es aus heutiger Sicht für die fränkischen Gebiete ein Rückschritt, als sie ab 1803 unter bayerische Herrschaft fielen[170], weil damit die zuvor unter Hardenberg vorgenommene Trennung von Justiz und Verwaltung[171] rückgängig gemacht wurde.

---

167 In beiden Gebieten mussten die Reformer dem Adel sogar teilweise alte, reformbedürftige Strukturen erhalten und in Bezug auf die Patrimonialgerichtsbarkeit Zugeständnisse machen, um die Reformen im Übrigen durchsetzen zu können vgl. für Ansbach-Bayreuth (Spindler, Handbuch der Bayerischen Geschichte, 1997, S. 412) und für die bayerischen Reformen unter Montgelas (Volckamer, 1963, S. 231).

168 Die richterliche Unabhängigkeit war ein großes Politikum zu dieser Zeit (Pahlow, 2000, S. 119 ff und S. 132 ff).

169 (Weis, Montgelas. Der Architekt des modernen bayerischen Staates. 1799–1838, 2005, S. 516), Die Unabsetzbarkeit und Unabhängigkeit der Richter in Bayern wird gar als „wichtigste Bestimmung der Konstitution zum Justizwesen" bezeichnet (Stephan & Rumschöttel, 2008, S. 250).

170 (Weis, Die Trennung zwischen Justiz und Verwaltung bei den bayerischen Unterbehörden. Zur Vorgeschichte des Gerichtsverfassungsgesetzes von 1861, 1987, S. 754).

171 Vgl. hierzu in dieser Arbeit im Folgenden die Gliederungspunkt „Trennung der streitigen von der unstreitigen Gerichtsbarkeit", „die Überlastung der Landgerichte und das sich hieraus ergebende Reformbedürfnis", die Reformansätze unter „Reformvorschläge" und „Streit um die Gewaltentrennung".

D. Die Landgerichte ab dem 24. März 1802

I. Ihre Stellung im Staat

1. Territoriale Einteilung

a. Gebietsveränderungen

In den ursprünglichen bayerischen Territorien bestanden bis zu deren Veränderungen ab dem Jahr 1803, 120 Landgerichte, davon 73 in Bayern selbst (mitsamt Schwaben) unter Aufsicht der Generallandesdirektion München, 32 in der Oberpfalz, Sulzbach und Leuchtenberg[172] unter Aufsicht selbiger Landesdirektion sowie 15 im Herzogtum Neuburg[173], beaufsichtigt von der Landesdirektion Neuburg[174].

Durch den Frieden von Preßburg vom 26. Dezember 1805 verlor Bayern zwar das Fürstentum Würzburg (das jedoch 1814 wieder an Bayern fiel)[175], erhielt im Austausch dafür jedoch die freie Reichstadt Augsburg, die Markgrafschaft Burgau, das Fürstentum Eichstädt[176], die Gebiete von Passau, die zwischen Böhmen, Österreich, der Donau und dem Inn gelegen waren, dazu die Grafschaft Tirol, Gebiete im Vorarlberg, die Herrschaft Hohenems, die Grafschaft Königseggrothenfels, die Herrschaften Tetnang und Largen mitsamt der Stadt Lindau[177].

Weitere Gebiete erwarb Bayern 1806, nachdem es sich am 1. Januar desselben Jahres zum Königreich proklamiert hatte. Aufgrund des Vertrages mit Frankreich vom 15. Mai erhielt Bayern von Preußen die Markgrafschaft Ansbach-Bayreuth. Durch die rheinische Bundesakte vom 12. Juli 1806 erwarb Bayern darüber hinaus Gebiete des ehemals reichsunmittelbaren Adels, das Gebiet der Stadt Nürnberg sowie die Niederlassungen des Deutschordens (sogenannte Commenden) im Gebiet Günzburg-Krumbach. In all diesen Neuerwerbungen wurden unmittelbar Landgerichte eingerichtet, die in das bayerische Justizverwaltungssystem eingegliedert wurden[178].

---

172 Hier kam es mit kurfürstlicher Entschließung vom 2. April 1803 noch zu Verschmelzungen einzelner Landgerichtsbezirke (Maurer, 2015, S. 464 ff).

173 Hier kam es mit kurfürstlicher Entschließung vom 23. April 1803 noch zu Verschmelzungen einzelner Landgerichtsbezirke, (Maurer, 2015, S. 484 ff).

174 (Hellmuth, 1854, S. 3 ff).

175 (Hellmuth, 1854, S. 24).

176 (Prändel, 1806, S. 74).

177 (Hellmuth, 1854, S. 14 f).

178 (Hellmuth, 1854, S. 17 ff, insbes. § 6 Rn. 10 für das Gebiet Ansbach).

b. Kreiseinteilung

Die Verfassung vom 1. Mai 1808 bestimmte, dass „ohne Rücksicht auf die bis daher bestandene Einteilung in Provinzen das ganze Königreich in möglichst gleiche Kreise und soweit tunlich, nach natürlichen Grenzen eingeteilt" werde[179]. Infolge dessen wurden am 21. Juni 1808, durch Verordnung[180] die 14 Kreise, nämlich der Main-, Etsch-, Isar-, Eisack-, Inn-, Iller-, Salzach-, Unter- und Oberdonau-, Regen-, Lech-, Altmühl-, Rezat- Pegnitzkreis geschaffen. Eine entsprechende Anpassung der Provinz Ansbach erfolgt am 7. August 1808[181].

Die Verwaltung der Kreise oblag den Generalkreiskomissariaten, die die Verwaltungsaufsicht über die Landgerichte ausübten[182]. Zu diesem Zeitpunkt bestanden in Bayern 191 Landgerichte für das bayerische Gebiet von 1574 Quadratmeilen und einer Zahl von 2.817.000 Einwohnern[183].

Die bayerischen Landgerichte selbst bestanden in ihren Grenzen meist schon zu Zeiten der Pflegegerichte und davor[184]. Die Gebiete gehörten ehemals Grundherrn und bildeten seit jeher eigene Verwaltungs- und Justizeinheiten[185]. Sie gehen aus den unter den Karolingern gebildeten Grafschaften hervor, weshalb das Landgericht auch noch über einen langen Zeitraum als „Grafschaft" und der Richter als „Graf" bezeichnet wurde[186]. Aus diesem Grund ließ man ihnen meist auch ihre althergekommen Grenzen, sofern dies die Gebietsgröße und Bevölkerungszahl zuließ[187].

Eine neue Kreiseinteilung erfolgte durch Verordnung vom 20. Februar 1817. Durch diese wurde die oben genannten 14 Kreise aufgelöst und stattdessen 8 neue Kreise (Ober-, Niederbayern, Pfalz, Oberpfalz, Schwaben, Ober-, Mittel- und Unterfranken) geschaffen[188].

---

179 Bay. Konstitution vom 1. Mai 1808, Titel I § 4 in Reg. Bl. 1808, S. 985.

180 Reg. Bl. 1808, S. 1481–1502.

181 Reg. Bl. 1808, S. 1689–1700.

182 (Mayer, 1958, S. 51).

183 (Hellmuth, 1854, S. 23).

184 (Hiereth, Zur Geschichte des Landkreises Landshut, 1962, S. 7).

185 (Zintl, Reflexionen über die neue Organisation der Churfürstl. Landesdirektion von Baiern und der Churfürstl. Landgerichte, 1803, S. 57).

186 (Kollmann, 1952, S. 446).

187 (Zintl, Reflexionen über die neue Organisation der Churfürstl. Landesdirektion von Baiern und der Churfürstl. Landgerichte, 1803, S. 57).

188 Reg. Bl. 1817, S. 113.

2. Die Landgerichte im bayerischen Staat

a. Die Konstitution und das organische Edikt von 1808 in Bezug auf die Landgerichte

Erfolgte Verordnungen, die in Bezug auf die Untergerichte bereits seit dem Jahr 1799 Stück für Stück erlassen waren, wurden in der Konstitution vom 1. Mai 1808[189], der ersten verfassungsrechtlichen Grundlage des Königreichs Bayern, und dem organischen Edikt über die Gerichtsverfassung vom 24. Juli 1808[190] im Wesentlichen zusammengefasst[191].

Die bayerischen Landgerichte erhielten durch die Konstitution und das organischen Edikt einen bestimmten Wirkungskreis zugewiesen. Der Vollzug erfolgte ab dem 1. Januar 1809. Konkret genannt werden die Landgerichte im Titel III § 5 der Konstitution von 1808, wonach sie im Bereich der Verwaltung, unter der Aufsicht der Generalkommissariate, die Lokalpolizei in ihren Bezirken ausübten. Im Bereich der Justiz spricht Titel V § 1 derselben Konstitution lediglich davon, dass die Justiz durch „in geeigneter Zahl bestimmte Ober- und Untergerichte" ausgeübt werde.

Zu den Untergerichten wurden gem. Titel II. § 4 des Edikts die Landgerichte neben den Stadt- und Patrimonialgerichten gezählt.

Das Edikt war also eine Vollzugvorschrift für die Gerichtsverfassung und diente letztlich der Konkretisierung des in der Konstitution nur vage formulierten Titels V. „Von der Justiz".

In die Gerichtsbarkeit der staatlichen Justiz fiel nach Titel I § 10 des Edikts nun, im Gegensatz zu früher, grundsätzlich jede Person mit Ausnahme der Personen mit ausdrücklich befreitem Gerichtsstand[192].

Befreit waren

- die Mitglieder des königlichen Hauses in Realklagen[193] und vermischten Klagen bei den Appellationsgerichten, an denen der königliche Fiskus beteiligt

189 Reg. Bl. 1808, S. 985.

190 Reg. Bl. 1808, S. 1785.

191 So wird im II. Titel des organische Edikts (Reg. Bl. 1808, S. 1785) bei § 4 beispielsweise auf die bestehende Kreis- und Landgerichtseinteilung verwiesen und durch das Edikt gerade manifestiert, die Besetzung und die Kompetenzen der Gerichte werden in §§ 5, 6, 10, 12 13, 14 etc,. wie es bereits der Fall ist, beibehalten.

192 (Spindler, Handbuch der bayerischen Geschichte, 2003, S. 53).

193 Diese entstehen aus dem dinglichen Recht und dienen dessen Verwirklichung, vgl Definition (Höpfner, 1803, S. 1088).

war, und in persönlichen Angelegenheiten, bei dem durch den König angeordneten Familienrat;[194]

- mediatisierte Fürsten und Grafen, denen eigene Patrimonialgüter unterstanden, nicht jedoch deren Familie gem. § 11 des Edikts a.E.;
- die königlichen Staats- und Konferenzminister, oberste Kronbeamte und Hofchargen, der Hauptmann der Leibgarde, die General-Lieutenanten, welche zugleich Divisionskommandanten waren und der Präsident des Oberappellationsgerichts.

  Dieses Privileg stand neben den Inhabern des befreiten Gerichtsstandes auch deren Ehefrauen und den unter der väterlichen Sorge stehenden Kindern zu[195].

Das organische Edikt[196] bestimmte auch die funktionellen Zuständigkeitsbereiche für die untergerichtliche Justiz.

In bürgerlichen Streitigkeiten oblagen den Landgerichten die Verhandlungen und die Entscheidungen in erster Instanz über Rechtsstreitigkeiten in ihrem Landgerichtsbezirk[197]. Berufungsgerichte in zweiter und dritter Instanz waren Appellations- und Oberappellationsgericht gem. Titel II § 17 des Ediktes.

Titel II § 19 des Edikts wies den Landgerichten die Gegenstände der freiwilligen Gerichtsbarkeit zu, soweit das Zivilgesetzbuch und die Gerichtsordnung dies vorsahen. Die Landgerichte wurden im Zuge dieser Organisation ebenfalls zu Kollegialgerichten formiert[198]. Die Entscheidungen sollten insbesondere deswegen durch ein Kollegium, bestehend aus einem Richter und 2–3 rechtskundigen Assessoren getroffen werden, um eine höhere Qualität der Rechtsprechung auf dem Lande zu erreichen.

Die Landgerichte waren in ihrer Funktion als Kriminalgerichte Untergerichte gem. Titel I § 1 des Edikts auch ermittelnde Behörde im peinlichen Prozess. Sie waren in ihren Ermittlungen unabhängig nach dem fünften Titel § 4 der Konstitution von 1808[199]. Nicht einmal der König durfte danach eine begonnene Untersuchung hemmen. Der König hatte lediglich die Möglichkeit, im Anschluss an eine Verurteilung zu begnadigen oder die Strafe zu mildern.

---

194 Reg. Bl. 1810, S. 794.

195 (Puchta, Der Geschäftsmann in Gegenständen der öffentlichen und Privatrechts-Praxis, 1818/2, S. 297).

196 Reg. Bl. 1808, S. 1785.

197 (Hellmuth, 1854, S. 4.

198 Reg. Bl. 1808, S. 1785 und RegBl. 1809, S. 1227.

199 Reg. Bl. 1808, S. 985.

Die Ermittlungsakten hatten die Landgerichte dann an das für die peinliche Gerichtsbarkeit gem. Titel II § 13 i.V.m. Titel III § 33 des Edikts in erster Instanz zuständige Appellationsgericht zu schicken.

Mit Errichtung der Stadtgerichte durch die Verordnung vom 3. Dezember 1808 übten die Landgerichte ab dem 1. Januar 1809 nur noch die Gerichtsbarkeit in den Gebieten aus, die nicht in die Zuständigkeit der Stadtgerichte fiel[200].

Da die Konstitution von 1808[201] die Landgerichte konkret nur in Titel III § 5 in Bezug auf ihre Verwaltungszuständigkeit erwähnte, Aussagen über die Aufgaben in der Justiz in Teil V § 1 der Konstitution aber vage blieben, wird deutlich, dass eine Gewaltentrennung auf unterster Instanz nicht vorgesehen war. Lediglich die in den Justizbereich fallenden Aufgaben sollten noch speziell benannt werden.

Eine genauere Bestimmung des Aufgabenbereichs im Bereich der Justiz (beispielsweise, ob hierunter auch die freiwillige Gerichtsbarkeit fiel) erfolgte durch das organische Edikt vom 24. Juli 1808[202]. Allerdings wurden auch dort den Landgerichten nur ganz allgemein gewisse Justizbereiche zugewiesen. Eine konkrete Bestimmung des Wirkungskreises der Landgerichte war damit immer noch nicht möglich.

Die Tatsache, dass kein abschließender Aufgabenbereich für die Landgerichte festgelegt wurde, hatte zur Konsequenz, dass deren Aufgabenbereich quasi als „Auffangbecken" verwendet werden konnte. Alle Aufgaben, die anderen Behörden nicht ausdrücklich zugewiesen waren, landeten zwangsläufig bei den Landgerichten als Unterbehörden[203].

b. Die Verfassungsurkunde von 1818

Die Verfassungsurkunde Bayerns vom 26. Mai 1818 bot im Hinblick auf die Konstitution von 1808 und die organischen Edikte früherer Jahre keine Neuerungen. Vielmehr bestätigte sie den damaligen „status quo" im Hinblick auf die Unabhängigkeit der Gerichte und auch dahingehend, dass der König in anhängige Streitsachen und Untersuchungen nicht eingreifen durfte.

---

200 (Buchinger, 1827, S. 34).

201 Reg. Bl. 1808, S. 985.

202 Reg. Bl. 1808, S. 1785.

203 In diese Richtung auch, (Puchta, Erinnerungen aus dem Leben und Wirken eines alten Beamten: vornehmlich für Anfänger in der juristischen, besonders Aemter-Praxis, 1842 S. 206).

Zudem blieb diese Verfassungsurkunde auch der Konstitution von 1808[204] dahingehend treu, dass auch hier eine konkrete Organisation des Aufgabenbereichs der Untergerichtsbarkeit fehlte[205].

Das ursprünglich von Montgelas angestrebte Vorhaben, eine einheitliche Gerichtsverfassung durch Auflösung der Patrimonialgerichtsbarkeit zu schaffen, wurde hierin endgültig aufgegeben. Dieser Reformansatz Montgelas war schon durch das organische Edikt vom 16. August 1812 über die gutsherrliche Gerichtsbarkeit[206] erheblich beschädigt worden[207]. Die letztliche Verfestigung der gutsherrlichen Rechte in der Konstitution gab dem Streben Montgelas aber endgültig den „Todesstoß"[208] und war letztlich ein Rückschritt für die Gerichtsverfassung der Untergerichte, deren Gerichtsbarkeit dadurch ein nicht unerheblicher Bevölkerungsteil entzogen wurde[209].

Für die Staatsdiener, im Besonderen die Richter, festigte die Verfassungsurkunde von 1818 deren Rechte in Titel VIII. der Urkunde. § 1 dieses Titels stellte zwar klar, dass die Gerichtsgewalt vom König ausgehe, die Verwaltung der Gerichtsbarkeit in § 3 und 4 jedoch durch die Gerichte in Unabhängigkeit[210], auch vom König, ausgeübt werde. Die Richter mussten weder in Bezug auf ihre Stellen noch in Bezug auf ihr Gehalt Repressalien für die Ausübung ihrer amtlichen Gewalt fürchten[211].

---

204 Reg. Bl. 1808, S. 985.

205 (Weis, Die Trennung zwischen Justiz und Verwaltung bei den bayerischen Unterbehörden. Zur Vorgeschichte des Gerichtsverfassungsgesetzes von 1861, 1987, S. 755).

206 Reg. Bl. 1812, S. 1505.

207 Nachdem an sich einzig die freiwillige Gerichtsbarkeit durch die Patrimonialgerichte ausgeübt werden sollte, wurden nun durch das Edikt vom 16. August 1812 großen Patrimonialgerichten weitreichende zivil- und strafrechtliche Kompetenzen zugebilligt.

208 Seydel äußert hierzu: „Im Übrigen ist als das schwerste Gebrechen der neuen (von 1818)Verfassung wohl die Aufrechterhaltung der gutsherrlichen Gerichtsbarkeit, wenn auch anerkannt werden muss, dass letztere auf den Stand von 1806 zurückgeführt und dadurch wenigstens die unglückliche Wirkung des Edikts vom 16. August 1812 wieder rückgängig gemacht wurde." (Seydel, Bayerisches Staatsrecht, 1913/1, S. 105).

209 (Schuster, 1926, S. 276).

210 Die richterliche Unabhängigkeit war ein großes Politikum zu dieser Zeit (Pahlow, 2000, S. 119 ff und S. 132 ff).Die Unabsetzbarkeit und Unabhängigkeit der Richter in Bayern wird gar als „wichtigste Bestimmung der Konstitution zum Justizwesen" bezeichnet in (Stephan & Rumschöttel, 2008 S. 250).

211 (Puchta, Was giebt den Baiern ihre neue Verfassungs-Urkunde? Was fordert sie von ihnen? besonders in Beziehung auf die ständische Einrichtung; beantwortet in einem Sendschreiben eines Landrichters an seine Amtsanbefohlenen, 1818, S. 49).

Die Position der Staatsdiener wurde in der IX. Beilage zur Verfassungsurkunde von 1818 gefestigt und hat sich für das Richteramt, im Vergleich zu der Konstitution 1808[212], verbessert, da nach IX. Beilage § 4 alle ersten Anstellungen und Beförderungen für Staatsdiener mit Richteramtsfunktionen definitiv sein sollten. Dies erfasste bei den Landgerichten neben den Landrichtern auch die Landgerichtsassessoren und Aktuare und galt auch in der Pensionierung fort, wie § 23 der IX. Beilage klarstellt.

Die IX. Beilage stärkte die Unabhängigkeit der Richter und den bereits oben angeführten Versuch der Verfassungsurkunde von 1818, Richterentscheidung ohne Furcht vor Repressalien zu ermöglichen dahingehend, dass in §§ 9 bis 17 eine präzise Regelung des Disziplinarverfahrens gegen Richter erfolgte.

Dass jedoch der Versuch der Verfassungsurkunde (samt IX. Beilage), eine vollständige richterliche Unabhängigkeit zu erlangen, ohne eine Trennung der Gewalten bei den Untergerichten kaum zu erreichen war, wird im Weiteren noch gezeigt werden.

c. *Stellung der Landgerichte im Behördenaufbau*

Der Wirkungskreis der Landgerichte – als unterste Ämter im bayerischen Staat – und deren Verhältnis zur Landbevölkerung sowie zu anderen Behörden wird nachfolgend nur angesprochen, soweit dies notwendig ist, um das Verhältnis zwischen Landgerichten und den Oberbehörden zu beleuchten.

Nach der Verordnung vom 24. März 1802 § III Nr. 1, der Konstitution vom 1. Mai 1808[213] und dem hierzu gehörenden organischen Edikt vom 24. Juli desselben Jahres II. Titel § 6 stellten die Landgerichte die untererste Behörde des bayerischen Staates dar. Unter einem Landrichter vereinigten sie in sich die Justiz- und Polizeigewalt eines Bezirkes.

Im Bereich der Justiz war das Landgericht unmittelbar rechtsprechendes Organ gegenüber der Landbevölkerung in Zivilsachen und Untersuchungsbehörde in Kriminalsachen. In dieser Funktion unterstand es nach § 37 des organischen Ediktes vom 24. Juli 1808[214] der Aufsicht des jeweiligen für diesen Bezirk zuständigen Appellationsgerichts, das im Rahmen des Instanzenzugs auch das übergeordnete Berufungsgericht war. Dieses unterstand auf nächsthöherer Stufe dem Oberappellationsgericht, dem nach § 54 des organischen Edikts vom 24. Juli 1808 die Aufsicht über die Appellationsgerichte übertragen war. Das

212 Reg. Bl. 1808, S. 985.
213 Reg. Bl. 1808, S. 985.
214 Reg. Bl. 1808, S. 1785.

Justizministerium war gem. Titel III. § 1 der Konstitution von 1808 das oberste Organ der gesamten Justizverwaltung und für die Vollziehung der königlichen Befehle verantwortlich. Diese Einordnung der Landgerichte in den Bereich der Justizverwaltung wurde durch die Verfassungsurkunde von 1818 und spätere Verordnungen (beispielsweise Verordnung vom 9. Dezember 1825[215]) nicht verändert, sondern präzisiert[216].

Im Bereich der Polizeiverwaltung[217] war die amtliche Stellung der Landgerichte eine viel allgemeinere. Die Instruktion vom 17. Juli 1808[218] bestimmte den Wirkungskreis der Landgerichte dahingehend, dass die Landgerichte in dem ihnen vom 24. März 1802 § II. zugewiesenen Wirkungskreis verblieben, es sei denn, ihnen würden durch besondere Verfügungen weitere Tätigkeit zugewiesen. Die Landgerichte waren neben anderen Unterbehörden (Gemeinden, Herrschafts- und Patrimonialgerichten) ein weiteres Organ der polizeilichen Tätigkeit für die Landbevölkerung. Die Aufsichtsbehörden über die Landgerichte waren in diesem Aufgabenbereich die Generalkommissariate. Da auf der mittleren Behördenebene, im Gegensatz zu den Landgerichten, bereits eine Trennung der Gewalten erfolgt war, war ein Landgericht somit mehreren Behörden untergeordnet, denen es rechenschaftspflichtig war.

Es lässt sich hier bereits erkennen, dass die Landgerichte in ihrer amtlichen Stellung im Verwaltungsbezirk nahezu jeder Person oder Institution gegenüber als Behörde auftreten konnten. Sie hatten nahezu eine Allzuständigkeit. Ein klarer abgrenzbarer Aufgabenbereich für die Landgerichte im Bereich der Polizeiverwaltung war nicht zu erkennen.

Auch wenn in der Verordnung vom 24. März 1802 der Versuch unternommen worden war, eine ausreichende Abgrenzung des Wirkungskreises der Landgerichte zum Rentamt, der Bauinspektion u.s.w. vorzunehmen, war der den Landgerichten zugeteilte Aufgabenbereich „Polizei und Verwaltung“ nach wie vor viel zu unbestimmt, um einen konkret abgrenzbaren und benennbaren Zuständigkeitsbereich zu schaffen.

---

215 Reg. und Int. Bl. 1825, S. 978, § 51.

216 Beispielsweise stellt die Verfassungsurkunde von 1818 ausdrücklich klar in Titel VIII §1: Die Gerichtsbarkeit geht vom König aus“, ein solcher Ausspruch wurde 1808 noch vermieden. Die Verordnung vom 9. Dezember 1825 legt den Geschäftskreis der Justizbehörden ausdrücklich fest.

217 Bzgl. Der negativen und positiven Definition des Polizeibegriffs dieser Zeit vgl. den Gliederungspunkt „Polizei“ im Folgenden dieser Arbeit.

218 Reg. Bl. 1808, S. 1654.

So wurden von der Zuständigkeit der Landgerichte im Bereich der Polizeiverwaltung alle Vorfälle erfasst, für die nicht eine besondere Zuweisung an eine andere Behörde erfolgt war. Sie waren somit auf diesem Gebiet diejenigen, die im Zweifel immer zuständig waren, sowohl als anweisende[219] Behörde als auch als angewiesene[220] Behörde[221]. Dies hatte für die Amtsanbefohlenen wiederum den Vorteil, in den meisten Fällen eine einzige, und immer die gleiche Behörde als Ansprechpartner für alle „Probleme und Sorgen" aufsuchen zu können.

Diese Tendenz verstärkte sich noch durch das Gemeinde-Edikt vom 17. Mai 1818. Die Landgerichte bekamen durch dieses Edikt noch weitere Aufgaben im Bereich der Polizeiverwaltung zugewiesen. Sie waren nunmehr im polizeilichen Aufgabenbereich nicht nur als Unterbehörde tätig, sondern traten gleichzeitig den Gemeinden gegenüber als Aufsichts- und Kontrollbehörde auf.

Den Herrschafts- und Patrimonialgerichten gegenüber hatten die Landgerichte eine Stellung des „Nebeneinanders", da beide die amtliche Stellung von Unterbehörden hatten[222]. Berührungspunkte gab es allenfalls bei Kompetenzstreitigkeiten im Hinblick auf die örtlichen Grenzen des Gerichtsbezirkes. Auch bei Beschwerden der betroffenen Amtsanbefohlenen in Fällen, in denen der Patrimonialrichter die ihm obliegenden Rechte gem. § 21 des organischen Ediktes über die Patrimonialgerichtsbarkeit vom 16. September 1808[223] überschritten hatte, kam es zu Überschneidungen. Die Aufsicht über die Herrschafts- und Patrimonialgerichte wurde aber vom Appellationsgericht im Justiz- und Kriminalbereich und vom Generalkommissariat im Bereich der Polizeiverwaltung wahrgenommen[224].

d. Fazit

In der Gesamtbetrachtung waren die Landgerichte durch ihren nahezu nicht begrenzbaren Aufgabenbereich und der damit einhergehenden, weitreichenden Zuständigkeit das zentrale Instrument, den königlichen Gesetzen gegenüber den

219 Gegenüber Amtsanbefohlenen.

220 Durch Instanzenzug und Aufsichtsbehörden wie Appellationsgericht oder Generalkommissariat.

221 (Hellmuth, 1854, S. 69).

222 (Reingruber, Ueber den Wirkungskreis eines Landgerichts im Königreiche Baiern, Bd. 2, 1814, S. 617).

223 Reg. Bl. 1808, 2245 – vgl. bspw. Die Entscheidung des Kompetenzkonflikts zwischen dem Patrimonialgericht I. Klasse Oberkozau und dem Landgericht Rehau durch das Appellationsgericht Obermainkreis in Döllinger V, S. 590, § 310.

224 (Puchta, Der Geschäftsmann in Gegenständen der öffentlichen und Privatrechts-Praxis, 1818/2, S. 266).

Amtsanbefohlenen Geltung zu verschaffen. Die Macht der Verwaltung wurde durch die zusätzlichen richterlichen Befugnisse der Landrichter sogar noch verstärkt[225].

Der Monarch konnte, trotz einer Gewaltentrennung auf der oberen und mittleren Behördenebene[226], als einzelne oberste Kraft seine Macht auf unterster Ebene wieder bei den Landgerichten bündeln. Diese umfassende Zuständigkeit der Landgerichte war somit entscheidendes Mittel der Machtausübung[227] von oben nach dem Motto:

> „So wie die Staatsgewalt auf der höchsten Stufe ihrer Wirksamkeit nur eine ist, so kann sie dies auch auf der untersten und soll es daher auch sein“[228].

Ähnlich äußert sich im Jahr 1847 noch König Ludwig I. selbst, als er auf Antrag des Ministeriumsverwesers Maurer auf Reduzierung der Zuständigkeitsbereiche bei den Landgerichten folgendes erwiderte:

> „Der Trennung der Justiz von der Verwaltung in den untersten Stellen bin ich nicht gewogen, sie schwächt die Kraft der Regierung.“[229].

In dieser breiten Aufstellung waren die Landgerichte für die Landbevölkerung in jeglicher Hinsicht erster und weitestgehend auch einziger Ansprechpartner für Klagen, Streitigkeiten und Beschwerden. Dies zeigt, dass die Landgerichte eine zentrale Schnittstelle waren, einerseits „von oben nach unten“, andererseits aber auch „von unten nach oben“.

II. Schaffung eines Beamtenstandes bei den Landgerichten

Grundlage der neuen Staatsorganisation durch Montgelas war die Schaffung eines leistungsfähigen Beamtenapparats, durch den eine kurzfristige und effektive Umsetzung der avisierten Reformen möglich war[230]. Ziel war es, einen fleißigen, unbestechlichen und loyalen Beamtenstand zu schaffen, der privates Interesse

---

225 (Seydel, Bayerisches Staatsrecht, 1913/1, S. 360).

226 Vgl. den Gliederungspunkt „Mittelbehörden und Hofgerichte“ in dieser Arbeit.

227 Vgl. beispielsweise die Anweisung der für die Jagd- und Forstaufsicht zuständigen Landgerichte hinsichtlich des Beweisverfahrens bei Strafverfahren gegen Wilderer (auch durch den Landrichter durchzuführen) in Döllinger XV, S. 1285, § 1003.

228 (Puchta, Der Dienst der deutschen Justizämter oder Einzelrichter, 1829, S. 3) und dies bezeichnet als „monarchische Prinzip“ (Renz, 1928, S. 13).

229 (Schuster, 1926, S. 277).

230 (Kotulla, 2007, Absatz-Nr. 942).

und Dienstinteresse zu trennen verstand, Weisungen von Vorgesetzten befolgte und diese umzusetzen wusste[231].

Maßgebliches Instrument, die Beamtenlaufbahn als erstrebenswert zu etablieren, war die Staatsdienerpragmatik von 1805[232]. Hierdurch wurde ein klares System für die Besoldung, Pensionsberechtigung und Hinterbliebenenversorgung[233] der Beamten geschaffen. Hierauf gründete sich nun auch ein Anspruch des Beamtentums auf Versorgung, so dass diese Zuwendungen nicht mehr nur reine Gnadensache des Fürsten waren[234].

1. Justizpersonal an den Landgerichten

Die Etablierung eines leistungsfähigen Beamtenapparats, nicht nur, aber vor allem auch bei den Unterbehörden, war essentiell, da diese die zentralen Behörden waren, mit denen die Amtsanbefohlenen in Kontakt kamen. In der Bevölkerung musste sich der Erfolg der Reform also gerade an der Leistungsfähigkeit der Unterbehörden messen lassen, weil zu den Mittel- und Oberbehörden regelmäßig überhaupt kein Kontakt bestand.

a. Der Landrichter

aa. Bedingung, Fähigkeiten und Unabhängigkeit

Um für das Amt als Landrichter in Frage zu kommen, musste der Aspirant mit bestimmten Fähigkeiten aufwarten können.

Die Konstitution von 1808 erlaubte in Titel I § 7[235] nur bayerischen Staatsbürgern die Ausübung eines Staatsamtes. Staatsbürger war man nur mit königlichem Indigenat, und dieses konnte entweder kraft Geburt oder durch Begüterung im Staat erlangt werden[236].

Für einen Landrichter forderte § 3 Nr. 1 der Verordnung vom 24. März 1802 zudem, dass er für die Wahrnehmung dieses Amtes die Rechts- und Polizeiwissenschaften auf einer inländischen Hochschule studiert und beendet, sowie den

231 (Weis, Montgelas' innenpolitisches Reformprogramm. Das Ansbacher Memoire für den Herzog vom 30.9.1796, 1970, S. 222 ff).

232 Churpfalzbaierisches Reg. Bl. 1805, S. 225 ff.

233 Vgl. hierzu in dieser Arbeit die Gliederungspunkte „Besoldung des Landrichters", „Pensionierung des Landrichters", „Witwen und Waisenpension".

234 (Weis, Montgelas. Der Architekt des modernen bayerischen Staates. 1799–1838, 2005, S. 255).

235 Reg. Bl. 1808, S. 985.

236 Edikt über das Indigenat in Reg. Bl. 1812, S. 209.

Staatsconcurs[237] gemacht haben musste. Diese Voraussetzung war in der Praxis jedoch nicht immer gegeben[238]. Ferner musste ein Landrichter vor seiner Berufung in dieses Amt in den gerichtlichen Geschäften bereits geübt sein. Dafür musste er früher schon eine Aktuarsstelle bei einem Gericht innegehabt haben und bei der entsprechenden Landesdirektion unter der Beiziehung mehrerer Justizräte über seine dort erworbenen Fähigkeiten geprüft worden sein[239].

Der Aspirant durfte außerdem zum Zeitpunkt seines Amtsantrittes keine Unfähigkeit für sein Amt aufweisen. Unfähig für das Richteramt waren Schwachsinnige, Taube und Stumme, Blinde, infolge einer Belegung mit einer Kriminalstrafe für ehrlos erklärte Personen, Frauen, egal welchen Alters, sowie minderjährige Männer[240]. Des Weiteren wurde den Juden die Fähigkeit für das Richteramt nur dann zugesprochen, wenn eine jüdische Gerichtsbarkeit existierte. Dies war aber in ganz Bayern nicht der Fall[241].

Neben der Kenntnis des materiellen und prozessualen Rechts aus Universität und Praxis bedurfte ein Landrichter der Fähigkeit der Behandlung gerichtlicher Gegenstände in Rede und Schrift als Mittel des Auftretens nach außen. Zusammengefasst wurde dies als Geschäftsgewandtheit bezeichnet[242].

Die freie und flüssige Rede war hierbei das entscheidende Mittel des Richters, den Parteien während des Verfahrens den Prozessstoff nahe zu bringen und das Verfahren vor Gericht zu instruieren, beides nicht ohne die nötige Autorität[243]. Die verständliche und präzise Rede, in Verbindung mit dem Verständnis für die Probleme der Beteiligten, war für einen Richter der entscheidende Faktor zur Beschleunigung des Verfahrens selbst und musste daher von diesem beherrscht werden.

Die Schriftlichkeit, hierunter fiel die Protokollierung des Verfahrens vor Gericht (Spezialprotokoll[244]) und auch die Protokollierung des Geschäftsgangs bei

---

237 (Stürzer, 1838, S. 237 Nr. 7) – dies war auch schon 1799 durch die Verordnung vom 20. Juli 1799 festgeschrieben worden in Münchner Intelligenzblatt 1799, S. 483.

238 Puchta selbst hat seine universitären Studien nie beendet und berichtet auch, dass besonders bei Untergerichten ein universitärer Abschluss keineswegs Gang und Gäbe war(Puchta, Der Dienst der deutschen Justizämter oder Einzelrichter, 1829, S. 192).

239 VO vom 14. April 1802 § 3 in churpfalzbaierisches Regierungsblatt 1802, S. 251.

240 (Puchta, Der Dienst der deutschen Justizämter oder Einzelrichter, 1829, S. 130).

241 (Stürzer, 1838, S. 236).

242 (Puchta, Der Dienst der deutschen Justizämter oder Einzelrichter, 1829, S. 246).

243 (Puchta, Der Geschäftsmann in Gegenständen der öffentlichen und Privatrechts-Praxis, 1818/2, §§ 56 & 57).

244 (Puchta, Der Dienst der deutschen Justizämter oder Einzelrichter, 1829, S. 264).

Gericht (Generalprotokoll[245]), war für den Richter das Mittel, dem durch die Rede angeleiteten Verfahren einen dauerhaften Charakter zu verleihen[246].

Die schriftliche Fixierung vor Gericht erfolgte einerseits zu Dokumentationszwecken, um das Vorbringen der Parteien im Verfahren sowie die Instruktionen[247] des Richters dauerhaft zu erfassen. Anderseits erfolgte sie aus produktiven Gründen, um die Resultate des Verfahrens in Beschlüssen und Urteilen zu fixieren und gegebenenfalls eine spätere Kontrolle durch höhere Behörden zu ermöglichen[248].

Nur wenn der Richter das Verhandelte durch ordnungsgemäße Protokollierung nachzuweisen vermochte, konnte er seiner Aufgabe, den Rechtsuchenden ein ordnungsgemäßes Verfahren zu verschaffen, nachkommen.

Die Fähigkeiten, mittels Rede und Schrift ein gerichtliches Verfahren abzuwickeln, erlernte ein Aspirant in der Regel nicht während seiner Studienzeit an einer Universität[249], sondern während der nach § III Nr. 1 der Verordnung vom 24. März 1802 vorausgesetzten Praxiszeit als Aktuar an einem Gericht[250].

Zuletzt musste der angehende Landrichter, bevor er seine Stelle antreten konnte, einen Eid auf die Verfassung leisten[251]. Ab diesem Zeitpunkt erhielt der Landrichter Inamovibilität. Das bedeutete, dass er einzig aus administrativen oder organisatorischen Gründen, und auch dann nur ohne Gehaltsverlust, auf eine andere Position versetzt werden konnte[252]. Diesen Status erhielten, ab Erlass der Konstitution vom 1. Mai 1808[253], die neu angestellten Staatsbeamten erst nach

245 (Puchta, Der Dienst der deutschen Justizämter oder Einzelrichter, 1829, S. 264).

246 (Puchta, Der Dienst der deutschen Justizämter oder Einzelrichter, 1829, S. 248).

247 Der Richter hatte weitgehende Befugnisse im Rahmen der Amtsermittlung den Prozess vorzubereiten und zu leiten (vgl. in Codex Juris Bavarici Judiciarii 6. Kapitel § 9, 7. Kapitel § 6, 5. Kapital §2 Nr. 3, 12. Kapitel § 3 Nr. 3 u.a.). Diese „Instruktion" des gerichtlichen Verfahrens war das entscheidende Mittel des Codex Juris Bavarici Judiciarii zur Stärkung des Untersuchungsgrundsatzes (Bromsdorf, 1971, S. 199–201).

248 (Puchta, Der Dienst der deutschen Justizämter oder Einzelrichter, 1829, § 87).

249 Kritik dahingehend (Puchta, Erinnerungen aus dem Leben und Wirken eines alten Beamten: vornehmlich für Anfänger in der juristischen, besonders Aemter-Praxis, 1842, 89 ff).

250 so auch erster Absatz bei der Instruktion für Gerichtsaktuare in Reg. Bl. 1807 S. 17.

251 zu Verpflichtung und Wortlaut der Vereidigung bei Justizbeamten vgl. Döllinger XVIII., § 1303 ff und Codex Juris Bavarici Judiciarii 2. Kapitel § 2.

252 § 13 in Dienstpragmatik vom 1. Januar 1805, Churpfalzbayerisches Reg. Bl. 1805, S 226.

253 Die Unabsetzbarkeit und Unabhängigkeit der Richter in Bayern wird gar als „wichtigste Bestimmung der Konstitution zum Justizwesen" bezeichnet in (Stephan & Rumschöttel, 2008, S. 250).

einer sechsjährigen und ununterbrochenen Amtsausübung[254]. Dieser provisorische Beamtenstatus, der in etwa dem heutigen Status „auf Probe“ entspricht, wurde in der IX. Beilage der Verfassungsurkunde von 1818 auf drei Jahre reduziert[255]. Ab diesem Zeitpunkt waren alle weiteren Beförderungen sofort definitiv[256].

bb. Formelle Geschäftsführung

Der Landrichter war als Leiter des Landgerichts für den gesamten Geschäftsgang bei Gericht verantwortlich. Er hatte die Aufgabe, die Geschäfte des Landgerichts durch eigene Bearbeitung und zweckmäßige Geschäftsdelegierung abzuwickeln. Ihm oblag die gesamte Führung der Geschäfte in formeller und materieller Hinsicht[257]. Auf das Aufgabenspektrum des Landrichters in materieller Hinsicht wird im Späteren besonders eingegangen.

Formell[258] war der Landrichter verpflichtet, täglich den Geschäftseinlauf selbst zu öffnen und durchzugehen. Die sich hieraus ergebenden Aufgaben konnte er im Anschluss daran, vorbehaltlich der Angelegenheiten, die er selbst bearbeiten musste oder sich zur selbstständigen Bearbeitung vorbehalten hatte, unter den Assessoren und dem Aktuar, jeweils nach dem betroffenen Geschäftsgegenstand, verteilen. Hierbei sollte die Verteilung einerseits gleichmäßig an das untergeordnete Amtspersonal erfolgen, andererseits aber auch die jeweilige besondere Geschäftsgewandtheit oder größere Fähigkeiten der Einzelnen berücksichtigt werden. Der Richter hatte in Folge auch dafür Sorge zu tragen, den weiteren Posteinlauf, der für die delegierten Aufgaben von Bedeutung war, an den jeweiligen Bearbeiter weiterzuleiten[259].

Alle Arbeiten der Assessoren und Aktuare mussten dem Landrichter am selben Tage vorgelegt werden. Er hatte diese zu überprüfen und mit einem Ausfertigungsvermerk zu versehen. Erst durch diesen Vermerk des Landrichters erlangten die Entwürfe, ebenso wie jede andere landgerichtliche Ausfertigung, Gültigkeit. Der Landrichter konnte für den Fall, dass der Entwurf aus seiner

---

254 Titel III § VII der Konstitution vom 1. Mai 1808.

255 § 2 der IX: Beilage der Verfassungsurkunde vom 26. Mai 1818.

256 § 4 der IX: Beilage der Verfassungsurkunde vom 26. Mai 1818.

257 (Puchta, Der Dienst der deutschen Justizämter oder Einzelrichter, 1829, S. 191).

258 Im Gegensatz dazu war die materielle Geschäftsführung des Landrichters im Verfahren selbst vgl. diese „Arten der Geschäftsführung“ (Puchta, Der Dienst der deutschen Justizämter oder Einzelrichter, 1829, S. 191).

259 Instruction für die Landgerichte, das Formelle der Geschäftsführung und die wechselseitigen Verhältnisse des Landrichters und des Assessoren betreffend in Döllinger XVIII., § 1894, Art. 1.

Sicht Veränderungen bedurfte, seinen Ausfertigungsvermerk verweigern und die Abänderungen entweder selbst vornehmen oder durch den jeweiligen Assessor oder Aktuar vornehmen lassen[260]. Als Prototyp eines solchen bayerischen Landrichters kann Wolfgang Heinrich Puchta gelten, dessen Lebenslauf im Folgenden knapp dargestellt wird.

cc. Der Prototyp eines Landrichters

Ein

> „ernster, pflichteifriger Beamter von altem Schrot und Korn, daneben besonnenem Fortschritt keineswegs verschlossen",

so wird Wolfgang Heinrich Puchta von Landsberg im Jahre 1910 beschrieben. Puchta sei ein „Musterbild" des deutschen Richters gewesen[261].

Diese Aussage legt eine eingehendere Betrachtung des Lebens von Wolfgang Heinrich Puchta, seiner Beiträge zum Geschäftsgang und Wirkungskreis der bayerischen Landgerichte zu Beginn des 19. Jahrhunderts sowie seiner Ausführungen zum Amt eines Landrichters selbst nahe.

Dies gilt insbesondere unter dem Aspekt, dass Puchta Zeit seines Lebens keine Karriere „im klassischen Sinn" machte, sondern durchgehend in seiner 45-jährigen Tätigkeit als Richter an einem Untergericht arbeitete. Trotz dieser ihn anscheinend vollkommen ausfüllenden Aufgabe verfasste er eine Vielzahl von Schriften und Büchern. Seine Tätigkeit übte Puchta unter preußischer und bayerischer Behördenorganisation aus mit dem Ergebnis, dass sich seine Schriften und Bücher durch einen besonderen Weitblick und große Erfahrung in Problembereichen der damaligen Behördenorganisation auszeichnen. Beispielhaft kann hierbei auf seine Erfahrungen als Landrichter unter preußischer Herrschaft verwiesen werden, unter der er eine andere Art der Organisation auf unterster Behördenebene kennengelernt hatte[262].

Geboren wurde Puchta am 3. August 1769 in Möhrendorf bei Erlangen als ältester Sohn des evangelisch-lutherischen Pfarrers Johann Christopher Puchta und seiner Ehefrau Carolina[263]. Seine Schuldbildung bis zum 15. Lebensjahr

---

260 Instruction für die Landgerichte, das Formelle der Geschäftsführung und die wechselseitigen Verhältnisse des Landrichters und des Assessoren betreffend in Döllinger XVIII., § 1894, Art. 2.

261 (Landsberg, 1910, S. 439 f).

262 Vgl. Gliederungspunkt dieser Arbeit „Hardenbergsche Reformen in Ansbach-Bayreuth".

263 (Teichmann, 1876, S. 403), (Ritter von Eisenhart, 1888, S. 690ff).

bezeichnete er selbst als mangelhaft und nicht einmal dem Kind eines Tagelöhners angemessen. Der Unterricht in seiner Dorfschule beschränkte sich auf das Lesen, das notdürftige Schreiben und das Grundrechnen[264]. Latein- und Religionsunterricht erhielt er von seinem Vater, wobei insbesondere in Latein nur ein geringes Interesse bei dem Jungen geweckt werden konnte, so dass dort auch ein entsprechender Lernerfolg ausblieb. Seine Jugendzeit bezeichnete er als im wesentlichem freudlos und aufgrund der schlechten finanziellen Situation von Entbehrungen geprägt[265].

Am 13. Mai 1784 starb Puchtas Vater an einem Schlaganfall. Von da an übernahm ein Onkel, Arnold Heinrich Puchta, ein Advokat, die weitere Erziehung des Jungen in Ansbach. Der Onkel zeigte daran jedoch zunächst nicht viel Interesse. So sprach er den Jungen lediglich mit „Er" an und stellte keinerlei finanzielle Mittel für dessen weitere Bildung zu Verfügung. Nachdem der junge Puchta allerdings im Ansbacher Gymnasium erhebliche Lernfortschritte machte, bot sich ihm die Möglichkeit, sich durch Nachhilfeunterricht selbst ein bisschen Taschengeld zu verdienen[266].

Zu dieser Zeit kam er durch seinen Onkel, für den er hin und wieder kleine Schreibarbeiten erledigte, erstmals mit der juristischen Tätigkeit bzw. dem Beruf eines Advokaten in Kontakt. Er bewunderte den Onkel für dessen bedingungslosen Einsatz für seine Mandantschaft sowie für dessen Rechtskenntnisse[267].

Als Schüler am Gymnasium in Ansbach hatte Puchta seine schulischen Defizite aus der Kindheit bald kompensiert[268] und wurde vom dortigen Rektor gefördert, so dass er 1789 die Universitätsreife erlangte. Als sich sein Onkel weigerte, die Kosten für eine universitäre Ausbildung zu übernehmen, verschaffte ihm der Rektor ein Universitäts-Stipendium für ein Studium der Rechtswissenschaften an der Universität Erlangen, das er am 15. Oktober 1790 aufnahm. Das Studium, dessen Lerninhalt er durchaus kritisch gegenüberstand, musste er allerdings

264 (Puchta, Erinnerungen aus dem Leben und Wirken eines alten Beamten: vornehmlich für Anfänger in der juristischen, besonders Aemter-Praxis, 1842, S. 17).

265 (Puchta, Erinnerungen aus dem Leben und Wirken eines alten Beamten: vornehmlich für Anfänger in der juristischen, besonders Aemter-Praxis, 1842, S. 19ff).

266 (Puchta, Erinnerungen aus dem Leben und Wirken eines alten Beamten: vornehmlich für Anfänger in der juristischen, besonders Aemter-Praxis, 1842, S. 25ff).

267 (Puchta, Erinnerungen aus dem Leben und Wirken eines alten Beamten: vornehmlich für Anfänger in der juristischen, besonders Aemter-Praxis, 1842, S. 40ff).

268 (Hopffer & Scheurl, 1845).

nach dem 3. Semester abbrechen, da sich die Geldgeber des Stipendiums aus der Förderung zurückzogen[269].

Trotz dieses Rückschlages bildete er sich juristisch fort, und zwar sowohl in dem in Franken neu eingeführten allgemeinen preußischen Landrecht als auch in dem weiterhin fortgeltenden gemeinen Recht. Am 16. Juli 1794 erlangte er die Zulassung als Advokat in Ansbach. Erst zwei Jahre nach Puchtas Zulassung zum Advokaten wurde eine Referendarszeit zwingende Voraussetzung zur Ausübung einer juristischen Tätigkeit. Bis zur vollständigen Einführung der preußischen Verfassung wurde jedoch einzig eine mündliche Proberelation von den angehenden Advokaten gefordert[270].

Im Jahr 1796 wurde Puchta zum Kriminalrat und zum Rat der Kammerjustizdeputation sowie bald darauf zum Fiskal und Kriminaluntersuchungsrichter ernannt[271].

Mit der Neuorganisation des fränkischen Gerichtswesens unter preußischer Herrschaft wurde Puchta 1797[272] zum Justizamtmann für das neuerschaffene Justizamt in Cadolzburg ernannt[273]. Im Jahr 1808, nachdem Franken bereits 1805 durch den Preßburger Frieden an das Königreich Bayern gefallen, aber das Justizwesen übergangsweise noch nach preußischem Vorbild organisiert war, erfolgte eine Umstrukturierung von Puchtas Amt nach bayerischer Verfassung. Gleichzeitig wurde er zum Landrichter für den Landgerichtsbezirk Cadolzburg bestellt. Das Amt eines Landrichters übte er ab 1812 in Erlangen bis zum Ende seiner 45 jährigen Dienstzeit 1840 aus und verstarb 1845.

Aufgrund dieser Tätigkeit und seiner weitreichenden, umfassenden juristisch-literarischen Tätigkeit, wurde er bereits 1817 von der Universität Erlangen zum Ehrendoktor ernannt und ab 1821 in die Kommission der Regierung zur

---

269 (Puchta, Erinnerungen aus dem Leben und Wirken eines alten Beamten: vornehmlich für Anfänger in der juristischen, besonders Aemter-Praxis, 1842, S. 78ff).

270 (Puchta, Erinnerungen aus dem Leben und Wirken eines alten Beamten: vornehmlich für Anfänger in der juristischen, besonders Aemter-Praxis, 1842, S. 94ff).

271 (Körner, Geschichte des Königreichs Bayern, 2006, S. 1539) und(Puchta, Erinnerungen aus dem Leben und Wirken eines alten Beamten: vornehmlich für Anfänger in der juristischen, besonders Aemter-Praxis, 1842, S. 94ff).

272 Im Jahr darauf wurde sein Sohn, Georg Friedrich, geboren, der ebenfalls wie sein Vater die juristische, dort allerdings die universitäre, Laufbahn einschlagen sollte und neben Friedrich Carl von Savigny einer der bekanntesten Vertreter der sog. „historischen Rechtsschule“ wurde (Körner, Geschichte des Königreichs Bayern, 2006, S. 1539).

273 (Puchta, Erinnerungen aus dem Leben und Wirken eines alten Beamten: vornehmlich für Anfänger in der juristischen, besonders Aemter-Praxis, 1842, 185ff).

Ausarbeitung eines neuen bayerischen Prozessgesetzes berufen[274]. Der hierbei erarbeitete Entwurf einer Prozessordnung scheiterte letztlich jedoch in der Ständeversammlung.

b. Der Aktuar

Die Verordnung vom 24. März 1802 bestimmte in § 3 für die Besetzung der Landgerichte, dass jedes mit einem Landrichter und einem vereidigten Aktuar zu besetzen sei. Gem. § 3 Nr. 2 hatte der Aktuar die bisher nach der Gerichtsordnung den Gerichtsschreibern zugewiesenen Aufgaben auszuführen und dies in einem dem Landrichter untergeordneten Verhältnis. Sein Aufgabenbereich erstreckte sich auf den gesamten Geschäftsbereich der Justiz- und Polizeiverwaltung der Landgerichte. In der Konstitution[275] vom 1. Mai 1808 wurde ausdrücklich geregelt, dass er alle ihm vom Landrichter übertragenen Aufgaben, „selbst das Kopieren", auszuführen hatte. Seine Aufgabe bestand darin, die gerichtlichen Handlungen schriftlich festzuhalten.

Der Landrichter und der Aktuar bildeten nach der o.g. Verordnung gemeinsam das Gericht (aber nicht das Kollegium), wobei der Richter das zur Entscheidung und Leitung des Geschäftsganges befähigte Organ war und der Aktuar das Organ, das diesen Vorgang dauerhaft festhielt, damit dieser überhaupt eine dauerhafte Wirkung entfalten konnte[276].

Der Aktuar war nach der Verordnung vom 24. März 1802 zugleich Vertreter des abwesenden, erkrankten oder gesetzlich verhinderten Richters. Nur in diesem Fall und nur für die Zeit von dessen Abwesenheit übernahm der Aktuar die an sich einzig dem Landrichter obliegenden Geschäfte. Aus diesem Grund hatte er für seine Anstellung alle Fähigkeiten und Bedingungen für das Amt eines Landrichters zu erfüllen[277].

In dem Fall des abwesenden oder verhinderten Richters, in dem der Aktuar das Amt des Landrichters an dessen Stelle zu verwalten hatte, erfolgte die Protokollierung der Entscheidungen und des Geschäftsganges, die nun nicht mehr durch den als Richter tätigen Aktuar erfolgen konnte, durch einen Rechtspraktikanten oder einen eidlich verpflichteten Schreiber[278].

---

274 (Teichmann, 1876, S. 403).

275 Reg. Bl. 1808, S. 985.

276 (Stürzer, 1838, S. 244).

277 (Hiereth, Zur Geschichte des Landkreises Landshut, 1962, S. 10).

278 (Stürzer, 1838, S. 247).

Die Tätigkeit als Aktuar wurde gleichsam als praxisbezogene „Vorausbildung" für die Tätigkeit des Landrichters angesehen[279]. Daher wurden nach § 3 Nr. 1 der Verordnung vom 24. März 1802 neu zu vergebende Ämter als Landrichter in der Regel aus den sich am meisten auszeichnenden Aktuaren aller Landgerichte besetzt.

Um die ausgezeichnetsten Aktuare ermitteln zu können und um bessere Kenntnis von deren Eigenschaften, Fähigkeiten und Verdiensten zu erlangen, sollten Informationen über mehrere Kanäle an das Justizministerium gelangen[280].

Von Aktuaren verfasste Berichte wurden nicht nur von den Landrichtern unterzeichnet (s.o. sog. „Gültigkeitsvermerk"), sondern auch von den verfassenden Aktuaren mit einem entsprechenden Bearbeitungsvermerk versehen, um so deren Arbeiten erkennen und zuordnen zu können.

Bei Verhandlungen vor den Generallandesdirektionen sollten die Verhandlungsfähigkeiten der Aktuare durch die dortigen Beamten beobachtet werden.

Am Ende jedes Jahres sollten die höheren Gerichte und Generallandesdirektionen diejenigen Aktuare mit den besten Fähigkeiten in ihren Berichten an das Justizministerium erwähnen.

Von den Generallandesdirektionen entsendete Räte, die Aufträge bei Landgerichten ausführten, sollten sich bei dieser Gelegenheit von der Geschäftskunde der Aktuare überzeugen und hierüber ihren Referaten bei der Generallandesdirektion Bericht erstatten.

Jeder Aktuar hatte am Ende eines Jahres einen Bericht über den Zustand seines Landgerichts mit Bemerkungen und Vorschlägen zu verfassen, der dem an die höheren Behörden zu erstattenden Jahresbericht des Landgerichtes beigelegt wurde.

Dem Aktuar sollte durch seine Tätigkeit letztlich eine kontrollierende Funktion gegenüber dem Landrichter zukommen, da eine Gerichtshandlung ohne seine Beiziehung mangels Dokumentation in der Regel unwirksam war[281]. Auch oblag ihm bei Verhören in Untersuchungsangelegenheiten durch den Untersuchungsrichter ebenfalls eine wichtige Kontrollfunktion[282].

---

279 Vgl. Ausführung zu Beginn der Instruktion die Landgerichtsaktuare betreffen in Reg. Bl. 1807 S. 17 und vgl. hierzu auch in dieser Arbeit den Gliederungspunkt „formelle Geschäftsführung", insbesondere die Ausführungen über die schriftliche Amtstätigkeit des Landrichters.

280 Döllinger Abtheilung XVIII. § 1877.

281 (Puchta, Der Dienst der deutschen Justizämter oder Einzelrichter, 1829, S. 192.

282 (Anonym, Bemerkungen über die Einführung der Oeffentlichkeit des gerichtlichen Verfahrens und der Geschworenengerichte in Baiern, 1819, S. 21.

In der Praxis war diese Kontrollfunktion durch den Aktuar jedoch kaum auszuüben, da er dem Landrichter vollständig untergeordnet war. Er war kein Beamter, sondern ein Gerichtsdiener, wie Gerichtsschreiber oder Gerichtsknechte, und in seiner Stellung von dem Landrichter völlig abhängig[283].

Er hatte daher nur das zu notieren bzw. wegzulassen, was ihm der Landrichter auftrug. Insofern war es unglücklich, eine Instanz beim Landgericht zu schaffen, die einerseits eine Kontrollfunktion ausüben sollte, andererseits aber von der zu kontrollierenden Stelle nicht nur im konkreten Fall, sondern sogar in seiner gesamten Tätigkeit abhängig war[284].

In der Theorie hatten die Aktuare ihren Kontrollpflichten durch ein bestimmtes förmliches Protokoll nachzukommen. Sie hatten es so zu führen, dass

- Angaben zu Zeit und Ort der gerichtlichen Handlung,
- die anwesenden Gerichtspersonen und Parteien,
- die wesentlichen Handlungen kurz zusammengefasst, aber dennoch so ausführlich wie nötig in „deutlicher, redlicher und vollständiger Weise"[285],

enthalten waren. Das Protokoll wurde am Ende der Protokollierung durch den Aktuar deutlich vorgelesen oder die Möglichkeit zur Selbstlesung gegeben, von den Parteien und den Gerichtspersonen unterschrieben sowie mit einem Gerichtssiegel versehen[286].

Bei dem so erstellten Protokoll handelte es sich in der Sache um eine durch eine Gerichtsperson verfasste schriftliche Zusammenfassung, die durch die Unterschrift der Parteien ihre Beweiskraft erlangte.

In der Praxis kam es jedoch aufgrund von Überlastungen der Gerichte oder mangelnder Verfügbarkeit befähigter Protokollführer dazu, dass die Landrichter selbst die Protokolle über ihre Handlungen verfassten, und dies auffallend häufig bei peinlichen Verhören von Angeschuldigten[287]. Dies wurde von den höheren

---

283 (Weis, Die Trennung zwischen Justiz und Verwaltung bei den bayerischen Unterbehörden. Zur Vorgeschichte des Gerichtsverfassungsgesetzes von 1861, 1987, S. 756).

284 (Puchta, Der Dienst der deutschen Justizämter oder Einzelrichter, 1829, S. 194 f) und (Anonym, Ueber die bevorstehende Verkleinerung der Landgerichte in Bayern, 1834, S. 27 Nr. 8) – Dort wird diese Problematik zwar in Bezug auf die Assessoren angesprochen, für die Aktuare, gilt dies aber noch viel mehr, da die Assessoren wenigstens, während der Dauer der kollegialen Beratung, eine von der Verfassung zugebilligte Unabhängigkeit besaßen.

285 (Stürzer, 1838, S. 245 Nr. 8 c).

286 (Stürzer, 1838, S. 245).

287 (Puchta, Der Dienst der deutschen Justizämter oder Einzelrichter, 1829, S. 193).

Gerichten regelmäßig ohne Rüge hingenommen. Die mangelnde Beanstandung wurde damit begründet, dass sich das Gericht an sich auf Landrichter und Aktuar verteile, der Richter aber, wenn er zugleich den Aktuarseid und den Richtereid geleistet habe, über seine Pflicht der ordnungsgemäßen Protokollierung ausreichend belehrt worden sei[288]. Eine ausreichende Kontrolle sei auch durch die unterzeichnenden Parteien gewährleistet.

Dabei wurde davon ausgegangen, dass die Parteien das verfasste Protokoll selbst lesen und die oftmals nicht sehr leserliche Schrift entziffern konnten, was in der Praxis, jedenfalls auf dem Land, keinesfalls die Regel war. Dies alles hatte überdies unter den Augen des Gerichts, das den Parteien oftmals kaum Zeit ließ, geschweige denn Gegenfragen zuließ, zu erfolgen[289].

Selbst in der Variante des Vorlesens setzen die höheren Gerichte mit ihrer Begründung der Zulässigkeit voraus, dass diejenigen, zu deren Kontrolle das Protokoll überhaupt verfasst wurde, „redliche und gewissenhafte Männer" waren und das tatsächlich auch wirklich Protokollierte vorlasen[290].

Festzuhalten bleibt somit, dass weder durch den Aktuar noch durch die Parteien, sei es durch Selbstlesen oder Vorlesen, eine ausreichende Kontrolle des Richters mittels Protokoll erfolgte. Dennoch wurde diese Vorgehensweise über Jahrzehnte beibehalten.

Das Amt des Aktuars wurde mit dem organischen Edikt vom 24. August 1808[291] weitestgehend abgeschafft[292]. Es war nur noch in großen Landgerichtsbezirken, das heißt bei einer Einwohnerzahl von mindestens 18 000 Seelen, besetzt[293]. Diese Aktuare nahmen wie früher als Vertreter in den Fällen an der Entscheidungsfindung teil, in denen einer der drei Richter des durch das organische Edikt eingeführten Kollegiums verhindert war[294].

288 Kritische Auseinandersetzung in(Puchta, Der Dienst der deutschen Justizämter oder Einzelrichter, 1829, S. 19)3.

289 (Puchta, Der Dienst der deutschen Justizämter oder Einzelrichter, 1829, S. 196 Nr. 3).

290 (Puchta, Der Dienst der deutschen Justizämter oder Einzelrichter, 1829, S. 196 Nr. 2 und Nr. 4).

291 Reg. Bl. 1808, S. 1785.

292 (Koellenberger, 1822, S. 16.

293 Reg. Bl. 1809, S. 441.

294 (Stürzer, 1838, S. 247.

c. *Der Assessor*

Durch § 14 des organischen Edikts vom 24. August 1808[295] wurde bestimmt, dass ab dem 1. Januar 1809 die Entscheidungsfindung an Landgerichten in Zivilsachen, sofern kein Ausnahmefall vorlag, in kollegialer Verfassung zu erfolgen habe.

Ein Landgericht hatte somit in Zivilsachen seine Entscheidung in einem kollegialen Gremium, bestehend aus einem Landrichter und zwei Assessoren, zu fällen.

Gerade zu Anfang der Besetzung der Landgerichte mit Assessoren kam es, vor allem im Jahre 1809, zu Personalengpässen. Die Landgerichte, bei denen noch keine Assessoren angestellt waren, mussten bei den benachbarten Land- und Stadtgerichten um die „Ausleihe" von Assessoren bitten, um Entscheidungen in kollegialer Besetzung treffen zu können[296].

Gem. § 6 des organischen Edikts[297] hatten die Assessoren dieselbe Qualifikation wie ein Landrichter aufzuweisen. Einer der Assessoren eines jeden Landgerichts hatte besondere Kenntnisse theoretischer und praktischer Art im Bereich der peinlichen Untersuchung nachzuweisen.

Assessoren waren zwar Beamte, im Gegensatz zu den Landrichtern[298] aber nicht zu Beamten auf Lebenszeit berufen[299].

Der Geschäftskreis der Assessoren umfasste die gesamte Justiz mitsamt der peinlichen Rechtspflege und der Polizeiverwaltung. Während aber Assessoren in der Zivilrechtspflege als unabhängige und selbstständige Mitglieder des Kollegiums durch eigene Entscheidungen am Urteil mitwirkten, waren sie in den übrigen Geschäftskreisen subordinierte Gehilfen des Landrichters[300]. Ihnen stand in diesen Gebieten also keine eigene Entscheidungskompetenz zu, sie hatten sich vielmehr dort den Anordnungen des Landrichters zu unterwerfen[301].

Der Assessor hatte jedoch das Recht, in Fällen, in denen er eine andere Auffassung als der Landrichter vertrat, seine Auffassung mit entsprechender Begründung den Akten für die höhere Behörde beizulegen. Auf diese Weise konnten die

---

295 Reg. Bl. 1808, S. 1785.

296 Nr. 3 der Instruktion des Justizministeriums in Reg. Bl. 1809 S. 441.

297 Reg. Bl. 1808, S. 1785.

298 Zu den hierzu geführten Diskussionen, insbesondere in Bezug des Beamtenstatuses und der Inamovibilität der Assessoren, im Staatsrat (Maurer, 2015, S. 214 ff) und(Maurer, 2015, S. 252).

299 (Weis, Die Trennung zwischen Justiz und Verwaltung bei den bayerischen Unterbehörden. Zur Vorgeschichte des Gerichtsverfassungsgesetzes von 1861, 1987, S. 756).

300 Döllinger Abteilung § XVIII § 1894 dort § 19 & 20.

301 Vgl. hierzu klarstellende Instruktion des Justizministeriums Nr. 1 und 2 in Reg. Bl. 1809, S. 1227

Assessoren ihrer Meinung zur Geltung verhelfen, sofern sich die höhere Behörde ihrer Begründung anschloss[302].

Bei den Landgerichten, die nicht mit einem Aktuar besetzt waren, was für den Großteil der Landgerichte zutraf, wurde die Kanzleidirektion des Landgerichts sowie das Registraturwesen unter den dortigen Assessoren verteilt. Die Übernahme dieser Geschäfte sollte sich aber nicht negativ auf die Möglichkeit der Assessoren auswirken, ihrer Hauptaufgabe, der Mitwirkung an der Beschlussfassung im Kollegium in Zivilsachen, nachzukommen. Daher sollten sie in der Regel nicht zu Schreibarbeiten verwendet werden, außer in Kriegszeiten, in Angelegenheiten, die besonderer Verschwiegenheit bedurften, oder in sehr dringenden Fällen[303].

Arbeiten der Assessoren erlangten, egal, ob es sich um Beschlüsse, Gutachten oder Berichte handelte, erst dann rechtskräftige Gültigkeit, wenn sie mit einem entsprechenden Ausfertigungsvermerk des Landrichters versehen waren. Jede Arbeit hatten die Assessoren daher dem Landrichter unverzüglich oder zu einem vom Landrichter hierfür festgesetzten Zeitpunkt vorzulegen[304].

Im Falle der Abwesenheit oder Erkrankung des Landrichters konnten ausnahmsweise Beschlüsse auch allein durch Ausfertigung der Assessoren Rechtswirksamkeit erlangen, wenn sie keinen Aufschub duldeten und am Ende der Entscheidung ein entsprechender Zusatz erfolgte:

- Wegen Abwesenheit/ Erkrankung des Landrichters
- Wegen Gefahr auf dem Verzuge[305].

Vertreten wurde der Landrichter in diesen Fällen vom ersten Assessor eines jeden Landgerichts. Dies war in der Regel der älteste Assessor, da er über die meiste Erfahrung verfügte (vgl. Organisches Edikt vom 24. August 1808 dort § 14 aE)[306]. War der erste Assessor aber unfähig oder unwürdig, den Landrichter zu vertreten, so trat an seine Stelle der zweite Assessor als Stellvertreter des Landrichters, da das Alter allein kein taugliches Rangverhältnis unter den Assessoren darstellen sollte. Fehlten auch diesem die nötigen Fähigkeiten und Erfahrungen zur Wahrnehmung dieser Geschäfte, sollte der erste Assessor dieses Landgerichts auf den Posten eines zweiten Assessors bei einem anderen Landgericht versetzt und stattdessen ein neuer erster Assessor an dieses Landgericht berufen werden[307].

302 Döllinger Abteilung § XVIII § 1894 dort § 21.

303 (Schuster, 1926, S. 271 f).

304 Döllinger Abteilung § XVIII § 1894 dort §§ 6 und 7.

305 Döllinger Abteilung § XVIII § 1894 dort §§ 12 & 14.

306 (Puchta, Der Geschäftsmann in Gegenständen der öffentlichen und Privatrechts-Praxis, 1818/2, S. 300).

307 (Schuster, 1926, S. 275).

Die Assessoren hatten darüber hinaus darauf zu achten, dass während der Amtszeiten des Landgerichts, das bedeutete vormittags von 8–12 Uhr und nachmittags von 14–18 Uhr, die Amtsstube durch mindestens einen Assessor besetzt war[308].

Sowohl im Hinblick auf ihr geschäftliches als auch ihr privates Betragen unterlagen die Assessoren der fortwährenden Kontrolle des Landrichters[309] und etwaiges Fehlverhalten[310] wurde entsprechend geahndet[311]. Der Landrichter hatte regelmäßig entsprechende Berichte über die Fähigkeiten, Geschäftsgewandtheit, Kenntnisse, Fleiß, Gabe des Vortrags und sittliches Betragen der Assessoren an die Appellationsgerichte zu schicken[312]. In diese Berichte durften die Beteiligten jederzeit Einblick und gegebenenfalls Stellung nehmen[313].

Das Assessoratssystem bei den Landgerichten war nicht unumstritten und wurde anfangs vor allem von Carl Graf Arco angegriffen, der die baldige Abschaffung dieses Systems forderte. Er führte hierzu aus:

> „Bekanntlich ist das landgerichtliche Assessoratssystem dadurch entstanden, dass man die Einführung der auf den Grund des französischen Zivilgesetzbuches bestehende Tribunale in erster Instanz für sämtliche Untertanen für zu kostspielig fand und, um doch etwas einem judicio formato in erster Instanz ähnliches hervorzubringen, auf den Gedanken verfiel, jedes Landgericht, das dortmals nur einen Aktuar hatte, mit einer zweiten Gerichtsperson zu verstärken, welcher man die Stabilität einer richterlichen Person und das votum decivisum bei Entscheidung der streitigen bürgerlichen Rechtsfälle gab, um die Entscheidungen in diesen Fällen auf der Form einer kollegialen Beratung beruhen zu lassen. Nachdem aber seine Majestät der König (...) in dem allerhöchsten Geheimen Rath den Beschluss zu fassen geruht haben, dass der vorzulegende neue Entwurf des bürgerlichen Gesetzbuches, die ältere bayerische Gesetzgebung zur Grundlage habend, und darin nur die anerkannten Verbesserungen der neuen Gesetzgebung aufgenommen, und eingeschaltet werden sollen, so hat mit diesem allerhöchsten Beschlusse der Grund zu existieren aufgehört, auf welchem das Assessoratssystem gebaut ist."[314]

Graf Arco konnte sich aber mit seiner Ansicht nicht durchsetzen. Im Allgemeinen wurde das System der kollegialen Beschlussfassung von der Regierung weiterhin

---

308 Döllinger Abteilung § XVIII § 1894 dort § 16.

309 Hieraus ergab sich eine tatsächliche Abhängigkeit des Assessors vom Landrichterin Bezug auf eigene Karrieremöglichkeiten (Koellenberger, 1822, S. 3).

310 beispielsweise die Ablehnung der Beförderung eines Assessors zum Landrichter, weil dieser „über Gebühr" im Wirtshaus verkehrt (Krauss, 1997, S. 201).

311 Döllinger Abteilung § XVIII § 1894 Titel I. Abschnitt II.

312 Mit Hinweis auf die Missbrauchsgefahr (Koellenberger, 1822, S. 39 f).

313 (Reigersberg, 1820, S. 11).

314 Votum Carl Graf Arco vom 3.5.1811 in BayHStA StR 2154.

als richtiger Schritt bei der Stärkung der Untergerichtsbarkeit erachtet und daher nicht aufgegeben[315].

2. Verhalten, Auftreten und Uniformierung der Landrichter

An das Gerichtspersonal wurde von den Rechtssuchenden, aber auch von den oberen Behörden, wohl gerade weil diese Personen die „Schnittstelle" zwischen Staat und Bürger waren, ein hoher Anspruch in Bezug auf Benehmen und Auftreten gestellt.

a. Verhalten und Auftreten

Insbesondere für einen Landrichter war das Verhalten und das Auftreten gegenüber oder „in Sichtweite" von Amtsanbefohlenen oft ein ebenso wichtiges Merkmal für seine Akzeptanz wie seine theoretischen und praktischen Fertigkeiten[316].

Für einen Richter galt es nach Ansicht von Praktikern, Ministern und Regierung hierbei insbesondere drei Eigenschaften an den Tag zu legen[317]:

- Geschäftsgewandtheit[318],
- äußere Würde gegenüber den Amtsanbefohlenen[319],
- sittlicher Anstand[320]

Die Geschäftsgewandtheit war hierbei die Eigenschaft des Richters, dem Rechtssuchenden zu jedem Zeitpunkt des Verfahrens, unabhängig von dessen plötzlicher Wendung, das Gefühl zu geben, von einem kompetenten Beamten betreut zu werden und Gerechtigkeit zu erfahren. Entscheidend war hierbei, das von der Landbevölkerung in die Gerichte gesetzte Vertrauen zu bestätigen. Von einem Landrichter wurde erwartet, die Hauptperson des staatlichen Verfahrens zu sein,

315 wegen der Gründe hierzu vgl. in dieser Arbeit den Gliederungspunkt „Kollegialgericht".

316 „Wer es weiß, wie sehr besonders der gemeine Mann an dem Äußeren hängt, wie ihm eine gewisse Würde und schickliche Haltung des Richters in seinen äußeren Handlungen und in seinem Benehmen oft mehr ergreift als die Wahrheit selbst…" (Puchta, Beiträge zur Gesetzgebung und Praxis des bürgerlichen Rechtsverfahrens, 1822, S. 195).

317 siehe hierzu auch die Ausführungen über die Fähigkeiten eines Landgerichtsassessors (Schuster, 1926, S. 272).

318 (Reigersberg, 1820, S. 11).

319 (Puchta, Der Dienst der deutschen Justizämter oder Einzelrichter, 1829, S. 25)1.

320 (Reigersberg, 1820, S. 11) und Befehl des Staatsministeriums des Inneren in Döllinger, Abteilung XVIII, § 644.

nicht allein durch seinen Rang und der damit zusammenhängenden äußeren Stellung, sondern durch seine tatsächliche Teilhabe in allen Teilen des unterbehördlichen Justiz- und Verwaltungsapparats[321].

Die Geschäftsgewandtheit eines Richters wurde somit nicht als bloßer Selbstzweck gesehen, sondern deren Vernachlässigung konnte nach damaliger Auffassung den ganzen Sinn der vorgenommenen Handlung gefährden, indem er seine Wirkung auf die Anwesenden verfehlte[322]. Zwar würde selbst bei fehlender Geschäftsgewandtheit des Richters „der Kopf des Verurteilten dennoch fallen" oder der vom einem solchen Richter abgenommene Eid „dennoch geschworen werden", jedoch die dieser Handlung beiwohnenden Personen würden den „Schauplatz der Gerechtigkeit wenig erbaut verlassen" und das Gefühl erlebten Rechts vermissen[323].

Es galt also für einen Landrichter, die erforderliche Kompetenz auszustrahlen und mit dieser ein Verfahren zu dirigieren. Andererseits wurde gerade ein derartiges Verhalten von der Bevölkerung oftmals missinterpretiert, so dass den Richtern vorgeworfen wurde,

> „dass sie ein eigenes Völklein seien, angesteckt vom Geiste, eine besondere Kaste zu bilden und das Monopol über alles was auf Rechte sich bezieht an sich zu reißen"[324].

Daher war es wichtig für einen Landrichter, die Geschäftsgewandtheit nicht mit affektiertem und belehrendem Verhalten darstellen zu wollen, sondern ein Gefühl für die Amtsanbefohlenen und die Situation zu entwickeln und hiernach das Verfahren durchzuführen[325].

Unter der äußeren Würde des Landrichters gegenüber den Amtsanbefohlenen verstand man dessen Erscheinungsbild. Hierbei galt es für den Landrichter, sich nicht allein durch seinen Rang und seine Bildung von „dem Pöbel" zu unterscheiden[326]. Er hatte demnach ein Äußeres aufzuweisen, das ihm eine würdige Haltung zu verleihen mochte, sowohl durch seine Kleidung als auch durch seine körperliche Erscheinung. Sollte jemand also „körperliche Unvollkommenheiten"

321 (Puchta, Erinnerungen aus dem Leben und Wirken eines alten Beamten: vornehmlich für Anfänger in der juristischen, besonders Aemter-Praxis, 1842, S. 233).

322 (Regnet, 1819, S. 197).

323 (Puchta, Der Dienst der deutschen Justizämter oder Einzelrichter, 1829, S. 252).

324 (Gönner, Entwurf eines Gesetzbuchs über das Gerichtliche Verfahren in bürgerlichen Rechtssachen, 1815, S. 57).

325 (Puchta, Der Geschäftsmann in Gegenständen der öffentlichen und Privatrechts-Praxis, 1818/2, S. 115 ff).

326 (Puchta, Beiträge zur Gesetzgebung und Praxis des bürgerlichen Rechtsverfahrens, 1822, S. 199).

aufweisen, wie beispielsweise Kurzsichtigkeit, Schwerhörigkeit oder eine unansehnliche oder krüppelhafte Gestalt, so wurde diesem beispielsweise von Puchta anheim gegeben, „besser zu Hause an seinem Schreibtische" zu bleiben[327].

Sittlicher Anstand war darüber hinaus eine wichtige Charaktereigenschaft eines Landrichters, die sich in anständigem und schicklichem Benehmen gegenüber den Amtsanbefohlenen zu zeigen hatte[328]. Gerade in dieser Beziehung gab es aber vermehrt Berichte[329], dass Landrichter oder Assessoren, die direkten Kontakt zur Landbevölkerung, den sog. niederen Volkklassen, pflegten, oftmals entsprechende Verfehlungen begingen[330]. Das sittliche Verhalten gebot es dem Landgerichtspersonal, es zu unterlassen, Amtsanbefohlene zu schikanieren oder zu misshandeln. Es gehörte ebenfalls zur Sittlichkeit von Beamten, sich, unabhängig des bekleideten Ranges, politischer Äußerungen zu enthalten und entsprechende Versammlungsorte zu meiden[331]. Auch der vertrauliche Umgang von Landrichtern mit Advokaten wurde als sittlich verwerflich angesehen, da er dazu geeignet war, die Justiz in ein nachteiliges Licht zu rücken[332]. Bei Bekanntwerden etwaiger Verstöße gegen den sittlichen Anstand sollte durch die Generalkommissariate eine entsprechende Ahnung erfolgen[333].

Ein derartiges sittlich ansprechendes, der äußeren Würde entsprechendes Auftreten eines Landrichters, gepaart mit der nötigen Geschäftsgewandtheit während der Ausübung seines öffentlichen Amtes, wurde als Bedingung für die Wirksamkeit von richterlichen Handlungen und deren Akzeptanz bei der Landbevölkerung, jedenfalls aber als ein wichtiger Teil hiervon, angesehen[334].

Das oben Gesagte galt in gleicher Weise für Landgerichtsassessoren und Aktuare mit dem Zusatz, dass über deren Auftreten und sittliches Betragen der jeweilige Landrichter an das zuständige Appellationsgericht Bericht zu erstatten

327 (Puchta, Der Dienst der deutschen Justizämter oder Einzelrichter, 1829, S. 253).

328 Befehl des Staatsministeriums des Inneren in Döllinger, Abteilung XVIII, § 644.

329 beispielsweise die Ablehnung der Beförderung eines Assessors zum Landrichter trotz erwiesener wissenschaftlicher Qualifikation, weil dieser „über Gebühr" im Wirtshaus verkehrte und diesem, aufgrund seiner Trinkfestigkeit, bereits der Beiname „der Schwamm" verliehen worden war (Krauss, 1997, S. 201) oder Vorwurf gegenüber dem Landrichter Kumer in Bezug auf öffentliches Fehlverhalten „auf Bierbänken", vgl. BayHStA Landtag 9666.

330 (Puchta, Der Dienst der deutschen Justizämter oder Einzelrichter, 1829, S. 257).

331 Befehl des Staatsministeriums des Inneren in Döllinger, Abteilung XVIII, § 643.

332 Döllinger, Abteilung XVIII, § 641.

333 Befehl des Staatsministeriums des Inneren in Döllinger, Abteilung XVIII, § 642.

334 (Puchta, Der Geschäftsmann in Gegenständen der öffentlichen und Privatrechts-Praxis, 1818/2, S. 115.

hatte, da sich dieses ein Bild über die Tauglichkeit der Assessoren und Aktuare vor deren Ernennung zu Landrichtern machen musste[335].

b. Uniformierung

Die Uniformierung der Staatsbeamten in Bayern war kein Erbe des alten Europas, sondern eine Neuerung der französischen Revolution und der daran anknüpfenden napoleonischen Herrschaft[336]. Sie wurde durch Verordnung vom 21. März 1800 auf vermehrte Forderungen von Landbeamten eingeführt, ohne dass das Tragen der Uniform für diese zur Pflicht gemacht worden wäre[337].

Im Jahr 1807 wurde den Landgerichtsbeamten erstmals eine eigene Uniform vorgeschrieben. Die Uniformen der verschiedenen Beamten waren sich, wohl aus Kostengründen, sehr ähnlich, konnten dafür von Unkundigen kaum unterschieden werden[338].

Die landrichterliche Galauniform war ein Kleid aus dunkelblauem Tuch mit einem Unterfutter in gleicher Farbe, dazu einem stehenden Kragen und Ärmelaufschlägen aus rotem Tuch. Kragen und Aufschläge waren golden bestickt. Das Kleid war mit einer Reihe gelbmetallener mit einem gekrönten Löwen bezeichneter Knöpfe versehen, von denen auch drei an jeder Tasche angebracht waren. Die Taschenklappen waren ohne Stickerei, so wie die weiße Weste und Beinkleider[339].

Der Frack war ein Kleid in dunkelblauem Tuche, mit gleichem Unterfutter und Ärmelaufschlägen, nur der flache Kragen war mit rotem Tuche bestickt und zwar wie die Galauniform[340].

Die Landgerichtsaktuare trugen als Uniform ein Kleid aus dunkelblauem Tuch, mit gleichem Unterfutter und Ärmelaufschlägen. Auf dem Kragen war aus rotem Tuch eine Verzierung in Gold und die Knöpfe wie beim Landrichter[341].

---

335 (Reigersberg, 1820, S. 11) und Ablehnung der Beförderung des als „der Schwamm“ bezeichneten Assessors (Krauss, 1997, S. 201).

336 (Weis, Die Trennung zwischen Justiz und Verwaltung bei den bayerischen Unterbehörden. Zur Vorgeschichte des Gerichtsverfassungsgesetzes von 1861, 1987, S. 757).

337 Reg und Int.Bl. 1800, S. 219.

338 (Weis, Die Trennung zwischen Justiz und Verwaltung bei den bayerischen Unterbehörden. Zur Vorgeschichte des Gerichtsverfassungsgesetzes von 1861, 1987, S. 757).

339 Vgl. Abbildung nebst genauer Beschreibung der Uniform (Henker, Hamm, & Brockhoff, 1996, Abb 132).

340 Uniformsbestimmung für Landrichter, Aktuare und Rentbeamte in Döllinger Abteilung XVIII. § 843 Nr. 1.

341 Uniformsbestimmung für Landrichter, Aktuare und Rentbeamte in Döllinger Abteilung XVIII. § 843 Nr. 2.

Als Galauniform trugen die Landgerichtsassessoren ein Kleid aus dunkelblauem Tuch mit und einen stehenden Kragen und Ärmelaufschlägen von rotem Tuch. Kragen und Aufschläge golden bestickt.

Der Frack war ebenfalls aus dunkelblauem Tuch mit gleichem Unterfutter und Ärmelaufschlägen, und nur der flache Kragen aus rotem Tuch mit goldener Färbung[342].

Wenn diese Uniform komplett getragen wurde, handelte es sich um die Galauniform. Wurden nur der Oberrock der Uniform mit der Stickerei der Dienststufe und eine Schirmmütze getragen, handelte es sich um die sogenannte „kleine Uniform"[343]. Eine Pflicht zur Uniformierung, in der Regel durch kleine Uniform, bestand für die Landgerichtsbeamten immer dann, wenn sie Amtshandlungen vornahmen und Kontakt zu anderen Behörden hatten[344].

Die Galauniform hatten die Landgerichtsbeamten nur zu tragen, wenn sie vor dem Monarchen oder Mitgliedern des Königshauses zu erscheinen hatten, förmliche Aufwartungen vor Ministern und Regierungspräsidenten machten sowie bei Prozessionen zu Fronleichnam[345].

Kritik gab es an dem militaristischen Aussehen der Kleidung in Form von Uniformen, da diese einerseits kostspieliger als normalgeschnittene Geschäftskleidung war und zudem selten den Beamten passte. Zum einen habe diese Uniform damit Anlass zu Spott gegeben, zum anderen in Gebieten mit Militär aufgrund des militärischen Aussehens zu Missverständnissen geführt[346].

Aus diesen sehr konkret geregelten Uniformierungsvorschriften ist ersichtlich, dass bereits durch das uniformierte Auftreten des Justizpersonals ein einheitliches und entindividualisiertes Auftreten des Beamten als verkörperte Staatsmacht erfolgen sollte. Bereits das bloße Erscheinungsbild des Beamten in Uniform ließ jede Person das hoheitliche Handeln erkennen.

342 Uniformsbestimmung für Landrichter, Aktuare und Rentbeamte in Döllinger Abteilung XVIII. § 844.

343 Über das Tragen der kleinen Uniform statt der Galauniform in Döllinger, Abteilung XVII.,§ 791.

344 (Freudel, 1846, S. 160).

345 (Hellmuth, 1854, S. 129).

346 (Puchta, Beiträge zur Gesetzgebung und Praxis des bürgerlichen Rechtsverfahrens, 1822, S. 196).

3. Die Absicherung der Staatsdiener

a. Übersicht über die Kaufkraft von Gulden und Kreuzern in Bayern im 19. Jh.

Um die Besoldung der Staatsdiener nach heutigen Maßstäben beurteilen zu können, ist sinnvoll, die Kaufkraft von Gulden (= fl.)[347] und Kreuzern (= kr.) in Bayern im 19. Jahrhundert sowie Vergleichsgehälter anderer Berufsgruppen heranzuziehen.

Ein Scheffel Korn kostete im Jahr 1815/1816 in den Monaten August-Oktober zwischen 14–26fl., eine Maß Bier 3 ½kr. und eine Maß Branntwein 24–28kr.[348]

Ein Pfund Schweinefleisch kostete im Jahr1832/1833 in München 12kr. und fünf Eier 4kr.

Ein bayerischer Soldat wurde von 1816–1861 im Monat mit 2 ¼fl. (pro Jahr 27fl.) besoldet, ein Hauptmann erster Klasse mit 85fl. im Monat (pro Jahr 1020fl.) und ein kommandierender General mit 666fl im Monat (pro Jahr 7.992fl.). Knechte am Pfarrhof von Reisbach (Niederbayern) hatten 1825 beispielsweise 24fl. jährlich zu erwarten zuzüglich 24kr. zum Namenstag, Verpflegung, Unterbringung und einfache Kleidung[349].

Ein Lehrer erhielt 1870 eine Besoldung von 150–400fl. jährlich und ein Professor einen Sold von 500–1200fl. , ein Bischof hingegen 8.000fl. pro Jahr[350].

Der Mindestjahresbedarf für eine Familie in Niederbayern mit drei Kindern im Jahr 1847 wurde mit 136fl. angegeben, mit denen Unterkunft, Nahrungsmittel, Kleidung, Holz etc. zu kaufen waren[351].

b. Besoldung des Landrichters

Mit Abschaffung der Pflegegerichte begann man die Beamtenbesoldung zu erhöhen, um einen hoch qualifizierten und finanziell von anderen Zuwendungen unabhängigen Landrichterstand zu schaffen[352].

Bei den Landgerichten setzte sich das Gehalt der Richter aus vorher festgelegten und variablen Bezügen zusammen.

---

347 60 Kreuzer waren 1 fl. – Gulden (oder auch Florin, daher die Abkürzung) waren ursprünglich eine florentiner Goldmünze (Meyer, Gulden, 1908, S. 922).

348 (Klose & Jungmann-Stadler, 2006, S. 162).

349 (Klose & Jungmann-Stadler, 2006, S. 161).

350 (Klose & Jungmann-Stadler, 2006, S. 162).

351 (Klose & Jungmann-Stadler, 2006, S. 162).

352 Vgl. hierzu u.a. Instruktionen der Regierung vom 22. Und 25. Januar 1802 in Döllinger, Abteilung XVIII., § 590 und § 591.

Ein Landrichter erhielt demnach einen Festbezug von ursprünglich 900fl. pro Jahr und einer Geldzulage von 20kr. für jede in seinem Amtsbezirk lebende Familie als variablen Gehaltsteil[353]. Diese Familiengelder ermittelten sich aus der jährlichen Volkszählung durch den jeweilig bestehenden (innerbayerischen, süddeutschen bzw. deutschen) Zollverein[354]. 1804 wurde der Festbezug des Landrichters auf 1200fl erhöht[355].

Zusätzlich erhielt jeder Landrichter zusammengerechnet ein Viertel des Betrages aus Festgehalt und Familiengeldern zum Unterhalt von Schreibpersonal am Landgericht[356]. Diese Besoldung änderte sich auch durch die Konstitution von 1808 nicht, da im zugehörigen organischen Edikt vom 24. Juli 1808[357] ausdrücklich in Titel II. § 22 verfügt wurde, dass die Landrichter bis auf weiteres ihre Besoldungsstufe beibehalten sollen.

Ab 1809 wurden die Familiengelder aufgehoben und durch einen Anteil des Landrichters an den von den Amtsanbefohlenen eingenommenen Sporteln und Taxen des jeweiligen Landgerichts ersetzt. Dieser Anteil betrug ein 1/5, nicht mit eingerechnet wurden die im Landgerichtbezirk verhängten Geldstrafen. Von diesem Betrag durfte der Landrichter jedoch wiederum 1/3 nicht für seine Besoldung verwenden, sondern hatte daraus den Unterhalt seiner Schreiber zu finanzieren[358].

Diese Sporteltantiemen boten einem Landgericht die Möglichkeit, Schreibpersonal abhängig von der Geschäftsmenge zu beschäftigen. Bei einer erhöhten Anzahl von Geschäften erhöhten sich automatisch auch die Sporteln und somit konnte mehr Schreibpersonal bezahlt werden. War das Geschäftsaufkommen dagegen geringer, so hatte dies zwangläufig auch einen geringeren Personalaufwand zur Folge. Zudem war die Sportelbeteiligung ein Anreiz für die Landrichter, anfallende Geschäfte zügig und in größeren Mengen zu bearbeiten, da sie hierdurch ihren eigenen Verdienst beeinflussen konnten.

Allerdings begegnete die Bezahlung der Landrichter durch Sporteltantiemen auch großer Kritik. In der Ständeversammlung wurde das Sportelsystem als Begünstigung einer bestimmten Staatsdienerklasse angesehen[359]. Es wurde vermehrt die Anschuldigung laut, dass Landrichter zu Lasten der Amtsanbefohlenen

353 Reg. Bl. 1803, S. 886.
354 (Schuster, 1926, S. 274).
355 Reg. Bl. 1804, S. 939.
356 (Hellmuth, 1854, S. 118 Nr. III).
357 Reg. Bl. 1808, S. 1785.
358 Reg. Bl. 1809, S. 1017.
359 Vgl. BayHStA Landtag 9666.

eine willkürliche Sportelvermehrung zum eigenen Vorteil betrieben, indem zu hohe Sporteln und Taxen abgerechnet würden[360].

Nach erheblicher und langandauernder Kritik wurden 1831 durch das „Finanzgesetz für die 3. Finanzperiode vom 28. Dezember 1831" die Sporteltantiemen der Landrichter abgeschafft und die Familiengelder wieder eingeführt[361].

Die Befürworter der Sporteltantiemen warfen in der Folgezeit die Frage auf, was die Amtsanbefohlenen denn tatsächlich dadurch gewonnen hätten, dass zu ihren Gunsten die Sporteltantiemen abgeschafft worden wären. Die erhoben Sportelgebühren und Taxen für Amtshandlungen der Landgerichte würden nach wie vor erhoben und hätten sich durch die Abschaffung der Sporteltantiemen auch nicht verringert. Der Unterschied sei lediglich, dass seit der Abschaffung der Sporteltantiemen, die von den Amtsanbefohlenen zu entrichtenden Gebühren nun vollständig der Staatskasse zu Gute kämen, und der Teil von 4/15 nicht mehr unmittelbar dem Landgericht in dem belegenen Bezirk zustünde. Da ein Landgericht nun weniger Geld zur Finanzierung seiner Verwaltung zur Verfügung habe, fehle entsprechendes Geld zur Anstellung von mehr Gerichtspersonal. Da sich dadurch der Geschäftsgang bei den Landgerichten verlangsame, habe sich die Abschaffung der Sporteltantiemen letztlich nachteilig auf die Amtsanbefohlenen ausgewirkt[362].

Sporteltantiemen seien die gerechteste und insbesondere nachprüfbarste Vergütungsvariable bei den Landgerichten, da hier einerseits einer hohen Aufgabenlast der Landrichter durch ein höheres Gehalt Rechnung getragen werde, und andererseits auch gesichert sei, dass ein Viertel der an das Landgericht abgeführten Tantiemen (1/15 der insgesamt dem Landgericht zustehenden 4/15) dem Gerichtspersonal zu Gute komme[363].

Auch die Missbrauchsgefahr durch die Landrichter in Bezug auf die Erhebung der Sporteln, um ein höheres Gehalt zu generieren, sei nicht gegeben. Zum einen erfolge die Festsetzung der Gebühren nach Sporteltabellen und einer bestimmten Taxordnung, zum anderen erfolge die Festsetzung der Sporteln durch den Oberschreiber und gerade nicht durch den Landrichter. Der Versuch des Landrichters, insoweit Druck auf den Oberschreiber auszuüben, hätte für jeden

---

360 (Puchta, Erinnerungen aus dem Leben und Wirken eines alten Beamten: vornehmlich für Anfänger in der juristischen, besonders Aemter-Praxis, 1842, S. 241 f).

361 (Schuster, 1926, S. 268).

362 (Puchta, ˜Dieœ Landgerichte in Bayern und ihre Reform: mit vergleichender Rücksicht auf das deutsche Gerichtswesen früherer Zeit, 1834, S. 37 f).

363 (Puchta, Erinnerungen aus dem Leben und Wirken eines alten Beamten: vornehmlich für Anfänger in der juristischen, besonders Aemter-Praxis, 1842, S. 241 f).

Landrichter empfindliche Folgen. Zuletzt erfolge ohnehin eine abschließende Kontrolle der durch die Landgerichte erhobenen Gebühren durch die Rechnungskommissariate, die gegebenenfalls zu hoch angesetzte Gebühren selbstständig herabsetzen würden[364].

Trotz dieser ausführlichen Begründungen seitens der Befürworter der Sporteltantiemen blieben diese fortan abgeschafft und wurden stattdessen durch die wiedereingeführten Familiengelder ersetzt.

Unabhängig von dieser Besoldungsvariablen erhielt jeder Landrichter Nebenbezüge in Form einer Naturalvergütung. Diese bestand aus 24 Scheffel Hafer für das vom Landrichter zu haltende Dienstpferd[365], 36 Klafter Brennholz (zur Beheizung des Amtssitzes und der Wohnungen des Landrichters und der Nebenbeamten[366]) sowie einer freien Wohnung[367] für den Landrichter und seinen Aktuar[368], alternativ eine „Wohngeldpauschale" von 150fl[369]. Die Auszahlung der Bezüge und Nebenbezüge erfolgte jeweils anteilig am Ende des Monats[370].

c. Pensionierung des Landrichters

Das Gehalt des Landrichters bestand gem. § 8 der IX. Beilage der Verfassungsurkunde von 1818 aus zwei Teilen, nämlich dem Standesgehalt und dem Dienstgehalt. Das Standesgehalt bestand im ersten Jahrzehnt des Dienstes aus 8/10 des Festgeldbezuges (also der 1200fl.) und nach dem Eintritt in das zweite Jahrzehnt des Dienstes aus 9/10 dieses Betrages. Der übrige Teil war das Gehalt des Dienstes für die tatsächliche Dienstausübung durch den Landrichter. Im Fall der Versetzung des Landrichters in den Ruhestand, verlor dieser seine Ansprüche auf

364 (Buchinger, 1827, S. 129).

365 Ob eine Pflicht des Landrichter zum Halten von Dienstpferden bestand wurde im Königreich bis 1844 (siehe in dieser Arbeit den Gliederungspunkt „Diäten und Reisegebühren") uneinheitlich beurteilt (Schuster, 1926, S. 270).

366 Über die Häufig nicht sachgerechte Verwendung des Brennholzes(Schuster, 1926, S. 273).

367 Gegenüber einem Landrichter Kumer erwuchs dabei jedoch der Vorwurf der Errichtung eines „Pallastflügels mit übergroßen Fenstern, wie man sie nur an Fürstenpalästen findet", vgl. BayHStA Landtag 9666.

368 (Hellmuth, 1854, S. 118.

369 (Puchta, Erinnerungen aus dem Leben und Wirken eines alten Beamten: vornehmlich für Anfänger in der juristischen, besonders Aemter-Praxis, 1842, S. 240).

370 Nr. 10 der Verordnung vom 24. August 1802 in Churpfalzbayerischem Reg. Bl. 1802, S. 250.

das Dienstgehalt, bezog sein Standesgehalt jedoch fort und behielt zudem Titel und Funktionsbezeichnung bei[371].

Der Ruhestand konnte beansprucht werden:

- Wenn der Landrichter nach Vollendung von 40 Dienstjahren in allen Dienstklassen ein den Ruhestand rechtfertigendes Dienstalter erreicht hatte. Hierunter fielen auch alle unter den früheren Regierungen der jeweiligen Gebietsteile des Königreichs gedienten Jahre[372],
- bei Erreichen eines Alters von 70 Jahren konnte der Landrichter wegen seines Lebensalters den Ruhestand beantragen[373].

Der den Ruhestand beantragende Landrichter durfte sich aber nicht im Rückstand mit den ihm übertragenen Aufgaben befinden[374].

Aus diesem Grund kam es in solchen Fällen, also dem Fall der Übergabe des Landrichteramtes von einem auf einen anderen Landrichter, zur sog. Amtsextradition. Hierbei wurde neben dem ausscheidenden und dem anstehenden Landrichter ein extra bestellter Kommissar beigezogen, der mit dem ausscheidenden Landrichter und dessen Nachfolger ein Protokoll über die Extradition aufnahm, welches fortlaufend alle Geschäftsgegenstände zu beinhalten hatte.

Es galt hier insbesondere:

- Alle Amtsgeschäfte richtig zu übergeben. Dies sollte durch Überantwortung einer ordentlich geführten und mit umfangreichem Repertorium versehenen Amtsregistratur erfolgen, um dem Nachfolger die genaue Kenntnis über den Landgerichtssitz verschaffen sowie ihn auf wichtige und dringende Akten hinzuweisen.
- Den Nachfolger hinsichtlich bereits begonnener Akten und Verfahren in möglichst umfangreiche Kenntnis zu setzen, um eine Fortführung des Geschäftsgangs ohne größere Unterbrechungen zu gewährleisten. Hierbei sollten die laufenden Akten und Verfahren vom ausscheidenden Landrichter mit jeweils kurzen Anmerkungen versehen werden, um dem Nachfolger die Einarbeitung in diese Akten zu erleichtern.
- Eine Abschlussrechnung für alle mit Geldverrechnung betroffenen Geschäftszweige zu erstellen und zudem für eine richtige Ausweisung der Gelder

371 § 22 B und C der IX. Beilage zur Verfassungsurkunde von 1818.
372 § 22 B der IX. Beilage zur Verfassungsurkunde von 1818.
373 § 22 C der IX. Beilage zur Verfassungsurkunde von 1818.
374 § 24 der IX. Beilage zur Verfassungsurkunde von 1818.

mitsamt entsprechender Liquidation zu sorgen, um dem Nachfolger eine entsprechende Nachweismöglichkeit im Falle einer Visitation zu ermöglichen[375].

d. *Witwen und Waisenpension*

Es war ein Anliegen Montgelas, das Amt des Landrichters durch eine deutlich höhere Besoldung attraktiver zu gestalten und die Familien der Landrichter abzusichern[376].

Zur Absicherung der Witwen und Waisen von Staatsdienern kam den Landrichtern[377] daher das Pensionsregulativ vom 14. Juni 1803[378] zu Gute. Hiernach erhielt die Witwe eines Landrichters 300fl. Pension und bezog für jedes Kind einen Unterhaltsbeitrag von 50fl. Doppelwaisen erhielten einen Unterhaltbeitrag von 75fl.

Mit Einführung der Staatsdienerpragmatik vom 1. Januar 1805[379] wurde unter Titel XXIV. eine umfassende Witwen- und Waisenabsicherung für Staatsdiener eingeführt, die auch durch § 28 der IX. Beilage der Verfassungsurkunde von 1818 bestätigt wurde.

Nach § 2 des Titel XXIV. der Staatsdienerpragmatik[380] erhielt die Witwe eines noch nicht pensionierten Staatsdieners 1/5 von dessen Standes- und Dienstgehalt und gem. § 3, falls dieser pensioniert war, 1/5 von dessen Standesgehalt. Gem. § 7 erhielt die Witwe diese Pension so lange wie sie sich im Witwenstand befand, d.h. bei Wiederverheiratung fiel dieser Anspruch weg.

Ein Kind erhielt gem. § 4 1/5 der Witwenpension der Mutter, und zwar nach gem. § 14 unabhängig davon, ob diese die Pension i.S.v. § 7 noch weiterhin bezog. Als Doppelwaise erhielt das Kind 3/10 der an sich anfallenden Witwenpension. Ein Kind erhielt gem. § 8 die Waisenpensionszahlungen bis zur Vollendung des 20. Lebensjahres[381], außer es trat bereits zuvor auf anderem Wege eine ausreichende Versorgung ein.

---

375 Über das Verfahren der Amtsextradition(Reingruber, Ueber den Wirkungskreis eines Landgerichts im Königreiche Baiern, Bd. 2, 1814, S. 567 ff).

376 vgl. hierzu in dieser Arbeit den Gliederungspunkt „Organisation der Unterbehörden durch Montgelas".

377 Zu den Beratungen über die Witwen- & Waisenpensionen bei Assessoren (Maurer, 2015, S. 254 f).

378 Churpfalzbayerisches Reg. Bl. 1803, S. 383.

379 Churpfalzbayerisches Reg. Bl. 1805, S. 225.

380 Churpfalzbayerisches Reg. Bl. 1805, S. 225.

381 Im Falle physischer Gebrechen bei dem Kind machte § 10 von § 8 eine Ausnahme.

Allerdings betrug nach dieser Staatsdienerpragmatik bei einem Geldgehalt des Landrichters von 1200fl. die Pension der Witwe gerade einmal 240fl. und der Unterhaltsbeitrag des Kindes lediglich 48fl. Die Pensionszahlung lag also deutlich unter der des Pensionsregulativs von 1803[382]. Die Zusatzbestimmung vom 8. Februar 1805[383] ergänzte daher § 2 ff. des XXIV. Titels der Dienstpragmatik vom 1. Januar1805[384] für Landrichter dahingehend, dass für die Witwenpensionsberechnung die Nebenbezüge des Landrichters in gewissem Umfang angerechnet werden durften, solange die Besoldung auf 1200fl. festgesetzt war. Danach erhielt die Witwe dann 300fl., ein Waisenkind 60fl. und eine Doppelwaise 90fl. an Pensionszahlung erhielten.

Schon die Einführung eines eigenen Rechtsanspruchs der Hinterbliebenen eines Beamten auf eine Witwen- bzw. Waisenpension war ein Durchbruch, der für ganz Deutschland vorbildlich werden sollte, da hierdurch erstmals die Vorteile der Stellung eines Beamten[385] für die Familienmitglieder, zumindest anteilig, „vererblich gestellt" wurden[386].

Letztlich dürften diese Pensions- und Hinterbliebenenversorgungseinrichtungen auch einen nicht unerheblichen Beitrag zur Schaffung des neuen Beamtenstandes geleistet haben.

e. Besoldung von Aktuar und Assessor

Ein Aktuar erhielt anfangs 1/3 der Geldsumme, die der Landrichter aus seinem Festgehalt zuzüglich der Familiengelder bzw. Sporteltantiemen (ohne den Anteil für das Schreibpersonal) bekam[387], sowie eine freie Wohnung im Landgerichtsgebäude[388]. Dieses Zimmer hatte der Landrichter aus dem ihm als Nebenbezug zugewiesenen Holz zu beheizen[389].

---

382 Churpfalzbayerisches Reg. Bl. 1803, S. 383.

383 Churpfalzbayerisches Reg. Bl. 1805, S. 241.

384 Churpfalzbayerisches Reg. Bl. 1805, S. 225.

385 und schon diese dem Beamten zugewendeten Vorteile (Besoldung, Pensionsgehalt) waren eine enorme Verbesserung für den Beamten selbst (Weis, Montgelas. Der Architekt des modernen bayerischen Staates. 1799–1838, 2005, S. 255).

386 Auch wenn die Hinterbliebenenversorgung als „sehr bescheiden" bezeichnet wird (Weis, Montgelas. Der Architekt des modernen bayerischen Staates. 1799–1838, 2005, S. 254).

387 Reg. Bl. 1804, S. 908.

388 (Hellmuth, 1854, S. 118).

389 Dies allerdings ohne Kerzenbeleuchtung in Instruktion der Landesdirektion in Döllinger, Abteilung XVIII., §§ 1871 & 1872.

Mit Einführung der Assessoren bei den Landgerichten erhielten sowohl Assessoren als auch Aktuare ein Festgehalt von 600fl. pro Jahr[390]. Ab 1832 erhielten sie auf Grundlage des „Finanzgesetzes für die 3. Finanzperiode“ zusätzlich nach fünf vollendeten Jahren in diesem Dienst jährlich 100fl. und für zehn vollendete Jahre 200fl.[391] Die Auszahlung dieses Betrages erfolgte vierteljährlich[392].

f. Diäten und Reisegebühren

Im Rahmen ihrer Tätigkeit hatten die Landgerichtsbeamten eine Vielzahl von Aufgaben außerhalb ihres Amtssitzes wahrzunehmen. Für diese Aufgaben erhielt das Landgerichtspersonal unterschiedliche Diäten und Reisegebühren, die von den jeweiligen Parteien zu tragen waren. Da das organische Edikt von 1808 bezüglich deren Höhe keine konkreten und umfassenden Bestimmungen traf, wurden diese Gelder in einem entsprechenden Regulativ erfasst[393]. Hierbei wurde zwischen Amtsgeschäften und Parteisachen sowie zwischen Tätigkeiten innerhalb und außerhalb der Amtsgrenze unterschieden. Bei der Höhe der Diäten kam es jeweils auf den Rang und den Zuständigkeitskreis der Personen an.

In Amtsgeschäften bekam der Landrichter innerhalb der Amtsgrenze weder Diäten noch Reisegelder für Pferd und Gefährt, da diese Aufgabe zu dem ihm zugewiesenen Geschäftskreis zählte und er für die Pferde den Besoldungshafer bezog[394]. Selbiges galt auch für die Vornahme allgemeiner Streifen zur Vertreibung von Vagabunden[395], die nach einer allgemeinen Instruktion zu den Amtsgeschäften des Richters gerechnet wurden[396]. Für Amtsgeschäfte außerhalb der Amtsgrenze bezog er jedoch, da diese Geschäfte nicht zu den über die Besoldung

390 Döllinger Abteilung XVIII. § 1853 und § 1862, beachte auch die Stellungnahme zur Gehaltshöhe in (Koellenberger, 1822, S. 19 f) und das eigene Kapitel hierzu (Koellenberger, 1822, S. 69 ff) und die Forderung, auch Assessoren Sachzuwendungen in Form von Holz, Hafer etc. zuzuwenden (Koellenberger, 1822, S. 83 ff).

391 Finanzgesetz für die III. Finanzperiode in Döllinger Abteilung XVIII, § 1863.

392 (Schuster, 1926, S. 273).

393 Regulativ über Diäten und Reisegebühren des Landgerichts- und Rentamtspersonals im Königreich Bayern in Döllinger, Abteilung XVIII. § 425.

394 Regulativ über Diäten und Reisegebühren des Landgerichts- und Rentamtspersonals im Königreich Bayern in Döllinger, Abteilung XVIII. § 425 A I a Nr. 1.

395 Vgl. bzgl. dieser, dem Geschäftskreis der Polizeiverwaltung unterfallenden, Aufgabe in dieser Arbeit den Gliederungspunkt „Sicherheit“ sowie(Reingruber, Ueber den Wirkungskreis eines Landgerichts im Königreiche Baiern, Bd. 1, 1814, S. 337 f).

396 Allgemeine Instruktion über die Kriminalkosten der königlichen Stadt- und Landgerichte in Döllinger, Abteilung XVIII, § 426.

gedeckten Amtsgeschäften gehörten, pro Tag Diäten einschließlich der Pferdegelder von 6fl.[397].

Jeder Assessor[398] erhielt in Amtsgeschäften innerhalb der Amtsgrenze, wenn er ohne den Landrichter reiste, täglich 3fl[399]. Da der Landrichter die Dienstreisen nur im unaufschiebbaren Verhinderungsfall übertragen durfte, erfolgte die Zahlung dieses Betrags erst nach entsprechender Genehmigung durch das Generalkommissariat[400]. Der Aktuar wurde wie ein Assessor vergütet[401]. Außerhalb der Amtsgrenzen standen jedem Assessor und Aktuar 5fl. täglich als Reise- und Pferdegeld zu[402].

Jedem den Landrichter oder den Assessor begleitenden Schreiber wurden bei Amtsgeschäften innerhalb der Amtsgrenze täglich Diäten i.H.v. 2fl.[403] und außerhalb der Amtsgrenze täglich 2fl. 30kr. zuteil[404].

Ein Gerichtsdiener bekam innerhalb der Amtsgrenze keine Diäten, da wie beim Landrichter diese Tätigkeit zu seinem unmittelbaren Zuständigkeitsgebiet gehörte[405], dagegen außerhalb der Amtsgrenze pro Tag 1fl. und ein statt diesem abgeordneter Knecht 30kr.[406]

---

397 Regulativ über Diäten und Reisegebühren des Landgerichts- und Rentamtspersonals im Königreich Bayern in Döllinger, Abteilung XVIII. § 425 A I b Nr. 1.

398 Die ungleichen Diäten und Reisegebühren für Landrichter und Assessoren wurden als ungerecht bezeichnet, da in der Regel die selbe Tätigkeit ausgeübt wurde (Koellenberger, 1822, S. 74 ff).

399 Regulativ über Diäten und Reisegebühren des Landgerichts- und Rentamtspersonals im Königreich Bayern in Döllinger, Abteilung XVIII. § 425 A I a Nr. 2.

400 Verordnung vom 24. März 1802 Nr. 10 in Churpfalzbaierischem Reg. Bl. 1802, S. 236 und Dienst und Geschäftsreisen des Landgerichtspersonals betreffend in Döllinger, Abteilung XVIII, §427.

401 Regulativ über Diäten und Reisegebühren des Landgerichts- und Rentamtspersonals im Königreich Bayern in Döllinger, Abteilung XVIII. § 425 A I a Nr. 3.

402 Regulativ über Diäten und Reisegebühren des Landgerichts- und Rentamtspersonals im Königreich Bayern in Döllinger, Abteilung XVIII. § 425 A I b Nr. 2 und 3.

403 Regulativ über Diäten und Reisegebühren des Landgerichts- und Rentamtspersonals im Königreich Bayern in Döllinger, Abteilung XVIII. § 425 A I a Nr. 4.

404 Regulativ über Diäten und Reisegebühren des Landgerichts- und Rentamtspersonals im Königreich Bayern in Döllinger, Abteilung XVIII. § 425 A I b Nr. 4.

405 Regulativ über Diäten und Reisegebühren des Landgerichts- und Rentamtspersonals im Königreich Bayern in Döllinger, Abteilung XVIII. § 425 A I a Nr. 5.

406 Regulativ über Diäten und Reisegebühren des Landgerichts- und Rentamtspersonals im Königreich Bayern in Döllinger, Abteilung XVIII. § 425 A I b Nr. 5.

In Parteisachen erhielt der Landrichter täglich 5fl. inklusive der Pferdegelder innerhalb der Amtsgrenze[407]. Zwar gehörte die Beschäftigung des Landrichters mit Parteisachen ebenso wie die Amtsgeschäfte zu seinem Geschäftskreis, allerdings fanden Parteisachen in aller Regel am Amtssitz des Landrichters statt. Eine Dienstreise überschritt deswegen seinen originären Geschäftskreis und musste daher extra vergütet werden[408]. Für Dienstreisen in Parteisachen außerhalb der Amtsgrenze[409] standen dem Landrichter täglich 7fl. zu[410].

Jeder Assessor, im Fall nachzuweisender Verhinderung des Landrichters[411], und jeder Aktuar erhielt in Parteisachen innerhalb der Amtsgrenze 3fl. 30kr.[412] und außerhalb der Amtsgrenze täglich 5fl[413].

Ein Schreiber, unerheblich, ob innerhalb und außerhalb der Amtsgrenze, bekam in Parteisachen täglich Diäten i.H.v. 2fl.[414].

Gerichtsdiener oder statt diesen abgeordnete Knechte wurden in Parteisachen innerhalb der Amtsgrenze täglich 40kr. und außerhalb 1fl. zu Teil[415]. Hier erhielt der Gerichtsdiener im Unterschied zu den Amtsgeschäften auch innerhalb der Amtsgrenze Reisgebühren. Zwar gehörte es zu seinen Dienstaufgaben im Rahmen der Amtsgeschäfte im gesamten Amtsbezirk tätig zu werden, doch galt hier die gleiche Argumentation wie oben beim Landrichter: Parteisachen fanden grundsätzlich am Amtssitz statt, so dass diesbezüglich Dienstreisen extra zu vergüten waren.

---

407 Regulativ über Diäten und Reisegebühren des Landgerichts- und Rentamtspersonals im Königreich Bayern in Döllinger, Abteilung XVIII. § 425 A II a Nr. 1.

408 Vgl. diesbezügliche Kritik in BayHStA Landtag 9666.

409 z.B. bei Inaugenscheinnahmen im Zusammenhang mit Rechtsstreitigkeiten von Parteien aus zwei verschiedenen Amtsbezirken, wenn an beiden Wohnorten Inaugenscheinnahmen durchzuführen waren.

410 Regulativ über Diäten und Reisegebühren des Landgerichts- und Rentamtspersonals im Königreich Bayern in Döllinger, Abteilung XVIII. § 425 A II b Nr. 1.

411 Dienst und Geschäftsreisen des Landgerichtspersonals betreffend in Döllinger, Abteilung XVIII, §427.

412 Regulativ über Diäten und Reisegebühren des Landgerichts- und Rentamtspersonals im Königreich Bayern in Döllinger, Abteilung XVIII. § 425 A II a Nr. 2 und 3.

413 Regulativ über Diäten und Reisegebühren des Landgerichts- und Rentamtspersonals im Königreich Bayern in Döllinger, Abteilung XVIII. § 425 A II b Nr. 2 und 3.

414 Regulativ über Diäten und Reisegebühren des Landgerichts- und Rentamtspersonals im Königreich Bayern in Döllinger, Abteilung XVIII. § 425 A II a und b Nr. 4.

415 Regulativ über Diäten und Reisegebühren des Landgerichts- und Rentamtspersonals im Königreich Bayern in Döllinger, Abteilung XVIII. § 425 A II a und b Nr. 5.

Das Halten von Dienstpferden zur Durchführung von Dienstreisen war für die Landgerichte verpflichtend[416]. Hierfür erhielten die Landrichter auch einen bestimmte Menge Hafer als Naturalbesoldung[417].

4. Urlaub der Beamten

Den Beamten der Staatsbehörden war es grundsätzlich unter Strafandrohung versagt, sich aus den jeweiligen ihrer Zuständigkeit unterliegenden Bezirken ohne Erlaubnis zu entfernen[418]. Die bei den Landgerichten angestellten Staatsdiener, also Landrichter, Assessoren und Aktuare, hatten nach einer Instruktion vom 19. April 1809 für die Entfernung aus ihren Landgerichtsbezirken eigene Reiselizenzen, versehen mit entsprechender Darlegung des Reisegrundes, beim zuständigen Generallandeskommissariat zu beantragen[419]. Von diesem konnten Reisen innerhalb Bayerns, die einen Zeitraum von 14 Tagen nicht überschritten (dieser Zeitraum wurde 1811 auf vier Wochen verlängert[420]), unter Anzeige an das übergeordnete Appellationsgericht genehmigt werden, wenn der Reise keine sonstigen Gründe entgegenstanden[421]. Es handelte sich hierbei jedoch nicht um Urlaub nach dem Verständnis heutiger Zeit[422], sondern es mussten besondere Reisegründe, in der Regel persönliche oder familiäre Gründe, gegeben sein[423].

Für Reisen, bei denen die Abwesenheit der Staatsdiener den Zeitraum von 14 Tagen überschritt, oder Reisen, die an den Königshof oder gar ins Ausland führten, musste die Reiselizenz von den landgerichtlichen Staatsdienern ebenfalls beim zuständigen Generalkommissariat mit entsprechender Begründung

416 Ob eine Pflicht des Landrichter zum Halten von Dienstpferden bestand wurde im Königreich bis 1844 uneinheitlich beurteilt, eine einheitliche Regelung erfolgte jedenfalls durch eine Entschließung des Justizministeriums und des Innenministeriums vom 6. August 1844. Hier entband man die Landgerichte zwar von der Pflicht zur Haltung von Dienstpferden, behielt aber den Fortbezug des an sich dafür bestimmten Hafers bei, wenn entsprechende Verträge über den Verleih von Fuhrwerken die Dienstreisen sicherstellten (Schuster, 1926, S. 270).

417 vgl. hierzu in dieser Arbeit den Gliederungspunkt „Besoldung des Landrichters" den Unterpunkt „Besoldung des Landrichters".

418 Vgl. die hierzu die vielen, seit 1747 ergangenen, Instruktionen in Döllinger Abteilung XVIII. §§ 1378 ff.

419 Vgl. Instruktion vom 19. April 1809 in Döllinger, Abtheilung XVIII., § 1393 Nr. 1.

420 Vgl. Instruktion vom 2. Oktober 1811 in Döllinger, Abtheilung XVIII., § 1397.

421 Vgl. Instruktion vom 19. April 1809 in Döllinger, Abtheilung XVIII., § 1393 Nr. 2.

422 Dieser dient heutzutage der Erholung vgl. § 1 BUrlG.

423 (Weis, Die Trennung zwischen Justiz und Verwaltung bei den bayerischen Unterbehörden. Zur Vorgeschichte des Gerichtsverfassungsgesetzes von 1861, 1987, S. 753).

erbeten werden. Dieses hatte das Gesuch gemäß der Instruktion vom 4. März 1804[424] an das entsprechende Ministerium, hier das Innenministerium, weiterzuleiten und um eine Entscheidung zu bitten. Das Generalkommissariat hatte hierbei eine eigene Äußerung über das Gesuch sowie eine Äußerung des jeweils übergeordneten Appellationsgerichts in einer gutachterlichen Stellungnahme beizufügen[425].

Diese den Reisezeitraum betreffenden sehr strengen Regelungen wurden in den Folgejahren wohl aus Praktikabilitätsgründen leicht aufgeweicht[426], blieben in ihrem Grundprinzip jedoch bestehen. Die Funktionsfähigkeit der Untergerichte hatte für die Staatsregierung oberste Priorität.

Daher durfte sich das Landgerichtpersonal unter keinen Umständen, selbst im Falle einer Invasion durch fremde Streitkräfte, ohne diese Reiselizenz aus dem Gerichtsbezirk entfernen. Es wurde durch Instruktion vom 11. Juni 1809 klargestellt, dass in solchen Fällen die Aufrechterhaltung des landgerichtlichen Geschäftsgangs noch wichtiger sei als in Friedenszeiten.

Einzig bei vollständiger Besetzung des Landgerichtsbezirks durch fremde Streitkräfte und völliger Außerkraftsetzung der landgerichtlichen Tätigkeit durfte sich das Landgerichtspersonal im Falle konkreter Lebensgefahr für die Dauer dieser Umstände aus dem Landgerichtsbezirk entfernen[427].

III. Geschäftsgang bei den Gerichten

1. Besetzung

Die ursprüngliche Besetzung der Landgerichte von 1802 wurde 1808 durch die Beiordnung von Assessoren, die die Landrichter in der Ausübung ihrer juristischen Tätigkeiten unterstützen sollten reformiert.

aa. Besetzung nach der Verordnung vom 24. März 1802

Mit der o.g. Verordnung erfolgte in Bayern keine grundlegende Neuorganisation des bis dahin bestehenden bayerischen Gerichtswesens bei den Landgerichten, sondern eine Aufteilung des Wirkungskreises, wobei für jeden Landgerichtskreis

424 Reg. Bl. 1804, S. 261.

425 Vgl. Instruktion vom 19. April 1809 in Döllinger, Abtheilung XVIII., § 1393 Nr. 3.

426 Vgl. Instruktion vom 13. März 1813 in Döllinger, Abtheilung XVIII., § 1398 und späterhin durch § 84 der Formationsverordnung vom 17. Dezember 1825 in Döllinger, Abtheilung XVIII., § 1402.

427 Vgl. Instruktion vom 11. Juni 1809 in Döllinger, Abtheilung XVIII., § 1394.

eigene Rentämter geschaffen[428] und die gesamte Justiz und Polizeiverwaltung auf die Landgerichte übertragen wurden.

Zur Besorgung der Geschäfte am Landgericht wurde diesem jeweils ein Landrichter als Vorstand, ein Aktuar und das „notwendige Schreiberpersonal", das der Landrichter selbst auswählen durfte, zugeteilt. Die Auswahl des Aktuars erfolgte durch das Justizministerium gem. § III Nr. 3 der Verordnung vom 24. März 1802.

Ziel dieser Besetzung war es, „die unmittelbare Vollziehung der landesfürstlichen Verordnungen" zu ermöglichen, um dem Lande „den Nutzen und Wohlstand verschaffen zu können". Dabei seien, „nach reifer Überlegung" die Verhältnisse auf dem Lande berücksichtigt worden[429].

Zur Bearbeitung der Rechtsangelegenheiten waren somit für den Landgerichtsbezirk zwei Rechtskundige bestellt, um den gesamten Geschäftsverkehr von Justiz – darunter fielen Zivilsachen und Kriminaluntersuchungen – und Polizeiverwaltung zu bearbeiten.

bb. Seit der Konstitution von 1808 und dem organischen Edikt

Die Konstitution von 1808[430] und das hierzu gehörende organische Edikt vom 24. August 1808[431] reformierte die bis dahin bestehende Landgerichtsverfassung[432]. Ein Landgericht bestand von da an gem. II. Titel § 6 des Edikts aus einem Landrichter und zwei bis drei Assessoren. Gem. § 14 des Edikts erhielten die Landgerichte nun eine Kollegialverfassung und das Amt des Aktuars wurde weitgehend abgeschafft.

Die Kollegialität am Landgericht wurde durch den Landrichter sowie die Assessoren ausgeübt. Mindestens einer der Assessoren hatte besondere theoretische und praktische Kenntnisse in der peinlichen Rechtswissenschaft nachzuweisen[433].

Nach § 8 des organischen Edikts vom 8. September 1808 über das Medizinalwesen sollte darüber hinaus bei jedem Landgericht ein eigener Arzt angestellt werden[434]. Bei einem Landgericht waren daher grundsätzlich als Beamte zur

428 Vgl. hierzu in dieser Arbeit den Gliederungspunkt „Organisation der Unterbehörden unter Montgelas".

429 Vgl. Einführung zur dieser Vorordnung in Reg. Bl. 1802, S. 236.

430 Reg. Bl. 1808, S. 985.

431 Reg. Bl. 1808, S. 1785.

432 Zur Diskussion um die Schaffung eigner, von den Stadt- und Landgerichten unabhängiger, erstinstanzlicher Tribunale, was insbesondere mit dem Hinweis auf die damit verbundenen Kosten zurückgewiesen wurde (Maurer, 2015, S. 252).

433 vgl. hierzu in dieser Arbeit den Gliederungspunkt „der Assessor".

434 Reg. Bl. 1808, S. 2195.

Bearbeitung der Geschäfte in Justiz und Polizeiverwaltung neben dem Landrichter, ein Gerichtsarzt, zwei bis drei Assessoren und, bei entsprechender Größe des Gerichts, ein Aktuar zu finden. Hinzu kamen Schreibpersonal und Gerichtsdiener als landgerichtliche Hilfspersonen ohne Beamtenstatus[435]. Diese Besetzung der Landgerichte bildete die Regel[436].

Entgegen der Intention des organischen Edikts vom 24. August 1808[437] waren aber in der Realität teilweise die Landgerichte nicht so besetzt, dass eine kollegiale Beschlussfassung möglich gewesen wäre. In einigen Kreisen kam es keineswegs zu einer Umsetzung des organischen Ediktes[438]. Vielmehr waren die Landgerichte zumeist nach der Größe des Landgerichtsbezirkes, dem Wohlstand, der Bevölkerungsdichte und gegebenenfalls weiterer, den Geschäftsumfang beeinflussender Umstände, in drei Klassen eingeteilt[439]:

Ein Landgericht erster Klasse war besetzt mit einem Landrichter und einem Assessor sowie, für die Vollstreckung landgerichtlicher Verordnungen, einem Gerichtsdiener und zwei Knechten.

Ein Landgericht zweiter Klasse bestand aus einem Landrichter und einem Aktuar sowie für die Vollstreckung landgerichtlicher Verordnungen einem Gerichtsdiener und einem Knecht.

Ein Landgericht dritter Klasse wurde vom Landrichter allein verwaltet. Als Gehilfen hatte dieser nur einen vereidigten Schreiber, der das Gymnasium absolviert haben musste, sowie für die Vollstreckung landgerichtlicher Verordnungen einen Gerichtsdiener[440].

Diese Klassifizierung hatte keine Auswirkung auf die von den Landgerichten zu bearbeitenden Vorgänge, sondern ließ lediglich die an sich durch die Gerichtsverfassung vorgegebene obligatorische Kollegialgerichtsbarkeit bei den Untergerichten in Zivilsachen nämlich in Inn- und Eisackkreis außer Betracht[441].

Diese Art der Landgerichtbesetzung blieb aber die Ausnahme, denn die Änderung der Gerichtsverfassung für den Großteil der Landgerichte im Jahre 1808 durch die Einführung von Assessoren bei den Landgerichten, hatte gewichtige Gründe:

---

435 Dies klarstellend die allgemeine Verordnung vom 4. März 1809 in Reg. Bl. 1809, S. 1227.

436 (Hellmuth, 1854, S. 51).

437 Reg. Bl. 1808, S. 1785.

438 So in den Gebieten des Inn- und Eisackkreises vgl. § 3 der entsprechenden Verordnung in Reg. Bl. 1810, S. 913.

439 (Schuster, 1926, S. 266).

440 (Hellmuth, 1854, S. 49).

441 der Eissackkreis im heutigen Südtirol war von 1806 bis 1810 einer der Kreise des Königreichs Bayern, vgl. in dieser Arbeit den Gliederungspunkt „Kreiseinteilung“.

Zum einen wollte man durch die Schaffung eines kollegialen Gremiums im Bereich der Zivilsachen die Qualität der Rechtsprechung[442] verbessern und der Entscheidungsfindung die Willkür entziehen[443].

Zum anderen, dies dürfte wohl der wichtigere Grund gewesen sein, sollte ein Landgericht mehr rechtskundiges Personal zur Bearbeitung des großen Geschäftsaufkommens erhalten[444]:

Der Landrichter konnte gem. § 14 des organischen Edikts[445] nun auch konkrete umfangreiche Rechtsaufgaben auf die Assessoren übertragen und nicht nur dann, wie früher gefordert, wenn er selbst an der Durchführung verhindert war. Dadurch, dass mindestens ein Assessor in der strafrichterlichen Untersuchung geschult sein musste, konnte allein dort die Geschäftslast für den Landrichter halbiert werden.

In Zivilsachen war zwar nach wie vor für die Entscheidung ein Votum des gesamten Kollegiums nötig, die vorhergehende Instruktion des Prozesses konnte aber nun allein durch einen vom Landrichter beauftragten Assessor erfolgen. Auch diese Neuerung brachte dem Landrichter eine erhebliche Zeitersparnis; er konnte sich dadurch vermehrt anderen Geschäftsfeldern widmen.

Um die stetig steigende Geschäftslast zu schultern, war es unumgänglich, das Personal vor allem aber das rechtskundige Dienstpersonal an den Landgerichten aufzustocken. Mit den Neuerungen durch das organische Edikt wurde dieser Notwendigkeit Rechnung getragen und damit eine tatsächliche Delegation von ganzen Aufgabenfeldern möglich.

Die immer größer werdende Geschäftslast beruhte vor allem auf der Größe der Landgerichtsbezirke mit einem Gebietsumfang von oftmals über 12 Quadratmeilen und einer Einwohnerzahl von 20.000 Menschen. In diesem Bereich war das Landgericht die „Schnittstelle“ zwischen Staat und Bevölkerung, gleichsam die Basis der Pyramide der gesamten Staatsverwaltung[446].

Das Landgericht als „Schnittpunkt“ sollte nach der durch das organische Edikt von 1808 deutlich verbesserten Besetzung mit einer Anzahl von maximal fünf Rechtskundigen immer mehr Aufgaben bewältigen. Diese sollten einerseits die vielen Befehle, Verordnungen und Instruktionen der deutlich besser besetzten oberen Behörden umsetzen, andererseits aber für die gesamte Bevölkerung in

---

442 In diese Richtung Votum Carl Graf Arco v. 3.5.1811 in BayHStA StR 2154.

443 Von fortwährender Willkür bei Einzelrichtern berichtet (Pelkhoven, 1811, § 17).

444 (Schimke, 1996, S. 320).

445 Reg. Bl. 1808, S. 1785.

446 (Reingruber, Ueber den Wirkungskreis eines Landgerichts im Königreiche Baiern, Bd. 1, 1814, S. 112).

einem äußerst großen Gebiet die maßgebliche Behörde für nahezu alle Lebensbereiche sein. Gerade diese Stellung der Landgerichte als zentrale Behörde auf unterster Ebene sorgte in der Folgezeit jedoch, trotz der Personalaufstockung von 1808, wegen der Vielschichtigkeit von Aufgaben zu einem anfallenden Geschäftsvolumen dessen die Justizbediensteten kaum Herr zu werden vermochten, da der Aufgabenkreis der Landgerichte in der Folgezeit noch erweitert wurde.

cc. Vergleich mit Besetzung bei den Stadtgerichten

Die Landgerichte waren im Hinblick auf die dort anfallenden unterschiedlichen Aufgabenfelder viel zu gering besetzt. Dies zeigt sich deutlich, wenn man im Vergleich hierzu die Besetzung der Stadtgerichte betrachtet[447].

Allein an den unterschiedlichen Mengen an Ämtern für Beamte und Nebenbeamte bei Stadtgerichten einerseits und den Landgerichten andererseits lässt sich unschwer die unverhältnismäßige Besetzung der Landgerichte erkennen:

Im Jahr 1816 zählte die Stadt München, ohne dort stationiertes Militär, 48 000 Einwohner[448]. Für diese Bevölkerung waren am dortigen Stadtgericht zwei Stadtgerichtsdirektoren und zwölf Assessoren beschäftigt, zuzüglich des Hilfspersonals, bestehend aus zwei Registratoren und sechs Protokollanten. Diese Besetzung diente allein zur Abwicklung des Justizgeschäftes ohne die Polizeiverwaltung (auf untergerichtlicher Ebene war bei den Stadtgerichten im Gegensatz zu den Landgerichten eine Gewaltentrennung erfolgt[449]). Für die Bearbeitung des Geschäftsaufkommens in der Polizeiverwaltung waren zusätzlich für das Stadtgebiet in dem dortigen Magistratsamt ein Direktor, fünf Kommissare, vier Inspektoren und elf Offizianten angestellt, neben denen es für jede Gattung von Administrativgegenständen noch einen eigenen Verwalter gab[450].

Die Stadt Nürnberg hatte bei einer Bevölkerung von 27 000 Einwohnern für die Bearbeitung der Justizangelegenheiten zwei Direktoren, zwölf Assessoren, fünf Protokollanten und zwei Registratoren angestellt. Die Bearbeitung der Geschäfte der Polizeiverwaltung verteilte sich auf einen Direktor, eine Kommissar, drei Aktuare und sechs Offizianten[451].

Für den Landgerichtsbezirk Wasserburg, der eine Bevölkerungsgröße von 20 643 Einwohnern, also beinahe die Hälfte der Einwohner der Stadt München

447 (Koellenberger, 1822, S. 30 f).
448 Reg. Bl. 1816, 809.
449 (Volkert, 1983, S. 72, S. 88, S. 119, S. 122 ff, S. 605–610).
450 (Regnet, 1819, S. 12).
451 (Buchinger, 1827, S. 91).

und lediglich mit ca. 80 % der Einwohner der Stadt Nürnberg, dafür aber eine neunmal größere räumliche Landgerichtsbezirksausdehnung aufwies, waren für die Bearbeitung des Geschäftsaufkommens für Justiz und Polizeiverwaltung gemeinsam ein Landrichter, zwei Assessoren und ein Aktuar zuständig[452].

Begründet wurde dieses Missverhältnis damit, dass es in den dichtbesiedelten Gebieten der Städte zwischen der dortigen Bevölkerung durchaus vermehrt zu Verflechtungen und Konflikten justiziabler und polizeiadministrativer Art gekommen sei. Auf dichter besiedeltem Gebiet gebe es also erheblich mehr Reibungspunkte zwischen den Amtsanbefohlen, so dass hieraus eine erheblich erhöhte Geschäftstätigkeit bei den Untergerichten anfalle.

Dem vermehrten Geschäftsaufkommen kann dagegen aber die Bezirksgröße der Landgerichte entgegengehalten werden. Einem Landrichter war es oftmals nur unter erheblicher Mühe und erst nach einiger Zeit möglich, die entsprechenden Parteien zu versammeln. In diesem Zeitraum hatte der Beamte der Stadt einen Großteil der Geschäfte in der Regel schon bearbeitet[453].

2. Probleme zwischen Richter und Amtsanbefohlenen

a. Probleme in der Praxis

Im täglichen Geschäftsgang der Landgerichte kam es zu vielerlei Problemen und Missverständnissen zwischen den Gerichtspersonen und den Amtsanbefohlenen, die die dortige Arbeitsbewältigung, zusätzlich zu dem ohnehin schon großen Aufgabenkreis, erheblich erschwerten und verzögerten.

aa. Mangelnde Bildung der Amtsanbefohlenen

Das größte Problem für die Gerichte auf dem Land war die mangelnde Bildung der Bevölkerung[454]. Es galt deswegen für die Landrichter jedes Mal erneut zu erforschen, was der Amtsanbefohlene oder Rechtsuchende denn überhaupt wollte. Dies begann teilweise schon mit der Klageerhebung, denn, wie schon § 8 Abs. 1 aE der Verordnung vom 24. März 1802 klarstellte, bestand für den Amtsanbefohlene keine Pflicht, sich von einer rechtskundigen Person[455] vertreten zu lassen[456].

452 (Regnet, 1819, S. 13 f).
453 (Regnet, 1819, S. 13).
454 (Koellenberger, 1822, S. 91 f).
455 Der Begriff „Prokurator“ wurde in Bayern synonym zu „Advokat“ verwendet (Weißler, 1905, S. 178).
456 (Moritz, 1837, S. 153).

Beispielsweise berichtet von Pelkhoven von einem Klageantrag[457] in der ortsüblichen Sprache mit dem Wortlaut (in Klammern Pelkhovens Übersetzung):

> „Anzeig an das kingl. Landkricht –
>
> Galt (klagt) der Jakob Greiner, Bauer scho (Sohn) zu Brunn die Warbara Stolwerinn, Beierin zu Hilkerstorf, ich habt zwar ver Sucht, aber nicht verzwet (erzweckt, ausgerichtet)[458]."

Dies ist nur ein Beispiel für eine bei den Landgerichten eingereichten Klagen, das zeigt, dass eine geordnete Darstellung des Sachverhalts und der Klagegründe zumeist unterblieb. Der prozessinstruierende Richter benötigte oftmals Stunden, um den tatsächlichen Streitpunkt zwischen den Parteien herauszufinden[459].

Es galt in solchen Situationen für den Landrichter bereits zu Beginn des Verfahrens, fragend und belehrend einzugreifen und den Willen des Rechtssuchenden zu erforschen. Der Rechtssuchende wandte sich nämlich, um Rechtshilfe ersuchend an das Landgericht mit nichts weiter als seiner „Vorstellung vom Unrecht, das ihm sein Gegner zugefügt hat"[460].

Hierbei spielte es eine erhebliche Rolle, dass der einfache Mann vom Lande wenig Erfahrung darin hatte, wie Rechtsgeschäfte korrekt zu behandeln und abzuschließen waren, um sich vor Schaden, Übervorteilung und den damit verbundenen Prozessen zu schützen[461].

Zur Begründung trug der Rechtsuchende sein Ansinnen, wenn überhaupt schriftlich, dann jedenfalls unvollständig und nur durch unerhebliche und gar nicht zur Sache gehörende Zusätze vor[462].

Im Wege der Ermittlung dieses Ansinnens von rechtsunerfahrenen Parteien war der Landrichter somit als erster Ansprechpartner der Landbevölkerung jedenfalls in den Fällen, in denen kein Advokat beteiligt war, gewissermaßen Rechtsvertreter und Richter zugleich[463].

---

457 Reg. Blatt von 1802, S. 236.

458 (Pelkhoven, 1811, S. 35).

459 (Anonym, Ueber die bevorstehende Verkleinerung der Landgerichte in Bayern, 1834, S. 33).

460 (Anonym, Ueber die bevorstehende Verkleinerung der Landgerichte in Bayern, 1834, S. 18).

461 (Anonym, Ueber die bevorstehende Verkleinerung der Landgerichte in Bayern, 1834, S. 18).

462 (Puchta, ˜Dieœ Landgerichte in Bayern und ihre Reform: mit vergleichender Rücksicht auf das deutsche Gerichtswesen früherer Zeit, 1834, S. 17).

463 (Puchta, Der Dienst der deutschen Justizämter oder Einzelrichter, 1829, Vorrede S. XIV).

Von Gönner, ab 1814 Direktor des Appellationsgerichts des Isarkreises und ab 1815 Justizreferendar[464], ging gar in fast abwertender Weise so weit, die Tätigkeit der Untergerichtsbarkeit im Wesentlichen auf die Instruktion des Verfahrens zu beschränken. Eine Kollegialgerichtsbarkeit sei dort nicht erforderlich, da die gefassten Urteile eher Versuche seien, zu sehen, ob sich die Parteien durch deren Ausspruch zu beruhigen vermochten. Das erste vollwertige Urteil entstehe erst bei der Appellation[465].

bb. Fehlende Wertschätzung gegenüber den Amtsanbefohlenen vor Gericht

Die Verhandlungen erfolgten bei den Landgerichten an sogenannten Verhörstagen, nachdem die Parteien gegen „Geld und gute Worte"[466] von dem Gerichtsdiener auf dem Verhörzettel vermerkt worden waren.

Die an dem Verhörtag verhandelnden Parteien des Landgerichtsbezirkes reisten, „gleichsam einer Wallfahrt"[467], zu dem von ihrem Wohnort in der Regel weit entfernten Landgerichtssitz an und hatten sich an diesem entfernten Ort mangels Familie oder Bekannten eine Unterkunft anzumieten.

Am Verhörstag warteten sie mit einer großen Menge anderer Rechtsuchender auf den Aufruf des Gerichtsdieners. Dies immer in der Hoffnung, von diesem nicht doch auf dem Verhörzettel vergessen worden zu sein und unverrichteter Dinge wieder heimkehren zu müssen. Zwischen der Verhandlung und der ursprünglich eingereichten Klage lag in vielen Fällen schon geraume Zeit, und es kam häufiger vor, dass die Parteien auf dem Verhörszettel gar nicht vermerkt worden waren.

Vor dem überforderten Landrichter wurden die Rechtsuchenden dann forsch gefragt, wer man denn sei und was man denn wolle[468]. Dies solle man jedenfalls kurz darstellen. Da sich die Bevölkerung auf dem Lande oftmals der für die Entscheidung erforderlichen Wesentlichkeiten nicht bewusst war, geschweige denn diese in einen klaren Vortrag zusammenzufassen konnte, verlor der Landrichter die Geduld und forderte die Parteien auf, sich zu vergleichen oder ein anderes Mal wiederzukommen, da man heute noch mehr zu tun habe und nun auch schon den Anderen Platz machen müsse.

---

464 (Ullmann E., 1879, S. 367 f).

465 (Gönner, Entwurf eines Gesetzbuchs über das Gerichtliche Verfahren in bürgerlichen Rechtssachen, 1815, S. 106).

466 (Pelkhoven, 1811, § 13).

467 (Pelkhoven, 1811, § 13).

468 Das Verhalten vieler Landrichter gleiche manchmal dem von „Paschas" (Renz, 1928, S. 11).

Die so enttäuschten Protagonisten entfernten sich dann, beschämt und trostlos „nicht selten durch gleichheitliches Missgeschick unter einander ausgesöhnt" zu ihrem Heimatort, wo sie ob der gerichtlichen Enttäuschung schließlich doch zur Selbsthilfe gereizt mit blutigen Köpfen ankamen[469].

Dieses Beispiel, und als solches ist es nur aufzufassen, kann als Anschauung dienen, wie der alltägliche Geschäftsgang bei den Landgerichten und das Verhalten von Landgerichtspersonal und Amtsanbefohlenen unterschiedlich wahrgenommen und in der zeitgenössischen für die Praxis geschriebenen Literatur verarbeitet wurde[470].

cc. Misstrauen der Amtsanbefohlenen gegenüber der Justiz

Auf der anderen Seite gelang es dem Richter nicht, die oftmals gutgemeinte Instruktion[471] des Verfahrens zu vermitteln, weil der Rechtssuchende diesem misstraute und an der Klarstellung des Sachverhalts und der Klagegründe nur widerwillig mitwirkte. Ein unbekannter Verfasser stellte 1834 fest, dass der Landmann sein blindes Vertrauen und seinen passiven Gehorsam, „wovon noch vor 30–40 Jahren so viele Spuren sich zeigten" abgelegt habe[472].

Auch diese Haltung der Amtsanbefohlenen führte bei den Untergerichten zu einer längeren Verfahrensdauer, denn oft fehlten die für eine Entscheidung notwendigen Zeugen, Ausweise und Belege für die Sachverhaltsermittlung, und ein Urteil konnte solange nicht ergehen[473]. Zwar konnte gem. 10. Kapitel § 8 Codex Juris Bavarici Judiciarii Zwang auf grundlos widerspenstige Zeugen ausgeübt werden, aber auch dies verursachte bestenfalls nur einen erhöhten Zeitaufwand mit der damit einhergehenden längeren Verfahrensdauer, im schlechtesten Fall wurde hierdurch der Widerwille des Zeugen gegen das Gericht sogar noch gefördert.

---

469 Der Ablauf einer Verhandlung vor dem königlichen Landgericht, aus Sicht eines „Landmannes", (Pelkhoven, 1811, § 13).

470 Vorwurf von Despotismus und Tyrannei durch den Landrichter Kumer „gleich einem Danton" und „Robespierre", vgl. BayHStA Landtag 9666.

471 Gemeint ist Führung durch den Prozesses durch den Richter (dieses Recht wurde 1819 durch das Gesetz zur Verbesserung der Gerichtsordnung in § 3, vgl. VII. Stück des Gesetzblattes vom 28. Juli 1819) sogar noch gestärkt) und das richterliche Untersuchungsprinzip, statuiert im 10. Kapitel § 15 Nr. 7 des Codex Juris Bavarici Judiciarii.

472 (Anonym, Ueber die bevorstehende Verkleinerung der Landgerichte in Bayern, 1834, S. 40).

473 (Anonym, Ueber die bevorstehende Verkleinerung der Landgerichte in Bayern, 1834, S. 53).

Die Gründe für dieses Misstrauen gegenüber dem Beamtentum sind vielschichtig.

Zum einen mögen sie in der auch zu diesen Zeiten teilweise behaupteten grassierenden Bestechlichkeit des Landgerichtspersonals gelegen haben, die Rechtssuchende an der landgerichtlichen Neutralität zweifeln ließ. Die schlimmsten Zustände sollen beim Schreibpersonal und den unteren Gerichtsdienern geherrscht haben. Der Oberschreiber, zuständig für die Ausfertigung aller Arten von Urkunden, soll „keinen Heiratskonsens, keine Militärentlassung oder sonst eine günstige Entschließung“ erlassen haben, ohne einen entsprechenden Obolus. Darüber hinaus habe es schon beim Gerichtsdiener begonnen, dass dieser keinen klagewilligen Landmann zum Landrichter vorgelassen habe, ohne dass dem Rechtssuchenden zuvor „etwas aus der Hand gefallen“ sei[474].

Beim Landgericht habe es ferner zur Gewohnheit gehört, dass jeder Rechtssuchende, der sein Begehren einem Landrichter vorgetragen habe, diesem, falls er es aber nicht anzunehmen gedachte, dessen Ehefrau, „etwas in die Küche bringt“[475].Von den 210 Landrichtern in Bayern seien „gewiss 100 zur Untersuchung reif“ gewesen[476]. Die Validität des Vorwurfs der Korruption lässt sich im Einzelnen jedoch nicht mehr nachvollziehen.

Zum anderen lagen die Gründe für das Misstrauen gegenüber dem Beamtentum in der fortschreitenden Emanzipation der Bürgerschaft in Folge der französischen Revolution.

So berichtet Puchta von einem Vorkommnis, als ein Landrichter einen Bauern im Rahmen einer Kriminaluntersuchung im Verhörzimmer befragte. Der Richter forderte diesen zu bescheidenerem Betragen auf und erinnerte ihn an die ansonsten folgende gesetzliche Ahndung eines solchen Verhaltens. Der Bauer erwiderte darauf:

> „Das sagen sie mir? Wissen Sie nicht, dass ich ein Staatsbürger bin und sie nur ein Staatsdiener sind?“[477].

---

474 (Anonym, Ueber das Bedürfniß einer besseren Justiz in Baiern, besonders bey den Landgerichten den Land-Ständen gewidmet, 1819, § 25).

475 (Anonym, Ueber das Bedürfniß einer besseren Justiz in Baiern, besonders bey den Landgerichten den Land-Ständen gewidmet, 1819, § 24).

476 (Anonym, Ueber das Bedürfniß einer besseren Justiz in Baiern, besonders bey den Landgerichten den Land-Ständen gewidmet, 1819, § 26).

477 (Puchta, ˜Dieœ Landgerichte in Bayern und ihre Reform: mit vergleichender Rücksicht auf das deutsche Gerichtswesen früherer Zeit, 1834, S. 71).

Dies dürfte ein klassisches Beispiel für die Stärkung des bürgerlichen Selbstbewusstseins sein, das allerdings in vielen Fällen des Zusammentreffens von Bürgerschaft und (vor allem) Unterbehörden den dortigen Geschäftsgang erheblich erschwerte.

dd. Belastung der Gerichte mit „geringfügigen Verfahren“

Für den Geschäftsgang bei den Landgerichten war ein weiteres Problem die Vielzahl an geringfügigen Verfahren. Hierunter fielen gem. 3. Kapitel § 2 und § 3 des Codex Juris Bavarici Judiciarii zivilrechtliche Streitigkeiten und es galt das sog. summarische Verfahren bis zu einem Streitwert von 50 fl.[478], unabhängig davon, ob auf Vertragserfüllung, Mängelgewährleistung oder Schadenersatz geklagt wurde[479].

In diesen geringfügigen Verfahren wurde gem. 3. Kaptiel § 3 auf die Schriftlichkeit des Verfahrens, insbesondere auf einen Schriftenwechsel der Parteien verzichtet. Die Entscheidungsfindung durch den Richter sollte in der zu protokollierenden mündlichen Verhandlung, bei Klarheit des Falles sogar ohne mündliche Verhandlung und nach Billigkeit des Richters, erfolgen. Auch das Beweisverfahren war gem. 9. Kapitel § 5 des Codex Juris Bavarici Judiciarii verkürzt. Hiernach waren lediglich kurze Beweismittel wie Urkunden, Augenschein oder ähnliche präsente Beweismittel zugelassen, die in der mündlichen Verhandlung ohne schriftliche Darlegung, welchem Zweck dieser Beweis diene, vorzubringen waren. Auf diese Weise konnte die Diskussion über den Beweis im mündlichen Termin geführt und darüber unmittelbar entschieden werden.

Einzig beim Zeugenbeweis hatte die beweisbelastete Partei gem. 10. Kapitel § 3 des Codex Juris Bavarici Judiciarii schriftlich darzulegen, welchem Beweiszweck der benannte Zeuge diene. Eine Abschrift hiervon war der Gegenpartei zu übermitteln, aber lediglich, um diese hinsichtlich des Zeugenbeweises in Kenntnis zu setzen und ihr eine Vorbereitung auf den Zeugenbeweis in der mündlichen Verhandlung zu ermöglichen und nicht, um hierzu ihrerseits schriftlich Stellung zu nehmen[480].

---

478 Zum Vergleich der Kaufkraft vgl. in dieser Arbeit den Gliederungspunkt „Übersicht über die Kaufkraft von Gulden in Bayern im 19. Jh.“.

479 (Puchta, Über das Verfahren in geringfügigen Civilrechtssachen, 1834/2, S. 319).

480 Die Inkenntnissetzung einzig zu informatorischen Zwecken und nicht zur schriftlichen Erwiderung wird ausdrücklich klargestellt im Wortlaut von 10. Kapitel § 3 des Codex Juris Bavarici Judiciarii.

Der Richter konnte gem. 10. Kapitel § 3 aE des Codex Juris Bavarici Judiciarii zwar auch von Amts wegen Zeugen verhören, dies sollte jedoch nur erfolgen, wenn deren Vernehmung im öffentlichen Interesse lag.

Auf diese Weise war beabsichtigt, bei den geringfügigen Verfahren einen gerechten Ausgleich zwischen dem Interesse der Parteien an rechtlicher Klärung und dem Interesse der Justiz an zügiger „Abwicklung" von Verfahren zu schaffen[481]. Die Diskussion im Rahmen der mündlichen Verhandlung über „präsente Beweise" ohne vorherigen Schriftverkehr zwischen den Parteien sollte eine zügige Diskussion ermöglichen. Das Bedürfnis der schriftlichen Anzeige des Zeugenbeweises und der mit diesem Beweis verbundenen Behauptung resultierte aus Gründen der „Waffengleichheit" der Parteien, da der Gegenpartei hier gerade einer Vorbereitung auf die Befragung des Zeugen ermöglicht werden sollte.

Geringfügige Verfahren mussten, trotz der vorgenannten Privilegierung bei Landgerichten oftmals mit derselben Umständlichkeit und Sorgsamkeit behandelt werden wie größere Streitwerte. Oftmals bedurften nämlich gerade die Gegenstände von geringem Streitwert der sorgfältigeren und somit zeitintensiveren Beweiserhebungen durch den Landrichter, da diese Gegenstände die Parteien lange Zeit selbst nicht sonderlich interessiert hatten und es dementsprechend an genauen Absprachen über den Vertragsinhalt und den zugehörigen Zeugen fehlte[482]. Diese Zeit fehlte den Landgerichten dann zur Behandlung bei Verfahren mit hohen Streitwerten.

Gerade bei den Untergerichten machten derartige Prozesse 2/3 bis 3/4 aller dortigen Prozesse aus, abhängig von der Dichte der Besiedelung und dem regelmäßig damit einhergehenden Prozessaufkommen des jeweiligen Landgerichtsbezirkes[483]. Die Zahl der geringfügigen Prozesse belief sich je Landgericht auf mindestens fünfhundert pro Jahr. Legte man die Geschäftszeit für die zur Bearbeitung von der Klage bis zur Vollstreckung nur mit einer Stunde an (Puchta meinte nicht unter zwei Stunden für solche Prozesse), benötigte ein Landrichter bei einer gesamten Geschäftszeit von 8 Stunden pro Tag und einer Tätigkeit von 6 Tagen die Woche auf das Jahr gesehen 1/5 seiner gesamten Arbeitszeit allein für die Abwicklung geringfügiger Verfahren[484].

---

481 (Puchta, Beiträge zur Gesetzgebung und Praxis des bürgerlichen Rechtsverfahrens, 1822, S. 313).

482 (Puchta, Beiträge zur Gesetzgebung und Praxis des bürgerlichen Rechtsverfahrens, 1822, S. 310 f).

483 (Puchta, Über das Verfahren in geringfügigen Civilrechtssachen, 1834/2, S. 311).

484 (Puchta, Über das Verfahren in geringfügigen Civilrechtssachen, 1834/2, S. 330 f).

ee. Schlechte Ausstattung der Landgerichte

Die oftmals schlechte Ausstattung der Landgerichte[485] mit Möbeln und Arbeitsmaterialien wirkte sich auch unmittelbar auf die Amtsanbefohlenen aus. Landrichter erhielten einen bestimmten Geldbetrag und Sachzuwendungen (Brennholz, Hafer für die Dienstpferde etc.) neben ihrer Besoldung[486] als Nebenbezüge. Hieraus hatten sie die Ausgaben des Landgerichts zu bestreiten, die für die Aufrechterhaltung des täglichen Geschäftsgangs erforderlich waren[487].

So kam es vor, dass Landrichter die die Sachzuwendungen auf eigene Rechnung veräußerten[488], anstatt sie ihrer eigentlichen Bestimmung zuzuführen[489]. Dies führte dann dazu, dass zu Lasten der dort wartenden Amtsanbefohlenen und des übrigen Gerichtspersonals, die Amtsstuben nicht mehr ausreichend beheizt werden konnten, es an ausreichend Kerzenlicht für die Schreiber fehlte und es an ordentlich angemischter Tinte mangelte. Die Qualität der unter solchen Voraussetzungen verfassten Arbeiten des Gerichtspersonals war dementsprechend schlecht[490].

Von den als Nebenbezüge zugewiesenen Geldbeträgen wurden zudem regelmäßig – zu Gunsten des landrichterlichen Privatgeldbeutels – nicht das entsprechend befähigte, teurere Schreiberpersonal beschäftigt, sondern finanziell genügsamere Personen von schlechtem Leumund[491]. Diese waren aus naheliegenden Gründen eher der Bestechlichkeit zugänglich und mussten regelmäßig von den Nebenbeamten erst noch angelernt werden. Das alles wiederum verzögerte den gesamten Geschäftsgang zu Lasten der Amtsanbefohlenen[492].

Ähnlich verhielt es sich bei der Ausstattung mit Möbeln und Gerätschaften, die auf Staatskosten für die Landgerichte erworben werden sollten. Dies dauerte oftmals mehrere Monate und bedurfte sowohl der Genehmigung durch das Zentralrechnungskommissariat als auch des jeweiligen Rentamtes[493].

So konnte es durchaus vorkommen, dass der Geschäftsgang eines Landgerichts allein dadurch erheblich verlangsamt wurde, weil das nötige Büroinventar fehlte.

---

485 (Schuster, 1926, S. 273.

486 Vgl. hierzu in dieser Arbeit „Besoldung des Landrichters".

487 (Hellmuth, 1854, S. 118 Nr. III.

488 (Koellenberger, 1822, S. 87).

489 (Schuster, 1926, S. 273).

490 (Koellenberger, 1822, S. 64 f).

491 (Schuster, 1926, S. 273).

492 (Schuster, 1926, S. 273).

493 Instruktion betreffend die Bureaurequisiten der Landgerichte und äußeren Rentämter in Döllinger, Abteilung XVIII., § 1924.

Zu diesem von der Regierung zur Verfügung gestellten, „nötigen Inventar" zählte ohnehin nur das Nötigste, nämlich Schreibtische, Stehpulte, Stühle (nicht über sechs Stück[494]), Registraturkästen oder Kassen[495]. Den Rest hatte der Landrichter von seinen Nebenbezüge zu bezahlen. Erst im Laufe der Jahre wurden den Landgerichten auf Staatskosten, insbesondere um einen einheitlichen Geschäftsgang unabhängig vom Etat des Landrichters zu ermöglichen, auch Amtsschilder, Tafeln, Siegelpressen, Amtssiegel, Schränke, Bänke für das Wartezimmer, Rahmen für die aufzuhängenden Bilder seiner Majestät und sonstige Gegenstände für den täglichen Geschäftsgang (beispielsweise Kruzifixe für die Eidesabnahme) gestellt[496]. Wenn man sich die Notwendigkeit solcher „Ergänzungen", vor Augen führt, kann man sich sehr wohl den von mangelnder Ausstattung gezeichneten täglichen Geschäftsgang bei manchen Landgerichten vorstellen.

b. Fazit

Die Gründe für die Probleme im täglichen Geschäftsgang zwischen dem Landrichter und den Amtsanbefohlenen waren vielschichtig. Die vorhergehenden Ausführungen vermögen, soweit die alltäglichen Schwierigkeiten überhaupt in der einschlägigen Literatur ihren Niederschlag gefunden haben, nur einen kleinen Abriss über den Zustand des alltäglichen Geschäftsgangs bei den Landgerichten zu geben. Übereinstimmend wird aber in der praxisbezogenen Literatur sowohl die fehlende Bildung und Einfachheit der Landbevölkerung als Grund für die Schwerfälligkeit des alltäglichen Geschäftsgangs angeführt als auch die starken Vorbehalte der Landbevölkerung gegenüber dem Beamtentum insgesamt. Ursachen hierfür waren die allgemein verbreitete Korruption und auch das immer stärker werdende bürgerliche Selbstbewusstsein.

Schlussendlich waren die lange Verfahrensdauer infolge der Vielzahl von Verfahren und die fehlenden Personalkapazitäten zu deren Bewältigung die wohl entscheidenden Gründe für die fortwährende Kritik an der Untergerichtsbarkeit auf dem Lande. Dies trat bei den Landgerichten besonders zu Tage, da diese für die Landbevölkerung erster Ansprechpartner in jeder Lebenssituation waren, in

---

494 Instruktion betreffend die Bureaurequisiten der Landgerichte und äußeren Rentämter in Döllinger, Abteilung XVIII., § 1924 Nr. 1.

495 (Schuster, 1926, S. 275).

496 Instruktion betreffend die Bureaurequisiten der Landgerichte und äußeren Rentämter in Döllinger, Abteilung XXXII., S. 457.

der es zu einem Zusammentreffen zwischen Staat und Bürger kam, sei es auf Justiz- oder Verwaltungsebene[497].

Die Landgerichte konnten jedoch oftmals im Tagesgeschäft die von der Landbevölkerung an sie zu Recht oder zu Unrecht gesetzten Erwartungen nur unzureichend erfüllen[498].

3. Advokaten bei den Landgerichten

Nach der Verordnung vom 28. Juli 1781 wurde früher in Bayern bei den Rechtsanwälten zwischen Advokaten und Prokuratoren[499]unterschieden. Es bestand bei beiden lediglich ein unterschiedlich ausgedehnter Geschäftskreis. Advokaten durften bei allen Gerichtsbehörden praktizieren, Prokuratoren nur in denen ihnen zugewiesenen Stadt- und Landgerichtsbezirken[500]. Die meisten streitigen Verfahren bei den Landgerichten fanden jedoch ohne Beiziehung eines Rechtsanwalts statt[501].

Die Vorschriften für Advokaten zeigten durchwegs ein hohes Maß an Misstrauen gegenüber diesem Berufsstand[502]. Dies mag vor allem daran gelegen haben, dass sie zwar einerseits ein wichtiger Bestandteil des Justizverfahrens[503] waren, es sich bei ihnen anderseits um keine Staatsdiener handelte. Diese Eigenschaft wurde ihnen weder durch die Verfassung noch durch sonstige Gesetze zugewiesen, darüber hinaus diente ihre Tätigkeit unmittelbar den Parteien und nicht dem Staat[504].

Für jeden Landgerichtsbezirk wurde zwar nur eine bestimmte Anzahl von Advokaten zugelassen, die jedoch unabhängig vom Ort ihrer Zulassung im gesamten

497 (Hornthal, 1837, S. 49).

498 (Pelkhoven, 1811, S. 36 ff).

499 Zur Geschichte der Advokatur (Weißler, 1905, S. 93–331).

500 § 5 des 2. Kapitels der Gerichtsordnung und (Stürzer, 1838, S. 249 und (Weißler, 1905, S. 178).

501 (Puchta, ˜Dieœ Landgerichte in Bayern und ihre Reform: mit vergleichender Rücksicht auf das deutsche Gerichtswesen früherer Zeit, 1834, S. 16), – Anwaltszwang gab es bei den Landgerichten nicht, (Moritz, 1837, S. 153).

502 In der schlechten Beleumundung des Advokaten wird von Edelkötter gar die Änderung der Bezeichnung zu „Rechtsanwalt“ gesehen (Edelkötter, 2005, S. 3).

503 Bereits in der ersten Verordnung bzgl. der Landgerichte vom 24. März 1802 im Churpfalzbaierischem Reg. Bl. 1802, S. 255, wird in § 8 das Recht der Amtsanbefohlenen auf Beiziehung eines Prokurators/Advokaten manifestiert.

504 (Stürzer, 1838, S. 258).

Königreich praktizieren durften[505]. Bei sämtlichen Landgerichten im Königreich gab es 1819 mehr als 400 Advokaten[506]. Ihr Geschäftskreis umfasste Justiz- und administrative Gegenstände[507]. Die Ernennung zum Advokaten erfolgte nach Prüfung durch die örtlich zuständige Landesdirektion[508] durch die Eintragung des Ernannten in die Matrikel der Advokaten sowie durch die gewöhnliche Bekanntmachung dieser Ernennungen im Regierungsblatt[509].

Die Pflichten und Rechte der Advokaten mitsamt der im Fall des Missachtens fälligen Sanktionen richteten sich nach der Advokatenordnung aus dem Jahr 1769[510], der Hofratsordnung von 1779 (samt der hierzu erlassenen Generalverordnung vom 16. August 1779) und den in der Folgezeit ergänzend ergangen Instruktionen und Verordnungen.

Die Disziplinarvorschriften für Advokaten im Königreich Bayern vom 23. März 1813[511] fassten die früheren Vorschriften nochmals zusammen und präzisierten diese. Die Advokaten waren hiernach öffentliche Berufsträger, von denen es abhing, dem Richter das Amt durch richtige Behandlung der ihnen übertragenen Geschäfte zu erleichtern, indem sie die Rechtspflege förderten und an der gütlichen Einigung der Parteien mitwirkten[512].

Bereits hier zeigt sich, wie an vielen anderen Stellen der Advokatenordnung, dass den Advokaten eine Art Zwitterstellung zukam. Einerseits waren sie ihrer Mandantschaft unter Zurverfügungstellung ihrer Expertise verpflichtet[513], andererseits war es ihre Aufgabe, unter Strafe bei Nichtbeachtung[514] den Gerichten Gehorsam entgegenzubringen und das Gerichtsverfahren zu beschleunigen.

Vor allem die Beschleunigung des Verfahrens durch die Advokaten war ein wichtiger Punkt in allen Verordnungen. So betrafen bei der Advokatenordnung von 1769 acht von 27 Paragraphen die durch Advokaten verursachten Prozessverzögerungen bzw. deren Sanktionierung. Nach § 2 der Disziplinarvorschrift

---

505 (Stürzer, 1838, S. 249).

506 (Anonym, Ueber das Bedürfniß einer besseren Justiz in Baiern, besonders bey den Landgerichten den Land-Ständen gewidmet, 1819, § 11).

507 (Reigersberg, 1820, S. 68).

508 § 8 der Verordnung vom 24. März 1802 Nr. 10 in Churpfalzbaierischem Reg. Bl. 1802, S. 255.

509 (Wendt, 1835, S. 22).

510 Generaliensammlung v. 1771, S. 54.

511 Reg. Bl. 1813, S. 425–437.

512 Einführung in Reg. Bl. 1813, S. 425.

513 Reg. Bl. 1813, S. 425 § 1.

514 Vgl. § 1 der Advokatenordnung von 1769 in Döllinger, Abteilung XVIII § 1193.

für Advokaten von 1813[515] beginnt die Pflicht der Verfahrensbeschleunigung schon mit Mandatierung des Advokaten durch den Klienten. Er hatte hiernach spätestens nach acht Tagen Klage beim zuständigen Gericht zu erheben, sich hierbei aber gem. § 9 unter Androhung von Verweis, Geldstrafe oder gar Arrest, weitläufiger und unrichtiger Ausführungen zu enthalten und keine mutwilligen Fristverlängerungen herbeizuführen. Durch die Novelle vom 17. November 1837 wurden ab diesem Zeitpunkt bereits im Falle eines unbegründeten Gesuchs auf Fristverlängerung Strafen für Advokaten von bis zu 10fl, im Wiederholungsfalle sogar die Strafe für Ungehorsam[516], erhoben.

Um die Beschleunigung der Verfahren gerecht zu ermöglichen, hatten Advokaten eine mehr als dreitägige Abwesenheit vom Wohnort dem unmittelbar vorgesetzten Landgericht anzuzeigen und darzulegen, wie in ihrer Abwesenheit die Vertretung der Interessen ihrer Mandanten gewährleistet sei[517].

Ein Advokat hatte dabei die Pflicht, das Mandat für eine Partei, sei es aufgrund deren Ansuchen oder kraft Übertragung von Amts wegen, zu übernehmen, sofern dieser Annahme keine rechtlichen Gründe entgegenstanden. Als rechtliche Gründe, die eine Weigerung der Mandatsübernahme rechtfertigten, galten Verfahren

- gegen nahe Verwandte des Advokaten;
- gegen den Lehensherren;
- von ausländischen Parteien zum Nachteil des inländischen Fiskus;
- die der Advokat aus erheblichen Gründen für ungerecht erachtete[518].

Die Pflicht der Advokaten zur Mandatsübernahme bestand unabhängig von der Solvenz des Mandanten. § 2 der Disziplinarvorschrift für Advokaten stellte ausdrücklich klar, dass die Mandatsübernahme ohne Weigerung „besonders wenn sie Arme betreffen" zu erfolgen hatte. In derartigen Fällen hatte die Mandatsübernahme unentgeltlich zu erfolgen[519]. Es gab daher immer wieder Versuche von Advokaten, derartige Armenanwaltschaften[520] zu reduzieren bzw. zumindest einen Teil der Kosten zu erlangen. So erhoben beispielsweise die Advokaten von

515 Reg. Bl. 1813, S. 425 § 2.
516 Disziplinarstrafen in Reg. Bl. 1822, S. 85.
517 Reg. Bl. 1811, S. 666 und Disziplinarvorschrift für Advokaten im Königreich Bayern § 3.
518 (Stürzer, 1838, S. 254).
519 (Reigersberg, 1820, S. 75).
520 Zur Geschichte des Armenrechts(Oestmann, Handwörterbuch zur deutschen Rechtsgeschichte; zum Armenrecht, S. 300 f).

Nürnberg Beschwerde bei der zuständigen Kreisregierung mit den Anträgen, dass

1. das Vermittlungsamt des Verwaltungsmagistrats der Stadt Nürnberg im Vorfeld der Vergabe einer Armenanwaltschaft prüfe, unter welchen Voraussetzungen und ob der Rechtsstreit durch die betreffende Partei mutwillig betrieben werde;
2. eine Überprüfung der Armenverhältnisse zuvor erfolge und belegt werde;
3. die Hälfte der Advokaten- und Gerichtsgebühren auf die reichen städtischen Wohltätigkeitsstiftungen und Armenkassen umgelegt werde.

Dieser Antrag wurde damit verbeschieden, dass

1. die Entscheidung über die Mutwilligkeit eines Rechtsstreits eine Frage der Justizgerichtsbarkeit sei und damit nicht in den Wirkungskreis des Verwaltungsmagistrats falle und der Antrag insoweit zurückgewiesen werde;
2. dieser Antrag, der bereits an die Kreisregierungen ergangen sei, der Instruktion entspreche, und eine Überprüfung der Armeneigenschaft daher wie von der Advokatur beantragt erfolgen müsse (insoweit wurde dem Antrag also stattgegeben);
3. weder das Gemeindeedikt von 1818, noch die Armengesetze von 1816 eine derartige anteilige Umverteilung der Gerichts- und Advokatskosten vorsähen und daher auch dieser Antrag zurückgewiesen werden müsse[521].

Beim ersten Antrag wäre die Entscheidung wohl, falls er statt des Zuständigkeitsbereichs eines Stadtgerichts den eines Landgerichts betroffen hätte, anders ausgefallen. Zum Zuständigkeitsbereich des Landgerichts gehörten sowohl Justiz als auch Verwaltung und daher wäre die Frage der Mutwilligkeit eines Rechtsstreits bereits vor Übertragung auf einen Advokaten durch den Landrichter entschieden worden. Denn hätte der Landrichter diese Erwägungen nicht schon im Vorfeld als Verwaltungsbeamter getätigt, wäre er mit ihnen spätestens im Verfahren als Richter konfrontiert worden.

Letztlich zeigen jedoch die Vorschriften der Staatsregierung über Armenanwaltschaften ebenso wie dieses Beispiel aus Nürnberg, dass es in Übereinstimmung mit Titel IV. § 8 der Verfassungsurkunde von 1818 ein klares Bestreben gab, jedem Einwohner die Sicherung seiner Rechte unabhängig vom Vermögen zu ermöglichen.

---

521 Beschwerde der Advokaten von Nürnberg wegen Belästigung mit Armenanwaltschaften, samt Entscheidung hierüber in Döllinger, Abteilung XVIII, § 1216.

Im Fall eines nicht verarmten Mandanten hatte der Advokat ein Anrecht auf ein von diesem zu bezahlendes Honorar nach Beendigung des Prozesses. Dieses Honorar hing gem. § 6 der Disziplinarordnung für Advokaten von der einheitlich festgesetzten Taxordnung des jeweiligen Regierungskreises ab.

So fiel beispielsweise für jeden durch einen Advokaten ordentlich geschriebenen Bogen im Rahmen einer schriftlichen Verhandlung (exklusive der gerichtlich anfallenden Stempel- und Schreibgebühr) die Gebühr von 1fl. 30kr. an, in schweren und wichtigen Sachen gar 2fl. pro Bogen. Schreiben an die Mandantschaft schlugen mit 24kr. zuzüglich 1fl. 30kr. pro geschriebenem Bogen, und das Ausfüllen der Vollmacht zu Beginn des Mandats mit 30kr. zu Buche.

Als Informationsgebühren konnte der Advokat pro Rechtsfall einen Betrag von 2fl, in wichtigen Gegenständen maximal 4fl. berechnen. Hinzu kam pro Gang zu Gericht außerhalb der Verhandlungen eine Gebühr von maximal 45kr.

An Tagen der mündlichen Verhandlung erhielt ein Advokat darüber hinaus einen Tagessatz von 3fl. und einen Halbtagessatz von 1fl. 30kr sowie weitere 45kr. für sein Erscheinen vor Gericht bei Urteilsverkündung.

Für Reisekosten konnten neben den Kosten für das Gefährt täglich 5fl in Ansatz gebracht werden[522].

Unabhängig vom Vorliegen einer Taxordnung hatte der Advokat binnen acht Tagen beim zuständigen Landgericht ein Kostenverzeichnis zur Darlegung der Honorarberechnung einzureichen. Dieses Kostenverzeichnis wurde dann von dem Landgericht auf seine Angemessenheit überprüft[523].

Bei Fehlen einer Taxordnung waren maßgebliche Indikatoren für die Angemessenheit des Honorars neben der Anzahl der geschrieben Papierbögen, die Menge der Vorarbeiten für ein Verfahren, die Komplexität des Streitgegenstandes sowie dessen rechtlicher Umfang und die Qualität der Bearbeitung durch den Advokaten[524].

Die Zahlung eines angemessenen Vorschusses konnte in jedem Fall verlangt werden, dieser musste jedoch ebenfalls unverzüglich dem zuständigen Landgericht angezeigt werden. War der durch Vorschuss angesetzte Betrag nach Einreichung des abschließenden Kostenverzeichnisses durch das prüfende Landgericht für zu hoch erachtet worden, war dieser Überschuss von dem Advokaten an den Mandanten zurückzuzahlen. Falls dieser das aber nicht verlangte,

---

522 Taxordnung für die Advokaten des Rezatkreises in Döllinger, Abteilung XVIII, § 1232.

523 (Stürzer, 1838, S. 256).

524 Disziplinarvorschrift für Advokaten im Königreich Bayern, Reg. Bl. 1813 S. 429 f.

wurde der Überschuss zu Gunsten der Pensionsanstalt der Witwen und Waisen von Advokaten hinterlegt[525].

Es war den Advokaten zudem untersagt, ein prozentuales oder ein sonstiges Erfolgshonorar für den Fall des Obsiegens im Prozess zu verlangen[526]. Es war ihnen jedoch gestattet, gem. § 8 der Disziplinarordnung für Advokaten nach Beendigung des Prozesses von den Mandaten freiwillige Geschenke anzunehmen. Solange der Advokat das Honorar nicht erhalten hatte, hatte er das Recht, die Prozessakten von der Mandantschaft zurückzubehalten[527].

Gem. § 12 Disziplinarvorschrift für Advokaten hafteten diese den Mandanten für jeden, auch einen nur fährlässig zugefügten Nachteil. Dies galt unabhängig etwaiger Disziplinarstrafen. Die Disziplinierung der Advokatur erfolgte mangels eigener Standesorganisation durch die Gerichte[528].

Disziplinarstrafen gegen Advokaten wurden, neben solchen wegen ungebührlichen Verhaltens vor Gericht (§ 9 und § 12 Disziplinarvorschriften für Advokaten), insbesondere für Verhalten, das das gerichtliche Verfahren behinderte oder den Mandanten belastete, ausgesprochen.

So gab es Disziplinarstrafen zum Schutz des gerichtlichen Verfahrens für nicht ordnungsgemäße Schriftsätze (§ 5 Disziplinarvorschriften), prozessverzögernde Handlungen (§ 11 Disziplinarvorschriften), aber auch für die mutwillige Erhebung einer Appellation (§ 10 Disziplinarvorschriften), „Verteidigung offensichtlich ungerechter Sachen" und „Verführung der Parteien zu Streitsucht" (§ 11 Disziplinarvorschriften).

Zum Schutz des Mandanten dienten Disziplinarstrafen wegen unangemeldeten Entfernens vom Wohnsitz (§ 3 Disziplinarvorschriften), wegen unangemessenen Honorars, das über Kostenverzeichnisse durch Gerichte geprüft wurde (s.o.) (§ 6 Disziplinarvorschriften), und wegen Schädigung des Mandanten (§ 10 Disziplinarvorschriften).

Disziplinarstrafen konnten in Form von Verweis, Geldstrafe oder Haft (bei Mittellosigkeit des Advokaten oder im Wiederholungsfall) bis hin zu Suspendierung von der Advokatur in besonders schweren Fällen verhängt werden (§ 9 und 10 Disziplinarvorschriften).

---

525 Disziplinarvorschrift für Advokaten im Königreich Bayern § 9, Reg. Bl. 1813, S. 425.

526 (Stürzer, 1838, S. 255).

527 (Stürzer, 1838, S. 255).

528 Die Organisation der Anwaltschaft in Kammern erfolgt Verkündung der Rechtsanwaltsordnung zum 1. Oktober 1879 im ReichsgesetzBl. 1887, Nr. 23 (Baatz, 2008, S. 190–195).

Die Untergerichte konnten jedoch nur Geldstrafen bis 25fl. verhängen und mussten in den Fällen, in denen eine höhere Strafe für angemessen erachtet wurde, den Sachverhalt dem vorgesetzten Appellationsgericht vorbringen und diesem die Entscheidung hierüber überlassen (§ 12 Disziplinarvorschriften). Das Disziplinarverfahren gegen Advokaten lief summarisch, also „ohne alle Weitläufigkeit und ohne Einleitung eines Inquisitionsprozesses", ab[529].

Alle Disziplinarstrafen, außer den Verweis und Geldstrafen von unter 25fl., konnte ein Advokat vom nächsthöheren Gericht überprüfen lassen, wenn das Überprüfungsgesuch dem entscheidenden Richter binnen drei Tagen nach Verhängung der Strafe schriftlich angezeigt und die dazugehörige Überprüfungsschrift bei diesem Richter binnen 14 Tagen nach Verhängung der Strafe eingereicht wurde. Eine Fristverlängerung war in diesem Überprüfungsverfahren nicht möglich, der Oberrichter hatte allenfalls nach Billigkeit bestimmte Umstände zu berücksichtigen[530].

Die Geldstrafen für Advokaten sollen in vielen Fällen ihre Wirkung verfehlt haben, da diese Strafgelder oftmals von den Mandanten bezahlt wurden. So wurde vereinzelt gefordert, dass zusätzlich zu jedem Gulden Geldstrafe noch ein Arresttag für den Advokaten hinzugefügt werden sollte[531].

Eine statistische Kontrolle eines jeden Advokaten im Gerichtsbezirk sollte durch die jährlichen von den Untergerichten zu erstellenden Qualifikationstabellen für Advokaten erfolgen, in denen den Oberappellationsgerichten über deren Disziplinarstrafen, wissenschaftliche Bildung, Fleiß, Benehmen, Prozessverhalten und sittliches Betragen berichtet wurde[532].

Abschließend ist zu sagen, dass Advokaten, wie sich aus den oben angeführten Vorschriften, aber auch aus zeitgenössischen Schriften ergibt, einen eher schlechten Ruf hatten[533]. Dies zeigt sich an den umfangreichen Disziplinierungsvorschriften für Advokaten, durch die verhindert werden sollte, dass diese gerichtliche Verfahren behindern oder verzögern konnten. Die geringe Reputation

---

529 Disziplinarvorschriften für Advokaten im Königreich Bayern in Reg. Bl. 1813, S. 435.

530 Disziplinarvorschriften für Advokaten im Königreich Bayern in Reg. Bl. 1813, S. 435 f.

531 (Anonym, Ueber das Bedürfniß einer besseren Justiz in Baiern, besonders bey den Landgerichten den Land-Ständen gewidmet, 1819, S. 18 f).

532 Disziplinarvorschriften für Advokaten im Königreich Bayern in Reg. Bl. 1813, S. 435 f mit zugehöriger Tabelle in Döllinger, Abteilung XVIII, § 1242 aE.

533 (Anonym, Ueber das Bedürfniß einer besseren Justiz in Baiern, besonders bey den Landgerichten den Land-Ständen gewidmet, 1819, § 11, 12 und 15) und keine Vermietung an „solche Geschäftsmänner" (Anonym, Ueber die bevorstehende Verkleinerung der Landgerichte in Bayern, 1834, S. 31).

der Advokaten ist auch an der fast schon bevormundenden Kontrolle ihrer Abrechnungen durch die Gerichte, und dies vor Rechnungsstellung gegenüber der eigenen Mandantschaft zu erkennen. Diese Regelungen dienten sicher dem Schutz der Amtsanbefohlenen vor Gebührenüberhöhungen durch die Advokaten, bargen allerdings auch die Gefahr der Unterdrückung der Anwaltschaft, da sich Gerichte und Advokaten immer „zweimal" sahen und ein Richter einem ihm „unangenehmen" Advokaten spätestens bei der Kontrolle der Gebührenrechnung finanziellen Schaden zufügen konnte. Gerade diese Maßnahme, die eigentlich dem Schutz der Amtsanbefohlenen dienen sollte, könnte andererseits deren anwaltliche Interessenvertretung im Verfahren gefährdet haben.

Darüber hinaus dürfte es für einen verbeamteten Richter schwer gewesen sein, den Arbeitsaufwand eines Advokaten in einem Verfahren abzuschätzen und die „Angemessenheit" einer Vergütung vollumfänglich zu beurteilen. Denn gerade ein nicht-verbeamteter Advokat hatte neben dem konkreten laufenden Verfahren eine Vielzahl von Kostenfaktoren (insbesondere Honorarausfälle, sei es aufgrund Zahlungsunwilligkeit von Mandanten, eigener Krankheit oder auch reduzierten Mandatsaufkommens), die ein Richter wohl nur schwerlich überblicken konnte.

In der praxisbezogenen Literatur war man sich aber durchaus bewusst, dass es keine ausreichende Rechtspflege ohne Advokaten geben konnte[534]. Zwar hätte der Richter die Möglichkeit gehabt, zusätzlich zu seinen sonstigen Aufgaben die rechtsunkundigen Parteien unter Wahrung seiner Neutralität im Prozess zu begleiten, er wäre dabei aber unweigerlich mit dem von ihm geleisteten bayerischen Richtereid in Konflikt geraten[535]. Zudem hätte dies eine weitere Geschäftskreiserweiterung bei den Landgerichten bedeutet, die sich in einer noch längeren Verfahrensdauer niedergeschlagen hätte[536].

534 (Stürzer, 1838, S. 261 f).

535 „keinem von beiden Teilen zu raten" in Kapitel 2 § 2 der bayerischen Gerichtsordnung.

536 (Anonym, Ueber die bevorstehende Verkleinerung der Landgerichte in Bayern, 1834, S. 32.

4. Kontrolle des Geschäftsganges durch die höheren Behörden

a. Allgemeine Kontrolle

Grundsätzlich hatten die Oberbehörden die Kompetenzen der Unterbehörden, vorbehaltlich Beschwerde und Rügerecht[537], in Bezug auf unmittelbaren Vollzug von Gesetzen und Verordnungen in keiner Weise zu schmälern[538].

aa. Horizontale Kontrolle

Im Jahr 1802 ordnete die Regierung vierteljährliche gegenseitige Kontrollen von Landgericht und Rentamt in jedem Landgerichtsbezirk an. Das Landgericht nahm eine Kassen- und Materialprüfung beim Rentamt vor, und dieses hatte im Gegenzug die Verhörs-, Briefs- und Inventursprotokolle mit den jeweiligen Sportel-, Straf- und Monatsverzeichnissen zu vergleichen. Diese Vergleichsprotokolle wurden im Anschluss an die Kreisregierung gesandt.

Beabsichtigt war damit eine Überprüfung des jeweiligen Geschäftsganges der Behörden bereits auf unterster Ebene, weil diese ohnehin mit dem Geschäftsgang der jeweils anderen Behörde vertraut waren. Bei diesen Kontrollen handelte es sich jedoch oftmals um unsauber geführte Scheinkontrollen, so dass diese ihren Zweck mehr schlecht als recht erfüllten[539].

bb. Vertikale Kontrolle auf der Grundlage von Tabellen und Dokumentationen

Die Landgerichte hatten außerdem den Oberbehörden über den landgerichtlichen Geschäftsgang in bestimmten Zeitabschnitten tabellarisch Bericht zu erstatten[540]. Es erfolgte aber keine inhaltliche Überprüfung der Verfahren, sondern lediglich der formale Geschäftsgang, und hierbei insbesondere die Geschäftsmenge wurden überprüft.

Die Prüfung des formalen Geschäftsgangs und der Aufgabenerfüllung durch die jeweiligen Oberbehörden erfolgte anhand von Daten, welche die Landgerichte erstellt hatten[541]. Ein Prüfung des Gerichtspersonals erfolgte in ähnlicher Weise über sogenannte Qualifikationsanzeigen, die jährlich (seit 26. Juni und 6. Juli

537 Im Rahmen des Instanzenzugs, denn auch hierbei wird die Rechts- und Geschäftsbehandlung der Vorinstanz geprüft.

538 Allgemeines Intelligenzblatt des Königreichs Bayern 1825, S. 1060.

539 Döllinger, Abteilung XVIII., S. 355 und (Schuster, 1926, S. 274.

540 (Buchinger, 1827, S. 40 f.

541 (Reingruber, Ueber den Wirkungskreis eines Landgerichts im Königreiche Baiern, Bd. 1, 1814, S. 111).

1819 aber nur noch alle fünf Jahre[542]) jeder Richter über seine Justizbediensteten zu erstellen und an die Kreisregierungen einzusenden hatte.

Die Qualifikationsanzeigen für die Landrichter erstellte das jeweilige Appellationsgericht[543]. Auf diese Weise sollte der Geschäftsgang der Landgerichte und die Aufgabenerfüllung des Landgerichtspersonals durch die jeweils zuständige Oberbehörde überprüft werden. Hier kam es zwar auch zu einer Beurteilung der Fähigkeiten und Kenntnisse der jeweiligen Person, letztlich wurden jedoch hauptsächlich subjektive Einschätzungen des Vorgesetzten hinsichtlich etwa der Geschäftsgewandtheit, des Fleißes, der Vortragsgabe und des sittlichen Betragens weitergegeben[544].

Die zur Überprüfung der verfassten Tabellen berufenen Oberbehörden waren für den größten Teil der landgerichtlichen Amtssphäre die jeweiligen Kreisregierungen. Für das Sportelwesen, die Quartalsabrechnungen samt Belegen und die sonstigen, die Finanzen betreffenden Gegenstände war die Finanzdirektion als Oberbehörde zuständig. Die Kontrolle des Geschäftsgangs in der Justiz oblag Appellationsgericht und Oberappellationsgericht.

Die Untersuchung des Geschäftsgangs erfolgte durch Einsichtnahme in die eingereichten Tabellen[545], um zu prüfen, ob und inwiefern der jeweilige Landrichter den ihm zugewiesenen Geschäftskreis bearbeitet und bereits früher bemängelte Probleme abgestellt hatte[546].

Auch eine Kontrolle der Arbeit der am Geschäftsgang beteiligten subordinierten Assessoren und Aktuare erfolgte hierbei, da diese ihre Tabellen mit einem „concepit" Vermerk mitsamt ihrem Namen zu versehen hatten[547]. Auf diese Weise konnte die Oberbehörde prüfen, ob die Tabellen richtig und durch die zuständige Gerichtsperson erstellt worden war. Dies gab den Oberbehörden auch Aufschluss, auf welche Weise der Landrichter die Geschäftsgegenstände auf die ihm subordinierten Gehilfen verteilte, ob er ausreichend Personal am

542 (Reigersberg, 1820, S. 12).
543 (Reigersberg, 1820, S. 11).
544 (Reigersberg, 1820, S. 1)1.
545 Damit ging stehts die Gefahr des Frisierens der Tabellen durch das jeweilige Landgericht einher (Koellenberger, 1822, S. 25–27).
546 (Reingruber, Ueber den Wirkungskreis eines Landgerichts im Königreiche Baiern, Bd. 2, 1814, S. 587 f).
547 (Schuster, 1926, S. 273).

Landgericht beschäftigte und ob dieses Personal die nötigen Eigenschaften für einen ordentlichen Geschäftsgang hatte[548].

Allerdings war auch die Geschäftsgangkontrolle anhand von tabellarischen Daten, zusätzlich zur gegenseitigen Kontrolle von Landgericht und Rentamt, nicht unumstritten. So wurde kritisiert, dass die Erstellung der Tabellen ohnehin nicht durch den Landrichter selbst, sondern durch von ihm beauftragtes Personal, in der Regel durch die Assessoren, erfolgte, und der eigentlich Kontrollzweck damit konterkariert werde. Ferner sei aus den beim Landgericht erstellten Tabellen über den Geschäftsgang zwar der Geschäftsgang als solcher ersichtlich, nicht aber die damit verbunden Probleme[549].

Diese Kritik war, insbesondere mit Blick auf den Umfang der zu erstellenden Tabellen, nicht aus der Luft gegriffen. Pro Jahr hatte jedes Landgericht insgesamt 590 unterschiedliche Tabellen, je nach Geschäftsgegenstand wöchentlich, monatlich, vierteljährlich, halbjährlich und jährlich an die übergeordneten Behörden zur Kontrolle des Geschäftsgangs zu übersenden[550].

Ob auf Basis dieser riesigen Datenmenge eine effektive Kontrolle des Geschäftsgangs bei einem Landgericht durch die Oberbehörde erfolgen konnte, erscheint mehr als fraglich[551].

cc. Vertikale Kontrolle durch Amtsvisitationen

Über die Kontrolle des Geschäftsganges der Landgerichte mittels Tabellen hinaus, hatten die Oberbehörden die Möglichkeit, eine Prüfung des Geschäftsgangs vor Ort durch Visitationen bei den Landgerichten vorzunehmen[552]. Diese waren einerseits nötig, da die tabellarischen Berichte oft nur einseitig verfasst waren, ihre Erstellung keiner eigenen Kontrolle unterlag und sie somit geschönt werden konnten[553], anderseits waren die Visitationen auch zweckmäßig, weil sie

548 (Reingruber, Ueber den Wirkungskreis eines Landgerichts im Königreiche Baiern, Bd. 2, 1814, S. 587 f).

549 (Anonym, Ueber das Bedürfniß einer besseren Justiz in Baiern, besonders bey den Landgerichten den Land-Ständen gewidmet, 1819, § 28).

550 Vgl. hierzu im Einzelnen die Tabellen zu den jeweiligen Geschäftsgegenständen (Buchinger, 1827, S. 42 ff).

551 (Weber, 1817, S. 131).

552 hierzu im Einzelnen in dieser Arbeit für jeden Geschäftskreis unter „Kontrolle durch höhere Behörde".

553 (Reigersberg, 1820, S. 39).

für die Oberbehörden die einzige Möglichkeit waren, den „inneren Zustand“ der Landgerichte kennen zu lernen[554].

Die Visitationen erfolgten durch die jeweiligen Mittelbehörden[555] bei zweien der jeweils im Kreis untergeordneten Landgerichte pro Jahr. Durchgeführt wurde die Visitation durch einen Appellationsrat (sog. Untersuchungskommissar) unter Hinzuziehung eines Aktuars, wobei die tabellarischen Geschäftsanzeigen mit den beim Landgericht vorhandenen Akten abgeglichen wurden. Darüber hinaus erfolgte eine Überprüfung des Zustands im Hypotheken-, Verbriefungs- und Depositenwesen sowie der Registratur und der sonstigen Geschäftsbereiche, die nur unregelmäßig einer Kontrolle unterfielen[556]. Vor allem die Registratur[557] und die freiwillige Gerichtsbarkeit[558] wurden besonders genau untersucht, da diese wichtigen Bereiche nicht, wie die der Kriminaljustiz in jedem Fall und die der Zivilgerichtsbarkeit im Falle einer Berufung, einer regelmäßigen Kontrolle durch das Appellationsgericht unterlagen.

Auch bei diesen bürokratischen und zeitaufwendigen Kontrollverfahren gab es an der Art und Weise der Durchführung der Visitationen zum Teil nicht unerhebliche Kritik. Zum einen seien die Visitationen acht Tage[559] vorher beim jeweiligen betroffenen Landgericht angezeigt worden und hätten damit gänzlich ihre Wirksamkeit verfehlt[560]. Auch sei die Entscheidung, welches konkrete Landgericht visitiert würde, rein zufällig getroffen worden und nicht nach der Menge der Beschwerdeanzeigen durch Amtsanbefohlene. Dies wäre aber wohl der einzig verlässliche Indikator für die Notwendigkeit einer Visitation gewesen[561]. Zum anderen sei eine gründliche Visitation aufgrund der schieren Aktenmenge schon allein aus Zeitgründen gar nicht möglich gewesen, zumal sich der Visitator erst

---

554 (Weber, 1817, S. 132).

555 (Anonym, Ueber das Bedürfniß einer besseren Justiz in Baiern, besonders bey den Landgerichten den Land-Ständen gewidmet, 1819, § 29).

556 (Reigersberg, 1820, S. 42).

557 (Reingruber, Ueber den Wirkungskreis eines Landgerichts im Königreiche Baiern, Bd. 2, 1814, S. 588 Nr. 4).

558 (Reigersberg, 1820, S. 40).

559 Dagegen spricht Justizminister Reigersberg von unangekündigten Visitationen(Reigersberg, 1820, S. 40).

560 (Anonym, Ueber das Bedürfniß einer besseren Justiz in Baiern, besonders bey den Landgerichten den Land-Ständen gewidmet, 1819, § 30).

561 Entsprechende Forderung durch Puchta(Puchta, Der Dienst der deutschen Justizämter oder Einzelrichter, 1829, S. 211 f).

in das jeweilige Geschäftsfeld hätte einarbeiten müssen, um Fehler in den Amtsgeschäften entdecken zu können[562].

Letztlich waren aber die Visitationen selbst nach Meinung ihrer Kritiker das wohl wirksamste Mittel zur Einhaltung und Überprüfung der Geschäftsordnung. Im Übrigen waren die Amtsvisitationen für den Landrichter nicht immer zwingend ein Übel, sondern vielmehr auch eine Möglichkeit, sich durch hervorragende Amtsführung bei dem prüfenden Appellationsgericht zu empfehlen. Etwaige Verleumdungen von dritter Seite, die aus der Ferne beim Appellationsgericht für begründet erachtet sein mochten, konnten so oftmals entkräftet werden[563].

b. Beschwerde gegen Beamte

Beschwerden waren eine weitere Möglichkeit der Kontrolle von Beamten. Um eine Kontrolle des Landrichters wegen seiner Amtsführung zu erreichen, konnte ein Beschwerdeantrag grundsätzlich gegenüber dem Generalkommissariat erhoben werden, während die materielle Richtigkeit eines Urteils vom Appellationsgericht im Rahmen einer Berufung überprüft wurde. Beschwerden konnten zum einen durch die subordinierten Amtspersonen selbst, beispielsweise wegen unwürdiger Behandlung oder willkürlicher Verteilung der Arbeiten zwischen den Gehilfen durch den Landrichter, zum anderen von den Amtsanbefohlenen erhoben werden[564].

So konnten Amtsanbefohlene Beschwerde gegen den Landrichter wegen zu hohen Taxen und unmäßige Reisediäten, die gegenüber ihnen als Parteien in Verfahren geltend gemacht wurden, erheben, da sich hierdurch die von diesen zu tragenden Gerichtskosten erhöhten. In diesem Fall wurden die die Beschwerde veranlassenden Verhandlungsakten angefordert und durchgegangen. Die sich hieraus ergebenden Taxen und Reisediäten wurden überprüft und mit den Angaben des Beschwerdeführers abgeglichen, die sich hieraus gegebenenfalls ergebenden Unstimmigkeiten vermerkt[565]. Im Falle eines Betrugs wurde das zuständige Appellationsgericht vom Generalkommissariat zur Verhängung einer entsprechenden Disziplinarstrafe aufgefordert[566].

---

562 (Anonym, Ueber das Bedürfniß einer besseren Justiz in Baiern, besonders bey den Landgerichten den Land-Ständen gewidmet, 1819, § 29).

563 (Weber, 1817, S. 131 f).

564 (Reingruber, Ueber den Wirkungskreis eines Landgerichts im Königreiche Baiern, Bd. 2, 1814, S. 608).

565 (Reingruber, Ueber den Wirkungskreis eines Landgerichts im Königreiche Baiern, Bd. 2, 1814, S. 609 Nr. 1 und 2).

566 (Reigersberg, 1820, S. 45).

Bei Verhängung körperlicher Züchtigung konnte eine Beschwerde wegen der Unverhältnismäßigkeit der Strafe, unabhängig von der sich gegen den Strafausspruch richtenden Berufung, erhoben werden. Sie konnte neben der Berufung, aber auch ohne Berufung eingelegt werden, da körperliche Strafen in der Regel sofort vollzogen wurden und die Berufung daher oftmals an dem Vollzug nichts mehr ändern konnte. Gegenstand der Beschwerde war die übertriebene Härte und Unverhältnismäßigkeit der Bestrafung. Die Überprüfung der Verhältnismäßigkeit erfolgt anhand der Verhörs- und insbesondere anhand der hierfür erstellten Bestrafungsprotokolle.

Die Beschwerde diente also der Prüfung, ob Brutalität bei ihm zur Gewohnheit[567] gehörte, im Endeffekt demnach, ob der Landrichter für ein solches Amt geeignet war[568].

Mit einer Beschwerde wegen Parteilichkeit oder Prozessverschleppung[569] konnte ein Amtsanbefohlener auch das Geschäftsgebaren des Landrichters rügen. Gegenstand war vor allem die Prozessführung durch den Richter. Hauptbeschwerdepunkte waren insbesondere der Vorwurf der Parteilichkeit während des Prozesses[570] und die Prozessverschleppung durch zu lange Verfahrensdauer. Auch ein der Parteilichkeit verdächtiger Richter war nicht per se verhindert, sein Richteramt auszuüben, wenn die Parteien von ihm zuvor über das bestehende Verhältnis informiert und von dem möglicherweise zu erhebenden Befangenheitsantrag (sog. Recusation gem. 1. Kapitel, § 20 des Codex Juris Bavarici Judiciarii[571]) keinen Gebrauch gemacht hatten[572].

---

567 Zur Beratung des bayerischen Staatsrates über mögliche Amtsverletzungen von Landgerichtspersonen und deren Untersuchung (Maurer, 2015, S. 700).

568 (Reingruber, Ueber den Wirkungskreis eines Landgerichts im Königreiche Baiern, Bd. 2, 1814, S. 609 Nr. 3).

569 Zur Geschichte und dem Umgang hiermit, insbesondere in Bezug auf den Perhorreszenzeid (Hermann, Hürden und Hilfen bei der Richterablehnung: das iuramentum perhorrescentiae, 2014, S. 173–207, für den Zeitraum Mitte 18.Jh. bis Mitte 19. Jh im Speziellen S. 198 f.)

570 (Reingruber, Ueber den Wirkungskreis eines Landgerichts im Königreiche Baiern, Bd. 2, 1814, S. 609 Nr. 5).

571 Da der Perhorreszenzeid von den Parteien „zu sehr mißbraucht“ wurde, war er nur noch aufgrund „einer erheblichen, einigermaßen bescheinigten oder glaubhaft“ gemachten Tatsache anzuwenden, vgl. Verordnung vom 17. Oktober 1760(Moritz, 1837, S. 129), als konkretes Beispiel für einen solchen Vorwurf vgl. die Ausführungen des Assessors (Koellnberger, 1818, S. 9 ff und der konkrete Ablauf dieses Verfahrens dort auf S. 14 ff).

572 (Puchta, Der Dienst der deutschen Justizämter oder Einzelrichter, 1829, S. 131).

Der Beschwerdeantrag musste vom Kläger vor Klageerhebung und vom Beklagten vor Streiteinlassung – in diesem Fall ausnahmsweise vor dem in Prozessfragen bewanderten Appellationsgericht und nicht vor dem Generalkommissariat – eingereicht werden. Sofern der Verdachtsgrund sich erst im Laufe des Verfahrens zeigte, konnte die Beschwerde noch zu einem späteren Zeitpunkt eingelegt werden. Erhob eine Partei jedoch einen Recusationsantrag bei dem, dem Landgericht übergeordneten, Appellationsgericht, so hatte sie ihre Verdachtsgründe rechtzeitig zu beweisen oder jedenfalls hinreichend darzulegen[573]. Die Untersuchung dieser Vorwürfe erfolgte anhand der angeforderten Prozessakten, insbesondere unter Hinzuziehung der beiliegenden Aufklärungsberichte. In einer Vielzahl dieser Beschwerdefälle stellte sich allerdings heraus, dass den Beschwerden eine irrige Ansicht über die Gesetze oder Unkenntnis der Akten durch die Beschwerdeführer zu Grunde lagen[574].

In allen Beschwerdefällen war der von der Beschwerde betroffene Beamte stets vor der Entscheidung anzuhören[575].

Es kam regelmäßig vor, dass Beschwerden entweder missbräuchlich von Querulanten erhoben wurden, um den Landrichter zu diskreditieren, oder es handelte sich um „verkappte Berufungen", in denen richterliche Erkenntnisse und Verfügungen gerügt wurden, deren Überprüfung nur den höheren Gerichten und nicht dem Generalkommissariat zustand[576]. In diesen Fällen erfolgte entweder eine Abweisung der Beschwerde oder eine Weiterleitung an das entsprechende Appellationsgericht[577].

Im Falle einer begründeten Beschwerde wurde eine Weisung zur besseren Behandlung ähnlich gelagerter Fälle erlassen und auch ein entsprechender Bericht des betroffenen Landgerichts über den Vollzug der Weisung gefordert.

In Fällen von schwerer Pflichtvernachlässigung wurde zudem das jeweilige Appellationsgericht zur Einleitung eines Disziplinarverfahrens gegen den entsprechenden Beamten aufgefordert[578].

Die Appellationsgerichte waren aufgrund einer Instruktion vom 24. August 1819 angewiesen, an der Umsetzung der gesetzlichen Vorschriften mitzuwirken und bei entsprechenden Pflichtverletzungen, seien sie fahrlässig oder mutwillig,

573 (Puchta, Der Dienst der deutschen Justizämter oder Einzelrichter, 1829, S. 131).
574 (Reigersberg, 1820, S. 45).
575 (Reingruber, Ueber den Wirkungskreis eines Landgerichts im Königreiche Baiern, Bd. 2, 1814, S. 611).
576 (Reigersberg, 1820, S. 43 f).
577 (Reigersberg, 1820, S. 44).
578 (Reigersberg, 1820, S. 45).

die in §§ 9–15 Beilage IX. der Verfassungsurkunde vom 26. Mai 1818 vorgesehenen Disziplinarstrafen gegen die Landrichter zu verhängen[579].

Diese Disziplinarstrafen konnten gem. § 12 Beilage IX. der Verfassungsurkunde in Form von Verweisen, Geldbußen (von minimal 5fl. bis maximal 50fl.) und Arrest (zwischen 24 Stunden und acht Tagen) verhängt werden. Eine Dienstentlassung mit Verlust von Dienstrang und Gehalt konnte nach § 9 Beilage IX. der Verfassungsurkunde nur erfolgen, wenn der Landrichter zuvor wegen eines Verbrechens durch ein Appellationsgericht verurteilt worden war.

Auch aus dem Beschwerdeverfahren gegen Beamte ist der „Geist" der Verwaltungsreform Montgelas´ ersichtlich. Der ganze Ablauf des Beschwerdeverfahrens diente nämlich einerseits dem Erhalt und der Kontrolle des Justiz- und Verwaltungsapparats, und dies gerade aus der „kontrollierenden Sicht" der Amtsanbefohlenen, andererseits sollte hierdurch das Beamtentum in der Ausübung seiner Tätigkeit nicht übermäßig, und vor allem nicht willkürlich beeinträchtigt werden. Aus diesem Grund sollte den Mittelbehörden zwar die Möglichkeit gegeben werden, aufgrund von Beschwerden Verfahren gegen Beamte einzuleiten, die Bestrafung war jedoch nicht willkürlich, sondern nur im Rahmen von § 9 Beilage IX. der Verfassungsurkunde möglich. Es galt also ausgewogenes Verhältnis zwischen einer effektiven und vielschichtigen Qualitätskontrolle und einem motivierten leistungsfähigen Beamtenapparat zu finden.

c. *Bestechung bei Staatsdienern*

Mit der Schaffung eines verbeamteten Staatsdienerstandes in den Landgerichtsbezirken und der damit einhergehenden Steigerung der Besoldung für das dortige Personal sollte die Qualität und die Verlässlichkeit der Rechtspflege bei den Landgerichten verbessert werden. Allerdings kann es dennoch zu Bestechungen gekommen sein, oftmals unter der Bezeichnung Geschenkannahme. Dies wurde weithin als Hindernis der Rechtspflege wahrgenommen und als sanktionspflichtig angesehen[580].

Um dieses Problem abzustellen, wurde für beide Seiten, nämlich die des Bestechenden und die des bestochenen Staatsdieners, ein präziser und weit greifender Tatbestand formuliert. Dieser Tatbestand reichte sogar noch weiter als heutzutage[581], da er bei einem Staatsdiener bereits dann erfüllt war, wenn die

579 Allgemeines Intelligenzblatt 1819, S. 769.

580 Vgl. hierzu Instruktionen der Regierung vom 22. Und 25. Januar 1802 in Döllinger, Abteilung XVIII., § 590 und § 591.

581 Vgl. § 331 StGB der allein auf die Annahme des Vorteils durch den Amtsträger abstellt.

Übergabe an dessen Familienmitglied oder Kollegen erfolgte, und der Staatsdiener diesen Sachverhalt nach Kenntnis nicht dem Amtsvorgesetzten anzeigte[582].

Ein Staatsdiener wurde bei Erfüllung des Bestechungstatbestandes äußerst hart bestraft. Für den Fall, dass kein Missbrauch der Amtsgewalt vorlag, verlor er sein Amt und hatte das Vierfache des ihm Dargebotenen als Strafe zu bezahlen; war dies nicht in einem Geldwert zu berechnen, lag die Strafe bei einem Viertel seiner Jahresbesoldung. Für den Fall, dass er diese Strafe nicht bezahlen konnte, hatte er eine Haftstrafe von maximal einem halben Jahr anzutreten.

Für den Fall, dass zudem noch ein Missbrauch der Amtsgewalt durch den Staatsdiener vorlag, folgten noch eine Haftstrafe von mindestens einem und bis zu vier Jahren und die Unfähigkeit zur Wiedererlangung eines Staatsamtes[583].

Da man sich im Klaren darüber war, dass ein weiter Tatbestand und eine damit einhergehende hohe Bestrafung zwar ein Vorgehen gegen den überführten Staatsdiener möglich machte, nicht aber im Hinblick auf dessen Überführung half, wurde eine Belohnung für jede Aufdeckung einer Bestechung durch einen sich nicht im Staatsdieneramt befindlichen[584] Dritten ausgesetzt. Diese Belohnung betrug die Höhe der Geldbuße des jeweils Verurteilten[585]. Man hoffte hiermit, einen erheblichen finanziellen Anreiz für Bürger zur Anzeige von Bestechungen zu setzen.

In den meisten Fällen kam es aber trotz dieser Maßnahme nicht zu den erhofften Anzeigen gegen den Landrichter durch Dritte. Dieser blieb nämlich, kraft seiner von der Verfassung garantierten Inamovibilität[586], Vorstand des Landgerichts[587], solange ihm die Bestechlichkeit nicht ausdrücklich durch ein gerichtliches Verfahren[588] nachgewiesen worden war.

582 „Der Staatsbeamten vollendet auch von seiner Seite das Verbrechen der Bestechung, wenn er das…was einem seiner Angehörigen von einer Partei gegeben worden, nachdem er Kenntnis davon erhalten hat… (nicht) angezeigt hat“ – § 4 der Instruktion die Bestechung von Staatsbeamten betreffend in Reg. Bl. 1807, S. 1041.

583 § 5 und § 6 der Instruktion die Bestechung von Staatsbeamten betreffend in Reg. Bl. 1807, S. 1041.

584 Diesen oblag ohnehin die Anzeige bekannt gewordener Bestechungen gem. § 3 oder § 7 der Instruktion die Bestechung von Staatsbeamten betreffend in Reg. Bl. 1807, S. 1041.

585 § 8 der Instruktion die Bestechung von Staatsbeamten betreffend in Reg. Bl. 1807, S. 1041.

586 Vgl. Titel VIII. § 3 der Verfassungsurkunde von 1818.

587 Eine Suspendierung vom Amt erfolgte erst bei einer gesondert angeordneten Spezialuntersuchung gem. § IX der Staatsdienerpragmatik vom 1. Januar 1805 in Churpfalzbayerischem Reg. Bl. 1805, S. 225.

588 Vgl. § 9 der IX. Beilage zur Verfassungsurkunde von 1818.

Das verfassungsmäßige Recht des Landrichters auf Inamovibilität, das eigentlich die Unabhängigkeit der Justiz gewährleisten sollte, entpuppte sich im Zusammenhang mit der Korruptionsbekämpfung somit als Hindernis für die Rechtspflege.

Es wurde daher vorgeschlagen, die einzelnen Landrichterposten öfter zu tauschen, um hierdurch der Bevölkerung die Möglichkeit zur Anzeige von Bestechungsfällen zu geben[589].

In der Praxis dürfte dieser Vorschlag jedoch, allein schon aus Gründen des Verwaltungsaufwandes und der jedes Mal erneut anfallenden Einarbeitungszeit für die Landrichter im neuen Gerichtsbezirk, keine Option gewesen sein[590].

589 (Anonym, Ueber das Bedürfniß einer besseren Justiz in Baiern, besonders bey den Landgerichten den Land-Ständen gewidmet, 1819, § 27).

590 (Klose & Jungmann-Stadler, 2006, S. 163).

E. Geschäftskreise beim Landgericht

I. Geschäftskreis Zivilgerichtsbarkeit

1. Streitige Zivilrechtspflege

a. Inhalt des Geschäftskreises

Der Geschäftskreis der Landgerichte in der streitigen Zivilrechtspflege umfasste die Instruktion[591] aller Zivilprozesse, die Entscheidungsfindung in erster Instanz und die Vollstreckung dieser gefassten Urteile. Zudem wurden in diesen Rahmen auch streitige Gegenstände anderer Rechtsgebiete behandelt, wie administrativ – kontentiöse[592] (streitige) Gegenstände[593], das gesamte streitige polizeiliche Ressort, sowie Kultur- und Bauprozesse[594]. Ab 1. Januar 1811 wurde für das gesamte Königreich Bayern das Zivilverfahren nach dem Codex Juris Bavarici Judiciarii von 1753 für verbindlich erklärt[595].

b. Die Beschlussfassung

Im Laufe des beginnenden 19. Jahrhunderts war weniger der Geschäftskreis der streitigen Zivilrechtspflege als vielmehr die Art der dortigen Beschlussfassung Gegenstand zahlreicher Diskussionen. Es gab dabei zwei verschieden Ansichten, wie an den Landgerichten bei Verfahren in erster Instanz die Instruktion des Prozesses und letztlich auch die Entscheidungsfindung stattzufinden hatte.

aa. Einzelrichter

Die ursprüngliche Besetzung der Landgerichte nach der Verordnung vom 24. März 1802[596] sah vor, dass die Entscheidungen durch einen Einzelrichter, nämlich

---

591 Der Richter hatte weitgehende Befugnisse im Rahmen der Amtsermittlung den Prozess vorzubereiten und zu leiten (vgl. in Codex Juris Bavarici Judiciarii 6. Kapitel § 9, 7. Kapitel § 6, 5. Kapital §2 Nr. 3, 12. Kapitel § 3 Nr. 3 u.a.). Diese „Instruktion" des gerichtlichen Verfahrens war das entscheidende Mittel des Codex Juris Bavarici Judiciarii zur Stärkung des Untersuchungsgrundsatzes (Bromsdorf, 1971, S. 199–201).

592 Zur Geschichte der Verwaltungsgerichtsbarkeit in Bayern (Widtmann, 1963, S. 41–64).

593 Dies ist zu sehen aus Instruktion des Innenministeriums an Generalkommissariat über Kollegialität bei den Landgerichten in Döllinger, Abteilung XVIII., § 1897.

594 (Hornthal, 1837, S. 36).

595 Reg. Bl. 1810, S. 873.

596 Churpfalzbayerisches Reg. Bl. 1802, S. 236.

den Landrichter, und im Falle von dessen Verhinderung durch den landgerichtlichen Aktuar, im erstinstanzlichen Verfahren vorzunehmen seien[597]. In diesem Fall wurde der Prozess von Beginn bis zum Ende durch eine einzige Person (unter Beiziehung eines Schriftführers) abgehandelt.

Diese Besetzung entsprach der althergebrachten und historisch gefestigten Organisation der Untergerichtsbarkeit[598].

Die Entscheidung gegen ein bereits in der ersten Instanz kollegial besetztes Gericht wurde unter anderem damit begründet, dass ein Urteil, egal ob richtig oder unrichtig, das noch einmal, oder unter Umständen gar zweimal, durch ein höheres und kollegial besetztes Gericht im Rahmen des Rechtsmittels der Berufung kontrolliert werde, zumindest kein unwiderrufliches Unrecht zu stiften vermochte. Die Verfahrensbetreuung lediglich durch einen Einzelrichter sei somit jedenfalls nicht schädlich[599]. Auf diese Weise war es zudem möglich mit dem kleinstmöglichen personellen Aufwand für die Amtsanbefohlenen eine rasche Entscheidungsfindung unter Vermeidung hoher Kosten zu erwirken[600].

In diese Richtung argumentierte auch von Gönner, der eine Kollegialverfassung bei den Untergerichten für entbehrlich hielt, da deren Urteil eher der Versuch sei, die zerstrittenen Parteien zu beruhigen; er sah das erste vollwertige Urteil erst in dem Berufungsurteil[601].

Von dieser Aussage distanzierte sich jedoch der Landrichter Puchta, denn auch eine erstinstanzlich ergangene Entscheidung stelle, sofern sie unrichtig gewesen sei, ein durch die Gerichtsbarkeit geschaffenes Unrecht dar, und nur die Möglichkeit der Berufung gegen dieses Unrecht könne es noch nicht beseitigen[602]. Zudem werde das gesamte Institut des erstinstanzlichen Verfahrens durch die Ansicht von Gönners konterkariert, da hierdurch faktisch die Berufungsinstanz zur ersten gerichtlichen Instanz gemacht und die eigentliche erste

---

597 (Regnet, 1819, S. 4).

598 (Anonym, Ueber die bevorstehende Verkleinerung der Landgerichte in Bayern, 1834, S. 19).

599 (Puchta, Über die bürgerliche Rechtspflege und die Gerichtsverfassung Baierns mit Hinsicht auf die Verbesserungs-Vorschläge, 1826, S. 154).

600 (Anonym, Ueber das Bedürfniß einer besseren Justiz in Baiern, besonders bey den Landgerichten den Land-Ständen gewidmet, 1819, §§ 13 und 14).

601 (Gönner, Entwurf eines Gesetzbuchs über das Gerichtliche Verfahren in bürgerlichen Rechtssachen, 1815, S. 106).

602 (Puchta, Über die bürgerliche Rechtspflege und die Gerichtsverfassung Baierns mit Hinsicht auf die Verbesserungs-Vorschläge, 1826, S. 154).

Instanz zu einer eher schiedsrichterlichen Vorstufe als Eintrittsbedingung in das gerichtliche Verfahren herabgewürdigt werde[603].

Entscheidender Vorteil der Verfahrensbehandlung durch einen Einzelrichter sei nämlich, so Puchta, dass nicht ständig ein kollegiales Gremium von mehreren Richtern für die Instruktion und die Entscheidungsfindung nötig sei, sondern ein zügiges Verfahren sowohl im Interesse der Rechtspflege als auch der Amtsanbefohlenen durchgeführt werden könne. Ein einzelrichterliches Verfahren könne also zu einer schnelleren Verfahrensabwicklung beitragen[604].

Eine einzelrichterliche Besetzung, so Puchta, schone zudem die Staatskasse im Vergleich zu den später ab 1808 installierten kollegial besetzten Untergerichten. Allein die Kostenersparnis für die Abschaffung von 280 Aktuars- und zweiten Assessorenstellen (unter Belassung des erstens Assessors) in Bayern wurde von einem Befürworter der einzelrichterlichen Entscheidungsfindung mit mehr als 200.000fl. geschätzt[605].

Festzustellen ist im Rahmen dieser Diskussion, dass auch ein Einzelrichter nicht vollkommen willkürlich bei Prozessinstruktion und Entscheidungsfindung vorgehen konnte, da schließlich jedem Verfahren stets ein Aktuar beizuziehen war, der immerhin eine gewisse Kontrollfunktion besaß[606].

bb. Kollegialgericht

Die Konstitution von 1808[607] und das hierzu gehörende organische Edikt vom 24. August 1808[608] reformierte die bis dahin bestehende Landgerichtsverfassung. Von da an bestand gem. II. Titel § 6 des Edikts ein Landgericht aus einem Landrichter und zwei bis drei Assessoren. Gem. § 14 des Edikts erhielten die Landgerichte nun eine Kollegialverfassung, das Amt des Aktuars wurde weitgehend abgeschafft. In § 14 des organischen Edikts wurde auch die Ausnahme von der kollegialen Entscheidungsfassung festgelegt, nämlich in Streitigkeiten, bei denen kein Schriftwechsel, sondern ein summarischer Prozess angeordnet war. Dies

603 (Puchta, Über die bürgerliche Rechtspflege und die Gerichtsverfassung Baierns mit Hinsicht auf die Verbesserungs-Vorschläge, 1826, S. 156).

604 (Anonym, Ueber die bevorstehende Verkleinerung der Landgerichte in Bayern, 1834, S. 23).

605 Ohne Möglichkeit der Überprüfung der Validität dieser Schätzung – (Anonym, Ueber das Bedürfniß einer besseren Justiz in Baiern, besonders bey den Landgerichten den Land-Ständen gewidmet, 1819, § 13).

606 Vgl. in dieser Arbeit den Gliederungspunkt „Der Aktuar".

607 Reg. Bl. 1808, S. 985.

608 Reg. Bl. 1808, S. 1785.

waren die in Kapitel III. § 3 der bayerischen Gerichtsordnung von 1753 genannten Streitgegenstände (vor allem Streitigkeiten mit einem Streitwert von unter 50fl.)[609].

Das Gerichtskollegium bestand aus dem Landrichter und den beiden Assessoren, mithin also drei rechtsgelehrten und auf das Richteramt vereidigten Personen[610]. Diese hatten durch Abstimmung zu entscheiden[611]. Man wollte durch die Schaffung eines kollegialen Gremiums im Bereich der Zivilsachen die Qualität der Rechtsprechung[612] verbessern und die Entscheidungsfindung der Willkür entziehen[613]. Durch eine größere Anzahl entscheidender Richter sollte eine gründliche und unparteiische Rechtspflege gesichert werden, indem sich diese gegenseitig durch ihren Meinungsaustausch unterstützten und belehrten, zugleich aber auch beobachteten und überwachten[614]. Dem gerichtlichen Urteil sollten gem. § 57 des organischen Edikts vom 24. Juli 1808[615] auch die Entscheidungsgründe beigefügt werden[616].

Bei der Entscheidungsfindung des Kollegialgremiums bestand zwischen dem Landrichter und den Assessoren eine Ebene der Gleichordnung. Der Landrichter war hier gegenüber den ansonsten in allen anderen Geschäftsbereichen subordinierten Assessoren nicht weisungsbefugt[617].

Die kollegiale Beschlussfassung erfolgte dadurch, dass im Anschluss an den Vortrag der Mitglieder des Gremiums jedes Mitglied seine Stimme abgab, und der Landrichter die Stimmen sammelte. Ergab sich bei der Stimmenauswertung, dass sämtliche Mitglieder des Gremiums verschiedener Meinung waren, so hatte der Landrichter, obwohl ihm grundsätzlich nur eine Stimme zustand, eine zweite,

609 Vgl. hierzu die Ausführungen zum summarischen Verfahren in dieser Arbeit den Gliederungspunkt „Belastung der Gerichte mit „geringfügigen Verfahren".

610 (Puchta, Der Dienst der deutschen Justizämter oder Einzelrichter, 1829, S. 228).

611 (Regnet, 1819, S. 4).

612 In diese Richtung Votum Carl Graf Arco v. 3.5.1811 in BayHStA StR 2154.

613 Von „fortwährender Willkür" bei Einzelrichtern berichtet (Pelkhoven, 1811, § 17).

614 (Puchta, Über die bürgerliche Rechtspflege und die Gerichtsverfassung Baierns mit Hinsicht auf die Verbesserungs-Vorschläge, 1826, S. 151 f).

615 Reg. Bl. 1808, S. 1785.

616 Auf welche Weise die Entscheidungsgründe zu formulieren sind wird präziser bestimmt in einer „Verordnung, die zweckmäßige Fassung der Entscheidungsgründe betreffend" vom 27. April 1813 (Reg. Bl. 1813, S. 561).

617 Döllinger Abteilung § XVIII § 1894 dort § 19 – vgl. in dieser Arbeit den Gliederungspunkt „der Assessor".

mithin streitentscheidende Stimme. Im Falle der Abwesenheit des Landrichters nahm dessen Aufgabe der erste Assessor war[618].

Ziel der Einführung der Kollegialität schon in der ersten Instanz war, den Entscheidungen der Zivilrechtspflege durch die kollegiale Beschlussfassung eine höhere Qualität zu verleihen, so dass einer Vielzahl von Appellationen vorgebeugt werden konnte. Zudem waren in der Vergangenheit viele Fehler in der ersten Instanz auf fehlerhafte richterliche Instruktionen im Prozess zurückzuführen, die auch in der Berufungsinstanz nicht mehr korrigierbar waren, wie beispielsweise fehlerhafte Beweisanträge oder nunmehr präkludierte Einwendungen und Einreden. In diesen Fällen konnte auch ein Appellationsrichter nicht anders entscheiden als das Landgericht, das den Fehler in der Instruktion des Verfahrens begangen hatte, sei es, weil entsprechende Einwendungen nun präkludiert waren, oder die fehlerhafte Instruktion durch das Landgericht nun nicht mehr beseitigt werden konnte.

Da die „sechs Augen und Ohren“ des Kollegialgremiums diese Fehler eher wahrnahmen als die beiden „Augen und Ohren“ des Einzelrichters, sollte mit der Einführung eines Kollegialorgans die bestmögliche Betreuung der Amtsanbefohlenen bereits in erster Instanz erfolgen[619]. Die Wahrscheinlichkeit, dass ein derartig zusammengesetztes Gericht mit mehr Umsicht, Gründlichkeit, Parteilosigkeit und Unbestechlichkeit zu Werke gehen würde, erschien wesentlich höher als bei einem Einzelrichter[620]. Befürworter der Kollegialverfassung bestritten außerdem, dass das kollegiale Verfahren tatsächlich langsamer sei als das Verfahren vor einem Einzelrichter[621].

Dem wurde mit der Begründung widersprochen, dass zwar die Landgerichte nun mehr Personal zur Bearbeitung der Geschäftsgegenstände erhalten hätten, für die großen Landgerichtsbezirke mit einer Bevölkerungszahl von über 18.000 bis sogar 30.000 Einwohnern dies allerdings eher Fluch als Segen sei. Die nun strengeren Formen des Kollegialverfahrens würden eher mehr Personal an die Abwicklung streitiger zivilrechtlicher Gegenstände binden, als dies zuvor im

618 Instruktion das Abstimmungsverhalten bei den Land- und Mediatuntergerichten in Justizgegenständen betreffend in Döllinger, Abteilung XVIII., § 1895.

619 (Puchta, Über die bürgerliche Rechtspflege und die Gerichtsverfassung Baierns mit Hinsicht auf die Verbesserungs-Vorschläge, 1826, S. 155 und S. 158) und (Anonym, Ueber die bevorstehende Verkleinerung der Landgerichte in Bayern, 1834, S. 17).

620 (Anonym, Ueber die bevorstehende Verkleinerung der Landgerichte in Bayern, 1834, S. 16).

621 (Anonym, Ueber die bevorstehende Verkleinerung der Landgerichte in Bayern, 1834, S. 23).

Falle eines Einzelrichterverfahrens der Fall gewesen sei. Gerade in sehr großen Landgerichtsbezirken, wo es tausende von streitigen Zivilverfahren gebe, hätten nach der alten einzelrichterlichen Gerichtsverfassung viele dieser Verfahren noch an einem Tag mit der summarischen protokollarischen Verhandlung zur Entscheidung gebracht werden können. Dies sei mit der Einführung der Kollegialgerichte nicht mehr möglich[622].

Die neue Kollegialverfassung forderte, unabhängig von der rechtlichen Schwierigkeit des Falles, eine kollegiale Beratung des gesamten Gremiums[623]. Die Kritiker der Kollegialverfassung bemängelten insbesondere, dass deren Einführung jedenfalls in großen Landgerichtsbezirken, zu einer deutlich langsameren Entscheidungsfindung bei der streitigen Zivilrechtspflege geführt habe.

Vorteil der kollegialen Gerichtsverfassung war sicherlich die höhere Rechtsprechungsqualität durch die Mitwirkung von mehreren juristisch geschulten Personen. Auch das Argument, dass ein richterliches Gremium weniger zu Willkür und Bestechlichkeit neige, ist sicherlich nicht von der Hand zu weisen und spricht für das Kollegialgericht.

Darüber hinaus gab das organische Edikt von 1808 in § 14 dem Kollegialgericht die Möglichkeit, nur das Urteil in gemeinsamer Sitzung zu beschließen. Die gesamte vorherige Instruktion des Verfahrens konnte allein durch den Landrichter oder einen beauftragten Assessor alleine erfolgen. Dieser hatte dann den Ablauf des Verfahrens lediglich dem kollegialen Gremium vorzutragen[624]. Diese Möglichkeit des arbeitsteiligen Vorgehens entkräftete zum Teil auch die Kritik der Gegner der Kollegialverfassung wenigstens im Hinblick auf die unnötige Ressourcenbindung von Richterpersonal.

cc. Verschiedene Formen der Gerichte

In Bayern wurde letztlich kein einheitlicher Weg bei der Besetzung der Landgerichte eingeschlagen. So besaß der Großteil der Landgerichte zwar eine kollegiale Besetzung, die aber unter den Umständen von Kapitel III. § 3 der Gerichtsordnung von 1753 auch in der Funktion eines Einzelrichters urteilen konnte[625]. In anderen Gebieten, so zum Beispiel Inn- und Eisackkreis, wurde bereits im Jahr 1810,

622 (Anonym, Ueber das Bedürfniß einer besseren Justiz in Baiern, besonders bey den Landgerichten den Land-Ständen gewidmet, 1819, § 13).

623 (Buchinger, 1827, S. 36).

624 Hinweis auf den Vortrag auch in Instruktion das Abstimmungsverhalten bei den Land- und Mediatuntergerichten in Justizgegenständen betreffend in Döllinger, Abteilung XVIII., § 1895 Nr. 1

625 Vgl. § 12 des organischen Edikts vom 24. Juli 1808.

also ein Jahr nach der Einführung der Kollegialgerichte im restlichen Königreich von deren Einführung wieder Abstand genommen und stattdessen die Entscheidung durch einen Einzelrichter beschlossen[626]. Auch im vormaligen Fürstentum Bayreuth wurde 1812 bei den Landgerichten wieder die Beschlussfassung durch einen Einzelrichter statt durch ein kollegiales Gremium eingeführt[627].

Gerade diese Vorgehensweise könnte ein Hinweis darauf sein, dass es in der alltäglichen Praxis bei den als Einzelgerichte organisierten Landgerichten keineswegs so schlecht um die Qualität der Rechtsfindung stand, wie dies von der zeitgenössischen Literatur teilweise dargestellt wurde. Es hätte sich sonst nicht rechtfertigen lassen, zu diesem angeblich so für Willkür, Bestechlichkeit und fehlerhafte Entscheidungen stehenden Institut zumindest in einigen Gebieten wieder zurückzukehren[628].

Zwar konnte in diesen Fällen das Problem der nachlässigen oder willkürlichen Begehung von Fehlern im Verfahren nicht ausgeschlossen werden, jedoch hatte bei den Einzelrichterentscheidungen der Aktuar, dessen Anwesenheit in einem solchen Verfahren zwingend erforderlich war, die Aufgabe und Verpflichtung seine ihm zugedachte Kontrollfunktion auszuüben[629].

c. *Umsetzung in der Praxis*

Die Hauptanforderungen an die Landgerichte bei der Behandlung von Zivilverfahren waren Schnelligkeit, Gründlichkeit und Unabhängigkeit[630].

Wie sich an den obigen Diskussionen zeigt, war schon die erste Anforderung ein großes Problem in der Praxis, da die Zivilgerichtsbarkeit der Landgerichte die bei ihr anhängigen Verfahren nicht in der gebotenen Schnelligkeit bearbeiten konnte. Diese Langsamkeit der Verfahren war in den wenigsten Fällen die Schuld eines faulen oder nachlässigen Landrichters. Das Problem waren vielmehr die schwerfälligen prozessualen Formen in der Justizordnung Bayerns. Ansatzpunkt für dementsprechende Kritik war also weniger die Menge der in der Praxis anfallenden Zivilprozesse als die Länge und Förmlichkeit des zu ihrer Instruierung nötigen Verfahrens[631].

---

626 Reg. Bl. 1810, S. 913.

627 (Puchta, ˘Dieœ Landgerichte in Bayern und ihre Reform: mit vergleichender Rücksicht auf das deutsche Gerichtswesen früherer Zeit, 1834, S. 80).

628 (Puchta, Der Dienst der deutschen Justizämter oder Einzelrichter, 1829, S. 206).

629 Vgl. in dieser Arbeit den Gliederungspunkt „Der Aktuar“.

630 (Hornthal, 1837, S. 4).

631 (Reingruber, Ueber den Wirkungskreis eines Landgerichts im Königreiche Baiern, Bd. 1, 1814, S. 183).

Die Kritik betraf vor allem die Schriftlichkeit des Verfahrens, also die von den Parteien geschrieben und einzureichenden Schriften bzw. die schriftliche Protokollierung von deren mündlichen Vorträgen im Prozess[632]. Selbst in Bagatellsachen, die zwar mündlich verhandelt werden konnten, deren Verhandlung aber protokolliert werden musste, waren ein Klageprotokoll, ein Instruktionsprotokoll, Zahlungsbefehle, Exekutionsanzeigen sowie je nach Art des Falles gegebenenfalls weitere Schriften zu verfassen.

Während früher im summarischen Verfahren in Preußen lediglich das Ergebnis eines Prozesses in Ergebnisprotokollen festgehalten werden musste, war nach dem summarischen Verfahren in Bayern zusätzlich das gesamte Verfahren bis zur Ergebnisfindung schriftlich festzuhalten[633]. In konkreten Zahlen bedeutete diese jährlich für ein Landgericht mit einer Bevölkerungszahl von 25.000 bis 30.000 Einwohnern allein einen Schriftverkehr mit 18.000–20.000 schriftlichen und protokollarischen Einläufen sowie mit 18.000–20.000 Ausläufen, Berichten, Dekreten, Erkenntnissen, Aufträgen etc.[634].

Auch Puchta bemängelte, dass er während seines gesamten Dienstes als preußischer Justizamtmann – und das preußische Gerichtsverfahren sei ob seines vielen Tinten- und Papierverbrauchs verschrien gewesen – nicht annähernd so viel geschrieben habe wie während seiner Zeit als bayerischer Landrichter[635].

Nicht anders stellt sich der Sachverhalt bei der Gründlichkeit der Verfahrensbearbeitung, also der zweiten Anforderung an die erstinstanzliche Zivilgerichtsbarkeit, dar. Hier kam erschwerend hinzu, dass sich die Gründlichkeit der Entscheidungsfindung bei Gerichten mangels regelmäßig veröffentlichter, einheitlicher, höchstrichterlicher Rechtsprechung erheblich unterschied, abhängig von der Gründlichkeit und dem Kenntnisstand der jeweiligen Richter. Es kam hierdurch in Bayern nie zu einer einheitlichen, gleichförmigen und vor allem gründlichen Anwendung von Gesetzen[636].

Die Gründlichkeit der Verfahrensinstruktion und der Entscheidungsfindung dürften darunter gelitten haben, dass die einzelnen Verfahren nicht zügig

632 Definition nach (Stürzer, 1838, S. 28).

633 Unter Bezugnahme auf die Zeit als Richter unter preußischer Herrschaft (Puchta, ˜Dieœ Landgerichte in Bayern und ihre Reform: mit vergleichender Rücksicht auf das deutsche Gerichtswesen früherer Zeit, 1834, S. 52).

634 (Buchinger, 1827, S. 72).

635 (Puchta, Erinnerungen aus dem Leben und Wirken eines alten Beamten: vornehmlich für Anfänger in der juristischen, besonders Aemter-Praxis, 1842, S. 207).

636 (Anonym, Ueber die bevorstehende Verkleinerung der Landgerichte in Bayern, 1834, S. 26 Nr. 6).

bearbeitet werden konnten und sich aufgrund von zahlreichen Formalitäten in die Länge zogen.

Verstärkt wurde diese Kritik an der Handhabung des Zivilverfahrens noch dadurch, dass eine kollegiale Sitzung an den Landgerichten in den meisten Fällen in der Praxis gar nicht abgehalten werden konnte.

Dies lag zum einen daran, dass bei Gerichten, die aus einem Landrichter und zwei Assessoren bestanden, nur eine einzige Person ausfallen musste, sei es wegen Krankheit, Versetzung an ein anderes Gericht oder einer längeren Dienstreise, um eine kollegiale Entscheidungsfindung, wie in § 12 des organischen Edikts von 1808 vorgeschrieben, unmöglich zu machen. Da für eine formell ordnungsgemäße Kollegialentscheidung an sich auf die Rückkehr der abwesenden Person hätte gewartet werden müssen, wurden diese in der Praxis dann zumeist nur noch pro forma abgehalten. Tatsächlich wurde die Entscheidung aber durch die Person, die schon den Prozess instruiert hatte, gefällt und in der Kollegialsitzung wurden nur noch die Aktenstücke zur Unterschrift durch die übrigen Mitglieder herumgereicht[637]. Damit wurde zwar die Form gewahrt, der Sinn und Zweck einer Kollegialentscheidung, das gemeinsame Suchen nach einer gerechten Entscheidung, jedoch nicht erfüllt.

Das an sich korrekte Prozedere wäre es gewesen, für eine kollegiale Beschlussfassung, auch bei Abwesenheit eines Mitglieds zu sorgen, beispielsweise durch Beiziehung eines Assessors eines benachbarten Land- oder Stadtgerichts[638]. Eine derartige Vorgehensweise wurde aber ab 1814, mit Blick auf die hohen Reisekosten dieser beigezogenen Votanten untersagt. Stattdessen hatten die Landgerichte in einem solchen Fall vom Fehlen des kollegialen Mitglieds Bericht zu erstatten, mit der Folge, dass dann für diesen Zeitraum die verpflichtende Kollegialverfassung an diesem Landgericht aufgehoben wurde[639].

Zum anderen konnte eine ordnungsgemäße kollegiale Sitzung, wie an sich gesetzlich vorgeschrieben, in einigen Gebieten, beispielsweise dem Inn- und Eisackkreis oder dem ehemaligen Fürstentum Bayreuth, gar nicht durchgeführt werden, da hierfür die ausreichende Besetzung fehlte. Aus diesen Gründen war am 31. August 1810 eine Verordnung erlassen worden, die bei einer derartigen mangelhaften Besetzung die vorgeschriebene kollegiale Beschlussfassung ausnahmsweise außer Kraft setzte[640].

637 (Hornthal, 1837, S. 65) und (Koellenberger, 1822, S. 33 ff).
638 (Hellmuth, 1854, S. 48).
639 (Stürzer, 1838, S. 268 f).
640 § 10 in Reg. Bl. 1810, S. 917.

Auch die dritte Anforderung an die Landgerichte, die Unabhängigkeit der Richter, litt unter den alltäglichen praktischen Gegebenheiten.

Hauptgrund hierfür war die fehlende Gewaltentrennung bei den Landgerichten, die für Justiz und Verwaltung zuständig waren.

Zwar wurde durch die Verfassungsurkunde von 1818 in Titel VIII. § 3 die Unabhängigkeit der Richter von der Staatsregierung im Zivilverfahren garantiert, gleichzeitig waren aber dieselben Personen bei den Landgerichten im Bereich der Verwaltung keineswegs unabhängig, sondern an Weisungen der Oberbehörden gebunden. Ein „vollumfängliche Unabhängigkeit" des Landrichters bestand somit nicht. Selbst wenn er sich in Gegenständen der Justiz keinen Weisungen zu unterwerfen hatte, war er jedenfalls in den restlichen Verwaltungsangelegenheiten, die einen nicht unerheblichen Teil der Geschäfte an den Landgerichten ausmachten[641], weisungsgebunden und damit in der Gesamtheit seines Amtes nicht unabhängig. Ein Landrichter, der die ihm dort übertragenen Aufgaben als Exekutivbehörde stets rasch auszuführen hatte, konnte sich schwerlich gleichermaßen der Tätigkeit eines unabhängigen Zivilrichters mit der notwendigen Ruhe widmen[642].

In jedem Fall handelte es sich selbst bei Durchführung einer kollegialen Sitzung um keine „echte" kollegiale Sitzung. Hierfür wäre es erforderlich gewesen, dass alle entscheidenden Mitglieder des Gremiums, also auch Assessoren bzw. nachrückende Aktuare, unabhängige Richter gewesen wären. Weder Assessoren noch Aktuare waren jedoch Beamte auf Lebenszeit. Sie hatten vielmehr überhaupt keine unabhängige Stellung, nicht einmal in der Zivilrechtspflege[643].

Auch konnte man die Stellung der Assessoren gegenüber dem Landrichter innerhalb des kollegialen Gremiums keineswegs als „tatsächlich" unabhängig bezeichnen[644]. Zwar waren die Assessoren während der Sitzung des Gremiums frei, eine eigene Entscheidung zu treffen, doch in allen anderen Geschäftsbereichen des landgerichtlichen Geschäftsganges waren sie von dem als Gremiumsvorsitzenden fungierenden Landrichter als subordinierte Gehilfen abhängig. Dieser war ihnen in Bezug auf die Verteilung der zu bearbeitenden Geschäfte vorgesetzt und auch für die über weitere Karriereschritte entscheidende Beurteilung

---

641 (Seydel, Bayerisches Staatsrecht, 1913/1, S. 360).

642 (Weis, Die Trennung zwischen Justiz und Verwaltung bei den bayerischen Unterbehörden. Zur Vorgeschichte des Gerichtsverfassungsgesetzes von 1861, 1987, S. 755).

643 (Weis, Die Trennung zwischen Justiz und Verwaltung bei den bayerischen Unterbehörden. Zur Vorgeschichte des Gerichtsverfassungsgesetzes von 1861, 1987, S. 756).

644 (Koellenberger, 1822, S. 24 und 35 ff).

zuständig[645]. Für den Landrichter war es demnach ein Leichtes, trotz der angeblichen Unabhängigkeit der Assessoren während der Sitzung seine gewohnte Autorität gegenüber diesen auszuüben[646].

Festzuhalten bleibt mithin, dass es sich bei der Kollegialität der Landgerichte aus den ausgeführten recht verschiedenen Gründen de facto um eine scheinbare handelte.[647].

d. Der Vergleich

Der Vergleich in der Zivilgerichtsbarkeit war ein häufig genutztes Institut in der bayerischen Rechtspflege[648] und war geregelt im 17. Kapitel § 1 des Codex Juris Bavarici Judiciarii. Er hatte zum einen den Vorteil für Gerichte, Rechtstreitigkeiten rasch beilegen zu können, zum anderen den Vorteil für die rechtssuchenden Parteien, sich keinen langwierigen Prozessen mit ungewissem Ausgang und hohen Kosten aussetzen zu müssen.

Darüber hinaus führte die vergleichsweise Beilegung eines Rechtsstreits häufig zu einer weitreichenderen Akzeptanz zwischen den Parteien als die Entscheidung durch den Richter kraft streitigen Urteils.

Ein Vergleich diente also der Förderung der Friedfertigkeit zwischen den Amtsanbefohlenen[649].

Im Jahr 1818 konnten im rechtsrheinischen bayerischen Königreich 2/3 aller anhängigen Verfahren durch Vergleich beigelegt werden[650].

Wichtig war es jedoch für einen Richter, eine gütliche Einigung zwischen den Parteien ordentlich vorzubereiten, und zunächst das streitige Verfahren danach zu betrachten, ob es sich für einen Vergleich anbot.[651].

---

645 (Anonym, Ueber die bevorstehende Verkleinerung der Landgerichte in Bayern, 1834, S. 27 Nr. 8).

646 (Puchta, Über die bürgerliche Rechtspflege und die Gerichtsverfassung Baierns mit Hinsicht auf die Verbesserungs-Vorschläge, 1826, S. 161).

647 (Anonym, Ueber die bevorstehende Verkleinerung der Landgerichte in Bayern, 1834, S. 27 Nr. 8) und (Puchta, Über die bürgerliche Rechtspflege und die Gerichtsverfassung Baierns mit Hinsicht auf die Verbesserungs-Vorschläge, 1826, S. 161).

648 Zur Geschichte der gütlichen Einigung (Hermann, § 779. Vergleich, 2013, S. 2357–2360 und S. 2377–2395 m.w.N).

649 (Puchta, Über die bürgerliche Rechtspflege und die Gerichtsverfassung Baierns mit Hinsicht auf die Verbesserungs-Vorschläge, 1826, S. 242).

650 (Rudhart, 1827, S. 218).

651 (Puchta, Über die bürgerliche Rechtspflege und die Gerichtsverfassung Baierns mit Hinsicht auf die Verbesserungs-Vorschläge, 1826, S. 243).

Beim richterlich umsichtigen durchgeführten Vergleich zwischen den Beteiligten hielt Puchta es zunächst für wichtig, die Prozesssituation auf die Möglichkeit eines Vergleichs hin zu sondieren und anschließend, in einem zweiten Schritt, die gütliche Einigung ordnungsgemäß herbeizuführen[652].

Bei der Begutachtung der Prozesssituation und des Streitstandes sowie der Frage, ob hier eine gütliche Einigung in Betracht kam, war stets zu berücksichtigen, dass die Regel des Verfahrens die richterliche Entscheidung zu sein hatte und die gütliche Einigung nur die Ausnahme darstellte[653].

Nach genauer Sondierung des Verfahrens musste der Richter überlegen, ob ein Vergleichsabschluss zwischen den Parteien nicht ausnahmsweise der richterlichen Entscheidung vorzuziehen sei[654].

Dies galt insbesondere in folgenden Fällen mit einem besonderen persönlichen Verhältnis der streitenden Parteien, so zum Beispiel bei Parteien, die in häuslicher bzw. zumindest nachbarschaftlicher Gemeinschaft lebten oder gar einer familiären Verbindung unterlagen. Hier bot eine gütliche Einigung ein besseres Mittel, dieses besondere Verhältnis zu bewahren und dadurch dauerhaft für Frieden zwischen den Parteien zu sorgen[655].

Auch die besondere Beschaffenheit des Streitgegenstandes bot einen Grund der vergleichsweisen Beilegung des Rechtsstreits. So war von einer derartigen besonderen Beschaffenheit des Streitgegenstands häufig bei niedrigen Streitwerten auszugehen, wenn die durch sie verursachten Kosten zur Rechtsfindung in keinem Verhältnis zur Streitsache standen. Dieser Grundsatz der Verhältnismäßigkeit konnte aber auch bei höheren Streitwerten eine Rolle spielen, beispielsweise bei umständlicher Zeugenbefragung und Rechnungslegung oder ähnlichem. Sofern es die Prozessvereinfachung gebot, konnte der Vergleich auch nur in Bezug auf die Verminderung der zu ladenden Zeugen in Frage kommen, ebenso wie bei Gefahr in Verzug, beispielsweise bei Bausachen, um der durch

652 (Puchta, Beiträge zur Gesetzgebung und Praxis des bürgerlichen Rechtsverfahrens, 1822, S. 336).

653 (Puchta, Beiträge zur Gesetzgebung und Praxis des bürgerlichen Rechtsverfahrens, 1822, S. 327).

654 (Kreittmayr, Anmerkungen über den Codex juris Bavarici judiciarii, worin derselbe sowohl mit den gemeinen, als den ehemalige statutarischen Gerichtsordnungen und Rechten genau verglichen ist., 1842, S. 555).

655 (Puchta, Beiträge zur Gesetzgebung und Praxis des bürgerlichen Rechtsverfahrens, 1822, S. 336 f).

das errichtete Gebäude ausgehenden Gefahr schnell und effektiv Herr werden zu können[656].

Sollte es sich schließlich aus der Verfahrenssituation ergeben, dass eine gütliche Einigung die für die Parteien bessere Möglichkeiten zur Streitbeilegung ergab, so hatte der Richter sein Vermittlungsamt ordnungsgemäß und zweckmäßig auszuüben[657].

Hierbei hatte der Richter insbesondere auf den Zeitpunkt zu achten, zu dem er den Vorschlag zur gütlichen Einigung einbrachte.

Dies durfte zum einen nicht zu früh sein, denn zuerst musste den Parteien Gelegenheit gegeben werden, ihre Positionen ausreichend darzustellen. Erst wenn die Rechtslage hinreichend erörtert worden war, konnte der Richter seinem Amt als Vermittler in ordnungsgemäßer Weise nachkommen und den jeweiligen Interessen Rechnung tragen[658].

Zum anderen durfte der Vorschlag zur gütlichen Einigung nicht zu spät erfolgen, da besonders in langen Verfahren die Bereitschaft zur Einigung bei den streitenden Parteien abnahm[659].

Entscheidend bei der Ausübung des Vermittlungsamtes durch den Richter war dessen Unabhängigkeit und Neutralität. Es war wichtig, keiner Partei das Gefühl zu geben, sich auf eine Seite zu stellen und somit der anderen Partei den Vergleich aufzuzwingen[660].

Gerade in dieser Doppelrolle der Richters, der im Grundsatz eine Entscheidung über einen Rechtsstreit zu fällen hatte, gegebenenfalls aber auch als Vermittler zwischen den Parteien auftrat, lag ein erhebliches Kritikpotential für das Institut der gütlichen Einigung. Dadurch, dass das Vermittlungsamt bei den Gerichten durch die über das Verfahren entscheidenden Richter selbst, so Puchta, ausgeübt werde, komme es auf dem Richterstuhl zu einer Interessenkollision zwischen der grundsätzlichen Pflicht des Richters, eine Entscheidung zu fällen,

656 (Puchta, Beiträge zur Gesetzgebung und Praxis des bürgerlichen Rechtsverfahrens, 1822, S. 337 ff).

657 (Kreittmayr, Anmerkungen über den Codex juris Bavarici judiciarii, worin derselbe sowohl mit den gemeinen, als den ehemalige statutarischen Gerichtsordnungen und Rechten genau verglichen ist., 1842, S. 555).

658 (Puchta, Beiträge zur Gesetzgebung und Praxis des bürgerlichen Rechtsverfahrens, 1822, S. 339).

659 (Puchta, Beiträge zur Gesetzgebung und Praxis des bürgerlichen Rechtsverfahrens, 1822, S. 329).

660 (Puchta, Beiträge zur Gesetzgebung und Praxis des bürgerlichen Rechtsverfahrens, 1822, S. 340).

und seinem Interesse, sich des Rechtsstreits durch gütliche Einigung auf schnelle und zeitsparende Art und Weise zu entledigen[661].

Wie Puchta weiter ausführt, sahen kritische Stimmen den wahren Grund für die hohe Vergleichsbereitschaft der streitenden Parteien in deren mangelndem Vertrauen in die bayerische Rechtspflege[662].

Denn viele Richter würden die Parteien während des Prozesses des Öfteren auf den ungewissen Ausgang des Prozesses und das damit verbundene Kostenrisiko hinweisen, so dass durch das hierdurch geschaffene Drohpotential die Vergleichsbereitschaft der Streitenden steige[663]. Gerade dies sei aber nicht Aufgabe eines Richters, der es vielmehr zum Grundsatz haben sollte, eine gerichtliche Entscheidung zu fällen[664].

Gerade aber die bei den Landgerichten oft auftretende Überlastung der Gerichte führe, so Puchta, zu einer steigenden Geneigtheit der Richterschaft zu Vergleichen. Diese richterliche „Bequemlichkeit" resultiere jedoch in Fällen, in denen eine Partei, selbst wenn sie sich zweifelfrei im Recht befinde, im Rahmen des Vergleichsabschlusses sich dazu gezwungen sehe, zumindest teilweise von den ihr zustehenden Rechtspositionen abzuweichen[665].

Diese Gefahr bestehe vor allem bei Prozessen, bei denen mindestens eine Partei ohne Advokat vor dem Richter erscheine und so von diesem zu einem Vergleichsschluss nahezu „genötigt" werden könne[666].

Auch von anderer Seite wurde der bayerischen Zivilrechtspflege insbesondere auf dem Lande vorgeworfen, den Rechtssuchenden, die sich für einen Vergleich nicht empfänglich zeigten, ordnungsgemäßen Rechtsschutz zu verwehren[667].

Eine Gefahr dieser regelrechten „Vergleichssucht" bestehe darüber hinaus darin, dass es infolge des Vergleichsschlusses zu keiner Entscheidung in der

661 (Puchta, Beiträge zur Gesetzgebung und Praxis des bürgerlichen Rechtsverfahrens, 1822, S. 328).
662 (Puchta, Beiträge zur Gesetzgebung und Praxis des bürgerlichen Rechtsverfahrens, 1822, S. 327).
663 (Puchta, Beiträge zur Gesetzgebung und Praxis des bürgerlichen Rechtsverfahrens, 1822, S. 328).
664 (Puchta, Beiträge zur Gesetzgebung und Praxis des bürgerlichen Rechtsverfahrens, 1822, S. 327).
665 (Puchta, Beiträge zur Gesetzgebung und Praxis des bürgerlichen Rechtsverfahrens, 1822, S. 328).
666 (Puchta, Beiträge zur Gesetzgebung und Praxis des bürgerlichen Rechtsverfahrens, 1822, S. 331).
667 Diesen Vorwurf in seinem Beispiel für eine landrichterliche Verhandlung aufgreifend (Pelkhoven, 1811, § 13).

streitigen Rechtssache komme. Die Parteien hätten letztlich keine Gewissheit darüber, welche Partei nun eigentlich im Recht gewesen sei. Dadurch erhöhe sich auch die Gefahr für die Gerichte, in ähnlich gelagerten Rechtsachen immer wieder angerufen zu werden[668]. Von einer dauerhaften Entlastung der Gerichte durch rasche Vergleiche könne also keine Rede sein, sofern die Vergleiche nicht in ordnungsgemäßer und umsichtiger Weise erzielt worden seien.

Der Landrichter Puchta zieht unter Berücksichtigung der hohen Vergleichsquote im Bayerischen Königreich[669] den sicher provokanten Schluss, dass sich die Stärke und die Qualität eines Rechtssystems an der geringen Anzahl von Vergleichen ablesen lasse. Er vergleicht dabei die hohe Anzahl von Vergleichen in Bayern mit der deutlich niedrigeren Vergleichsquote in Preußen[670].

Wichtig sei es daher für einen Landrichter, sich zu vergegenwärtigen, dass der Gesetzgeber den Vergleich nicht als zwingend vorgesehen habe, und die Rechtssuchenden daher auch nicht durch einen Richter hierzu gezwungen werden dürften[671].

e. Kontrolle durch höhere Behörde

aa. Berufung

Eine Kontrolle der streitigen Zivilgerichtsbarkeit bei den Landgerichten im Hinblick auf die Anwendung des materiellen Rechts erfolgte nach zulässig erhobener Berufung[672] im Rahmen der Begründetheit durch die Appellationsgerichte. Besondere Berücksichtigung fand auch die Instruktion des Verfahrens, hauptsächlich in Bezug auf die Anforderungen an die Untergerichte, nämlich Schnelligkeit und Gründlichkeit der Verfahrensbearbeitung.

Die hieraus gewonnen Daten wurden in den Qualifikationsbüchern der Appellationsgerichte vermerkt und bildeten die Grundlage für etwaige gutachterliche Berichte über die Arbeitsweise an dem betroffenen Landgericht[673]. Die

668 (Puchta, Beiträge zur Gesetzgebung und Praxis des bürgerlichen Rechtsverfahrens, 1822, S. 330f).

669 Vgl. hierzu die hohe Vergleichsquote in Bayern von 2/3 bei allen Verfahren im Referenzjahr 1818 in (Rudhart, 1827, S. 218).

670 (Puchta, Beiträge zur Gesetzgebung und Praxis des bürgerlichen Rechtsverfahrens, 1822, S. 334 f).

671 (Puchta, Beiträge zur Gesetzgebung und Praxis des bürgerlichen Rechtsverfahrens, 1822, S. 327).

672 Zur den Voraussetzungen einer zulässigen Berufung im Einzelnen (Stürzer, 1838, S. 751 ff).

673 (Reigersberg, 1820, S. 31).

Mehrzahl der gegen erstinstanzliche Urteile der Landgerichte eingelegten Berufungen wurden durch die Appellationsgerichte bestätigt[674], so dass sich hieraus durchaus eine gewisse Qualität der erstinstanzlichen Rechtsprechung der Landgerichte erkennen lässt.

Diese Kontrollinstanz gab es jedoch nicht für geringfügige Streitsachen, also solche, die die gem. 15. Kapitel § 3 des Codex Juris Bavarici Judiciarii vorgeschriebene Appellationssumme von 50fl. nicht überschritten hatten. In diesen immerhin 500–600 Fällen pro Jahr[675] fand keine Kontrolle der Landgerichte statt. Dies bot somit dem Richter die Möglichkeit der „Erzwingung" eines Vergleichs oder, falls der Vergleich von den Parteien abgelehnt wurde, die Möglichkeit einer zügigen Verfahrensbehandlung[676].

bb. Weitere Kontrolle

Eine von der Berufung unabhängige Kontrolle der streitigen Zivilgerichtsbarkeit bei den Landgerichten fand im Rahmen der Amtsuntersuchungen[677] statt[678]. Hierbei wurden durch den Untersuchungskommissar einzelne streitige Fälle der Zivilrechtspflege, vornehmlich solche, die nicht bereits im Wege der Appellation einer Prüfung unterworfen waren, stichprobenartig überprüft.

Dies erfolgte durch Einsichtnahme in die gem. Kapitel 4 § 10 und § 15 Codex Juris Bavarici Judiciarii schriftlich verfassten Sitzungsprotokolle, anhand derer nachzuvollziehen war, ob die Parteien ausreichend angehört und ihre Äußerungen auch protokolliert worden waren. Zudem konnte dabei überprüft werden, ob der Streitgegenstand gem. 14. Kapitel § 6–8 Codex Juris Bavarici Judiciarii durch das Landgericht ausreichend sorgfältig herausgearbeitet und entschieden war und die für korrekte Berechnung der Sporteln und Taxen nötigen Instruktionen veranlasst worden waren. Zuletzt galt es für den Untersuchungskommissar

---

674 Zu den eigentlichen Gründen, die in einer Vielzahl von Fällen zu Beschreitung des Berufungsweges führen (Anonym, Ueber die bevorstehende Verkleinerung der Landgerichte in Bayern, 1834, S. 25 ff).

675 So für sein Landgericht (Puchta, ˜Dieœ Landgerichte in Bayern und ihre Reform: mit vergleichender Rücksicht auf das deutsche Gerichtswesen früherer Zeit, 1834, S. 18 f).

676 (Puchta, ˜Dieœ Landgerichte in Bayern und ihre Reform: mit vergleichender Rücksicht auf das deutsche Gerichtswesen früherer Zeit, 1834, S. 18 f).

677 Vgl. in dieser Arbeit den Gliederungspunkt „allgemeine Kontrolle".

678 (Reingruber, Ueber den Wirkungskreis eines Landgerichts im Königreiche Baiern, Bd. 2, 1814, S. 589).

abzugleichen, ob eine korrekte Eintragung der Zivilakten in die dafür vorgesehenen und quartalsweise[679] einzusendenden Tabellen erfolgt war[680].

f. Beispiel am Etatjahr 1818/19

Das Geschäftsaufkommen für das Jahr 1819 entsprach im Bereich der streitigen Zivilrechtspflege in etwa dem der Jahre 1818 und 1817. Bei sämtlichen Untergerichten in Bayern, mithin also Land-, Stadt und Patrimonialgerichten der älteren Kreise (diesseits des Rheins), waren 71.732 Prozesse anhängig, von denen 39.277 Prozesse neu angefallen waren und 32.455 Prozesse aus den vorhergehenden Jahren stammten. Hiervon wurden 14.087 Prozesse durch Erkenntnisurteil und 29.564 Prozesse durch Vergleich oder Klagerücknahme abgeschlossen, so dass zum Jahresabschluss noch 27.480 anhängige Prozesse offen waren, wovon 1.761 Prozesse unmittelbar vor der Entscheidung standen und 23.719 Prozesse noch weiterer Prozessinstruktionen bedurften[681].

Aus diesen Zahlen ist das besondere Bestreben der Untergerichte zur gütlichen Einigung ersichtlich. Bei den Land- und Patrimonialgerichten wurde jedoch bemängelt, dass die Verfahrensinstruktion und die Entscheidungsfindung mit erkennbar weniger Ordnung und Schnelligkeit erfolgte als bei den Stadtgerichten[682]. Dies dürfte bei den Landgerichten jedoch nicht an der Unfähigkeit der Landrichter, Assessoren oder Aktuare, sondern eher an der Weite ihrer Geschäftskreise und auch an der, im Vergleich zu den Stadtgerichten, erheblich geringeren Besetzung mit rechtkundigem Personal[683] gelegen haben.

2. Freiwillige Gerichtsbarkeit

a. Geschäftskreis der freiwilligen Gerichtsbarkeit

aa. Inhalt

Der Geschäftskreis der freiwilligen Gerichtsbarkeit umfasste die Verwaltungstätigkeit der Landgerichte im weitesten Sinne. Im Unterschied zur Polizeiverwaltung,

---

679 (Reigersberg, 1820, S. 8 f und S. 20).

680 Über das Verfahren bei der Amtsuntersuchung in einzelnen Zweigen (hier streitige Zivilgerichtsbarkeit) der Landgerichte(Reingruber, Ueber den Wirkungskreis eines Landgerichts im Königreiche Baiern, Bd. 2, 1814, S. 601).

681 (Reigersberg, 1820, S. 21).

682 (Reigersberg, 1820, S. 22).

683 Vgl. in dieser Arbeit den Gliederungspunkt „Vergleich mit Besetzung bei den Stadtgerichten“.

die das Wohl der Allgemeinheit im Blick hatte, oblag dem Geschäftskreis der freiwilligen Gerichtsbarkeit bei den Landgerichten die Wahrnehmung von Einzelinteressen. Der Landrichter war in dieser Geschäftstätigkeit zugleich Ansprechpartner in allen Angelegenheiten im Zusammenhang mit Hypotheken[684], Obervormund aller ihm zur Pflege Anbefohlenen[685] und Notar[686]. Hierunter fiel auch die von ihm vorzunehmende Prüfung und die Verbriefung jeder Art von Verträgen, Beglaubigungen und Testamenten, das Depositenwesen, Inventuren, Güterschätzungen, Versteigerungen, Grenzregulierungen, Erbteilungen und anderen Gemeinschaftsauseinandersetzungen[687].

Der Geschäftskreis der freiwilligen Gerichtsbarkeit hatte bei den Landgerichten im Bereich der Zivilrechtspflege die wohl größte Masse an Geschäften[688].

Die freiwillige Gerichtsbarkeit war darüber hinaus der für die Staatswirtschaft wichtigste Bereich[689]. Der Großteil der Bevölkerung lebte von der Landwirtschaft, und daher bestand auch der Großteil des Vermögens dieser Menschen in den dieser Erwerbswirtschaft dienenden Gütern, im Wesentlichen aus Feldern, Äckern und Weiden. Diese Vermögenswerte wurden in der Regel entweder über Gutsabtretungsverträge von den Eltern an die Kinder, zumeist an ein einzelnes Kind, gegen entsprechende Austragsleistungen und die Übernahme etwaiger Schulden übertragen, oder es erfolgte eine Veräußerung dieser Wirtschaftsgüter an Dritte zu entsprechender Gegenleistung[690]. Die Staatswirtschaft war also, um die Wirtschaftskraft des Königreichs Bayern dauerhaft bewahren zu können, darauf angewiesen, dass eine ordnungsgemäß funktionierende freiwillige Gerichtsbarkeit dieses System am Leben erhielt.

Die Stellung des Landrichters in Sachen der freiwilligen Gerichtsbarkeit erteilte diesem nicht nur die Befugnis, sondern verpflichtete ihn dazu, alles dasjenige zu tun, was das von den Parteien gewollte Rechtsgeschäft auf die von ihnen gewollte

---

684 § 89 bayerisches Hypothekengesetz vom 1. Juni 1822.

685 1. Teil, 7. Kapitel § 5 Codex Maximilianeus Bavaricus Civilis.

686 (Puchta, ˜Dieœ Landgerichte in Bayern und ihre Reform: mit vergleichender Rücksicht auf das deutsche Gerichtswesen früherer Zeit, 1834, S. 22) – Zur Geschichte des Notariats (Becker, 2013, S. 1–46) und (Hermann, Zur Geschichte des Notariats im links- und rechtsrheinischen Bayern, 2012).

687 vgl. hierzu im Einzelnen die Darstellungen(Puchta, Handbuch des gerichtlichen Verfahrens in Sachen der freiwilligen Gerichtsbarkeit, 1832).

688 (Hornthal, 1837, S. 36).

689 (Reingruber, Ueber den Wirkungskreis eines Landgerichts im Königreiche Baiern, Bd. 2, 1814, S. 594).

690 (Reingruber, Ueber den Wirkungskreis eines Landgerichts im Königreiche Baiern, Bd. 2, 1814, S. IV der Vorrede).

Art rechtlich zu Stande kommen ließ, und diesen Willen zu beurkunden[691]. Für die Tätigkeit des Landrichters galt in Geschäften der freiwilligen Gerichtsbarkeit also das Untersuchungsprinzip[692].

War diese dem staatswirtschaftlichem Zweck dienende Tätigkeit mit positivem Ergebnis für beide Parteien beendet, folgte die juristische Tätigkeit des Landrichters, nämlich die Formulierung und Verbriefung des Vertrages nach den Bedingungen der Parteien und unter Beachtung der gesetzlichen Vorgaben, um dadurch künftige Prozesse zu vermeiden[693]. Der hohe Arbeitsaufwand für ein Landgericht in einem Bezirk mit einer Bevölkerung von mindestens 20.000 Einwohnern ist leicht vorstellbar[694].

Auch die Einführung eines neuen Hypothekengesetzes in Bayern im Jahr 1822[695] führte zu einer deutlichen Vermehrung der Arbeitsbelastung bei den Landgerichten[696].

Vor dessen Erlass bedurfte die Bestellung eines auf Privatwillen beruhenden Pfandrechts lediglich einer Verbriefung[697]. Diese Verbriefungen wurden in sogenannten Hypothekenbüchern, die letztlich nicht mehr waren als bloße Register dieser Verbriefungen, gesammelt. Der Schuldner überreichte seinerseits lediglich ein von einem Landgericht ausgefertigtes Vermögenszeugnis, das an sich ein entsprechendes Vermögen des Schuldners bezeugen sollte. Allzu oft wurden diese Zeugnisse von den Landgerichten jedoch zu schnell, ohne Überprüfung und auf bloß einseitige Erklärung des Schuldners hin erteilt[698]. Für den Gläubiger eines auf Parteiwillen basierenden Pfandrechts bot dieses Hypothekenwesen allerdings wenig Sicherheit, da auch gegebenenfalls vorrangige Hypotheken keiner Verlautbarung bzw. Eintragung bedurften.

---

691 (Puchta, Ueber die Grenzen des Richteramts in bürgerlichen Rechtssachen, 1819, S. 25).

692 (Puchta, Ueber die Grenzen des Richteramts in bürgerlichen Rechtssachen, 1819, S. 23).

693 (Reingruber, Ueber den Wirkungskreis eines Landgerichts im Königreiche Baiern, Bd. 2, 1814, S. VIII der Vorrede).

694 (Hornthal, 1837, S. 37).

695 Zur Geschichte des bayerischen Hypothekenrechts(Regelsberger, 1874, S. 4–11), zur Hypothekenbuchverfassung (Regelsberger, 1874, S. 44–127).

696 Zur Führung des Hypothekenbuchs im Einzelnen (Hammer, 1963, S. 110–112).

697 Vgl. Codex Maximilianus Bavaricus Civilis 2. Teil, 6. Kapitel.

698 Mit der Forderung nach der Einführung ordentlicher Hypothekenbücher(Reingruber, Ueber den Wirkungskreis eines Landgerichts im Königreiche Baiern, Bd. 2, 1814, S. 598).

Der Gläubiger erfuhr also frühestens im Sicherungsfall von den vorrangigen Hypotheken. Um die Verkehrsfähigkeit solcher hypothekarischen Sicherheiten war es bis zur Einführung des Hypothekengesetzes von 1822 entsprechend schlecht bestellt, die diesbezügliche Nachfrage bei den Landgerichten entsprechend gering.

Dies änderte sich mit Einführung des obigen Gesetzes. Den nun eingeführten Hypothekenbüchern im eigentlichen Sinn lagen die Grundsätze der Spezialität und der Öffentlichkeit zu Grunde[699]. In diesen Büchern konnte nun fortwährend der Realzustand einer jeden Immobilie des Landgerichtsbezirkes eingesehen werden[700]. Für die Gläubiger gewann die Hypothek damit ein Vielfaches an Sicherheit, dies führte zu einer entsprechenden Geschäftsmehrung bei den Landgerichten, da eine Hypothek nun als Sicherungsmittel an Attraktivität gewonnen hatte. Die Pflege der Hypothekenbücher war bei den Landgerichten nun jedoch um ein Vielfaches aufwendiger, da den strengeren Anforderungen des Hypothekengesetzes und den hierzu ergangenen Instruktionen zu seiner Anwendung vermehrt Aufmerksamkeit gewidmet werden musste[701].

Für die Landgerichte war es also wichtig, nicht nur im streitigen Verfahren, sondern auch in der freiwilligen Gerichtsbarkeit strenge Verfahrensregeln zu wahren. Die Mitwirkung des Gerichts durfte dieses Verfahren unter keinen Umständen mit Willkür und einseitiger Parteilichkeit beeinflussen, ebenso wenig wie das Gericht ein passives Verhalten an den Tag legen durfte, da es hierdurch den Parteien gegenüber gänzlich gleichgültig hätte erscheinen können[702].

Letzteres geschah, trotz der Bedeutung der freiwilligen Gerichtsbarkeit, jedoch im Alltag der Landgerichte häufiger. Die hierzu gehörenden Geschäfte wurden wegen des strikt formularmäßig vorgegebenen Ablaufs in den meisten Fällen einfach an den Oberschreiber oder sonstiges Schreibpersonal, das keine theoretischen Kenntnisse in den Rechtswissenschaften besaß, übertragen. Diese Personen erlangten ihrerseits dadurch eine einflussreiche Stellung und waren

---

699 Für die Hypothekenämter wurde zur laufenden Führungen, sowie für die Vorbereitungs- und Anlagearbeiten im Zusammenhang mit dem Hypothekenbuch eine eigene Instruktion erlassen, vgl. RegBl. 1823, S. 499.

700 Zum Hypothekenrecht im Einzelnen(Puchta, Der Dienst der deutschen Justizämter oder Einzelrichter, 1830, S. 559 ff).

701 (Puchta, ˜Dieœ Landgerichte in Bayern und ihre Reform: mit vergleichender Rücksicht auf das deutsche Gerichtswesen früherer Zeit, 1834, S. 57 f).

702 (Puchta, Ueber die Grenzen des Richteramts in bürgerlichen Rechtssachen, 1819, S. 19).

vermehrt der Bestechlichkeit zugänglich[703]. Eine angemessene Behandlung und Würdigung der freiwilligen Gerichtsbarkeit im alltäglichen Geschäftsgang konnte bei den Landgerichten somit umgangen werden, indem deren Bearbeitung subordinierten Personen übertragen wurde[704]. Dies mag neben der scheinbar nur formularmäßigen Bearbeitung auch daran gelegen haben, dass dieses Rechtsgebiet für viele Landrichter weitestgehend unbekanntes Terrain war, da an den Universitäten hierüber keinerlei akademische Ausbildung stattfand[705]. Die Übertragung dieses lästigen und unbekannten Geschäftszweigs an Subordinierte war möglicherweise für einen Großteil der Landrichter die einfachste Lösung.

Es wurde daher teilweise, aber letztlich erfolglos, gefordert, dass diese Aufgaben zukünftig, wenn sich ihnen schon der Landrichter nicht annahm, dann wenigstens unter dessen Aufsicht und Haftung von einem bereits zum juristischen Staatsdienste geprüften und vollständig befähigten Rechtspraktikanten wahrgenommen werden sollten. Dies wäre zumindest für die dann aber ausreichend zu besoldenden Rechtspraktikanten eine angemessene und lehrreiche praktische Vorbereitung auf den sie erwartenden Staatsdienst gewesen und hätte zugleich dafür Sorge getragen, dass die Bearbeitung statt durch das Schreibpersonal wenigstens durch eine Person mit juristischen Kenntnissen erfolgt wäre[706].

bb. Kontrolle durch höhere Behörde

Ein großes Problem war, dass außer im Vormundschaftswesen[707] die freiwillige Gerichtsbarkeit kaum einer regelmäßigen Kontrolle unterlag[708]. Gerade dieser Umstand leistete auch dem oben beschriebenen Problem der alleinigen Bearbeitung der Gegenstände der freiwilligen Gerichtsbarkeit durch das landgerichtliche Schreibpersonal Vorschub.

---

703 (Weis, Die Trennung zwischen Justiz und Verwaltung bei den bayerischen Unterbehörden. Zur Vorgeschichte des Gerichtsverfassungsgesetzes von 1861, 1987, S. 757) und (Stahleder & all, 1990, S. 176).

704 (Reingruber, Ueber den Wirkungskreis eines Landgerichts im Königreiche Baiern, Bd. 2, 1814, S. 594).

705 (Reingruber, Ueber den Wirkungskreis eines Landgerichts im Königreiche Baiern, Bd. 1, 1814, S. XX der Vorrede).

706 (Hornthal, 1837, S. 69 f).

707 Dort erfolgte eine vierteljährliche Kontrolle durch das Oberappellationsgericht durch detailliert einzusendende Geschäftsanzeigen (Reigersberg, 1820, S. 22 & 27) und hierzu die Kontrolle im Speziellen bei der Amtsuntersuchung vor Ort(Reingruber, Ueber den Wirkungskreis eines Landgerichts im Königreiche Baiern, Bd. 2, 1814, S. 596).

708 (Puchta, ˜Dieœ Landgerichte in Bayern und ihre Reform: mit vergleichender Rücksicht auf das deutsche Gerichtswesen früherer Zeit, 1834, S. 56 f).

Zu einer tatsächlichen Kontrolle des Zustands der freiwilligen Gerichtsbarkeit an einem Landgericht kam es nur bei den Amtsvisitationen[709] durch die Oberbehörden.

Bei diesen vor Ort durchgeführten Amtsuntersuchungen hatten die untersuchenden Kommissare im Rahmen der freiwilligen Gerichtsbarkeit vor allem stichprobenartig zu prüfen, ob die Schätzungen von Grundstücken von hinreichend kompetenten Schätzmännern unter ordnungsgemäßer Aufsicht des Landgerichts durchgeführt wurden. Selbiges galt im Bereich von Nachlassverfahren mit unbekannten Erben. Im Fall der Auseinandersetzung dieses Nachlasses bei Bekanntwerden der Erben, hatte die Auseinandersetzung schleunig und kompetent, die Ausbezahlung ordnungsgemäß zu erfolgen.

Die Kontrolle des Depositenwesens erfolgte durch Vergleich aller während der Amtszeit hinterlegten Gelder mit dem bei Amtsbeginn hinterlegten Geldbetrag, der sich aus dem Extraditionsprotokoll[710] ergab.

Außerdem wurden die jeweils erfolgten Ein- und Auszahlungen mit den gegebenenfalls beiliegenden Hypothekenbriefen verglichen. Hinterlegte Testamente mussten versiegelt an einem sicheren Ort und in chronologischer Reihenfolge verwahrt werden. Die Überprüfung der Verbriefungsprotokolle hatte sowohl aus juristischer als auch aus staatswirtschaftlicher Sicht zu erfolgen. Dabei musste ihre Richtigkeit und ihre ordnungsgemäße Ausfertigung kontrolliert werden. Vor Einführung der Hypothekenbücher im Jahr 1822 hatte zudem eine Prüfung darüber zu erfolgen, ob Vermögenszeugnisse durch die Landgerichte nicht vorschnell und ohne ausreichende Prüfung erteilt worden waren Diese Prüfung sollte anhand des allgemeinen Amtsprotokolls erfolgen. In all diesen Bereichen wurde auch eine Überprüfung der angemessenen Ansetzung von Taxen vorgenommen[711].

b. Trennung der streitigen von der unstreitigen Gerichtsbarkeit

Mehrfach traten Überlegungen zu Tage, ob es nicht sinnvoller sei, die streitige und die freiwillige Gerichtsbarkeit bei den Landgerichten voneinander zu trennen oder zumindest bei den Landgerichten eine eigene Stelle zu deren Bearbeitung zu schaffen. Derartigen Überlegungen lag insbesondere die Vermutung

709 Vgl. in dieser Arbeit den Gliederungspunkt „Allgemeine Kontrolle“.

710 Vgl. in dieser Arbeit den Gliederungspunkt „Pensionierung des Landrichters“.

711 Zur Amtsuntersuchung und den einzelnen Prüfungsbereichen, im Speziellen bei der freiwilligen Gerichtsbarkeit(Reingruber, Ueber den Wirkungskreis eines Landgerichts im Königreiche Baiern, Bd. 2, 1814, S. 595ff).

darüber zu Grunde, dass in der täglichen Praxis die Bearbeitung der Geschäftsgegenstände der freiwilligen Gerichtsbarkeit zumeist ohnehin nicht vom Landrichter sondern vom Schreibpersonal erfolgte[712].

Darüber hinaus war in einigen Landgerichtsbezirken der Anfall von Geschäftsgegenständen der freiwilligen Gerichtsbarkeit so hoch, dass an diesen Amtssitzen eine einzelne Person allein mit der Bearbeitung dieser Geschäfte völlig ausgelastet gewesen wäre, unterstellt, diese Arbeit hätte tatsächlich eine juristisch geschulte Amtsperson wahrgenommen[713]. Folglich wäre diese Amtsperson dann jedoch an den Landgerichten bei den übrigen zu erledigenden Aufgaben ausgefallen. Landgerichte waren also oftmals regelrecht zur Schonung ihrer Ressourcen an Amtspersonal gezwungen, die Bearbeitung von Amtsgeschäften der freiwilligen Gerichtsbarkeit an subordiniertes Schreibpersonal zu übertragen[714].

Ein weiterer Kritikpunkt bezüglich der Konzentrierung von streitiger Rechtspflege und freiwilliger Gerichtsbarkeit bei den Landgerichten war die Gefahr der Interessenkollision. Ein Landrichter übte zur gleichen Zeit eine Vielzahl von Aufgaben aus, die im Laufe der Zeit zwangsläufig kollidierten. Er war zuständig für die Prozessinstruktion und Vormundschaftspfleger für alle sich in seiner Sorge befindlichen Personen. Gleichzeitig war er aber Richter über alle von ihm in dieser Eigenschaft vorgenommenen, aber dennoch in einen Prozess verwickelten, Handlungen. Zudem war er Verwalter der freiwilligen Gerichtsbarkeit mitsamt des Notariats und des Hypothekenamtes[715], im gleichen Augenblick aber, bei Bestreitung hierbei vorgenommener Geschäfte, auch wiederum der Richter seiner eigenen Handlungen[716].

Bei diesen Interessenkollisionen, die dadurch entstanden, dass ein Landrichter einerseits im Bereich der freiwilligen Gerichtsbarkeit leitend und genehmigend tätig wurde, im Anschluss daran an diesen Gegenständen aber gegebenenfalls streitentscheidend mitwirkte, war die Gefahr des Missbrauchs dieser Position durch den Landrichter offensichtlich[717].

---

712 (Hornthal, 1837, S. 69).

713 (Hornthal, 1837, S. 66).

714 (Hornthal, 1837, S. 66).

715 Bzgl. den Vorbereitungs- und Anlagearbeiten im Zusammenhang mit dem Hypothekenbuch sowie dessen laufender Führung vgl. die Instruktion an die Hypothekenämter RegBl. 1823, S. 499.

716 (Hornthal, 1837, S. 5).

717 (Puchta, Ueber die Grenzen des Richteramts in bürgerlichen Rechtssachen, 1819, S. 155).

Die Trennung von streitiger und freiwilliger Gerichtsbarkeit bei den Landgerichten wäre ein Ansatzpunkt gewesen, dieses Problem zu beseitigen und eigene Stellen für die freiwillige Gerichtsbarkeit zu schaffen[718].

Auf der anderen Seite ging man davon aus, dass diese beiden Teile der Zivilrechtspflege derselben „Sphäre“ entsprangen, nämlich der Wahrung von Einzelinteressen. Diese Sphäre stand im Gegensatz zur Polizeiverwaltung, die gerade der Wahrung des Allgemeininteresses diente[719]. Schon aus dogmatischen Gründen hielt man es daher für zweckmäßig, beide Teile der Zivilrechtspflege in enger Verknüpfung zu belassen.

Eine Trennung von streitiger Rechtspflege und freiwilliger Gerichtsbarkeit wurde auch für nicht für realisierbar erachtet.

Die Geschäftstätigkeit eines Staatsdieners in beiden Gebieten der Justiz, der streitigen Rechtspflege und der freiwilligen Gerichtsbarkeit, galt als umfassende praktische Schule für die weitere Ämterlaufbahn[720]. Eine der wichtigsten Aufgaben der freiwilligen Gerichtsbarkeit war es gerade, künftigen Prozessen vorzubeugen, also die streitige Rechtspflege schon präventiv zu entlasten[721]. Diese Aufgabe konnte nach überwiegender Ansicht am besten durch eine Person ausgeübt werden, die in ihrem täglichen Geschäft solche streitigen Prozesse entschied, da nur diese Person ein klares Bild darüber hatte, worin die Ursachen für eine Vielzahl der Prozesse lagen[722].

Zudem hielt man die kollegial besetzen Landgerichte, aber auch die mit Einzelrichtern besetzten Landgerichte – sofern man diese von deren Zuständigkeit für die Polizeiverwaltung befreien würde – für ausreichend besetzt, sowohl die streitige Rechtspflege als auch die freiwillige Gerichtsbarkeit gemeinsam ausüben zu können[723].

---

718 Hierzu kritisch:(Puchta, Der Dienst der deutschen Justizämter oder Einzelrichter, 1829, S. 220).

719 (Puchta, Der Dienst der deutschen Justizämter oder Einzelrichter, 1829, S. 215).

720 (Puchta, Ueber die Grenzen des Richteramts in bürgerlichen Rechtssachen, 1819, S. 156 f).

721 (Puchta, Ueber die Grenzen des Richteramts in bürgerlichen Rechtssachen, 1819, S. 156 f).

722 (Puchta, Ueber die Grenzen des Richteramts in bürgerlichen Rechtssachen, 1819, S. 156 f).

723 (Puchta, Der Dienst der deutschen Justizämter oder Einzelrichter, 1829, S. 209 Nr. 1) und(Puchta, Ueber die Grenzen des Richteramts in bürgerlichen Rechtssachen, 1819, S. 159).

Das Landgericht war darüber für die Landbevölkerung stets erster Anlaufpunkt in sämtlichen Fragen der Zivilrechtspflege, egal ob streitig oder unstreitig. Eine unterschiedliche Zuständigkeit verschiedener Ämter wäre nicht im Interesse dieser „niederen Volksklasse“ gewesen[724].

Die Gefahr von Interessenkollisionen war außerdem keine Frage der Verbindung von streitiger Rechtspflege und freiwilliger Gerichtsbarkeit, sondern eine allgemeine Gefahr bei jeder Art von richterlicher Rechtsprechung. Es war Sache der hiervon betroffenen Parteien, gegen Interessenkollisionen beim Richter im streitigen Prozess vorzugehen. Dieser Problematik hatte man mit dem vom Gesetzgeber dafür geschaffenen Mittel der Recusation[725] zu begegnen[726]. Ein durch eine Interessenkollision betroffener Richter hatte zudem ein eigenes Interesse daran, die zuständige Oberbehörde und die Parteien zu Beginn des Verfahrens auf eine etwaige Kollision hinzuweisen, wollte er sich nicht selbst einem Regress aussetzen[727]. Das Interesse des Amtsanbefohlenen bei der freiwilligen Gerichtsbarkeit war weniger, die Vermeidung von Interessenkollisionen bei einem streitigen Prozess (hierfür gab es für diesen Fall ja den Recusationsantrag), sondern vielmehr die Prozessvermeidung. Diesem Interesse glaubte man am besten zur Geltung zu verhelfen, indem man diese Aufgabe an den am umfassendsten qualifizierten Beamten übertrug, nämlich an den Landrichter[728].

Dies galt umso mehr, als in dem Großteil aller streitigen Prozesse im Rahmen der freiwilligen Gerichtsbarkeit nicht die richterliche Anleitung und Verbriefung des Parteiwillens Streitpunkte des Verfahrens waren, sondern das sich auf die freiwillige Gerichtsbarkeit erstreckende materielle Recht[729]. Eine Interessenkollision trat bei einem Landrichter daher ohnehin nur in den seltensten Fällen ein.

---

724 (Puchta, Ueber die Grenzen des Richteramts in bürgerlichen Rechtssachen, 1819, S. 159).

725 Vgl. in dieser Arbeit den Gliederungspunkt „Beschwerde gegen Beamten“.

726 (Puchta, Der Dienst der deutschen Justizämter oder Einzelrichter, 1829, S. 217.

727 (Gönner, Handbuch des deutschen gemeinen Prozesses in einer ausführlichen Erörterung seiner wichtigsten Gegenstände, 1804, Kapitel XII. § 1 und § 2) und hinsichtlich des Regresses(Puchta, Ueber die Grenzen des Richteramts in bürgerlichen Rechtssachen, 1819, S. 163) – hinsichtlich der Amtshaftung von Beamten(Seydel, Bayerisches Staatsrecht, 1913/1, S. 595–610) und (Seydel, Bayerisches Staatsrecht, 1913/1, S. 426–446) und (Koellenberger, 1822, S. 999 ff).

728 Hinsichtlich des Interesses des Staatsbürgers an der präventiven Vermeidung von Prozessen durch die freiwillige Gerichtsbarkeit (Puchta, Ueber die Grenzen des Richteramts in bürgerlichen Rechtssachen, 1819, S. 165).

729 (Puchta, Ueber die Grenzen des Richteramts in bürgerlichen Rechtssachen, 1819, S. 161).

Man glaubte, eine Trennung der verschiedenen Zweige der Zivilrechtspflege schon aus Kostengründen nicht bewerkstelligen zu können. Die Schaffung neuer Ämter oder auch schon die Schaffung neuer bei den Landgerichten angesiedelten Stellen zur Bearbeitung des Geschäftskreises der freiwilligen Gerichtsbarkeit hätte, eine enorme Kostenlast nach sich gezogen. Außerdem bestand in einem solchen Fall stets die Gefahr, dass die Besetzung dieser Stellen aus Kostengründen mit weniger qualifiziertem Personal erfolgt wäre, als dies eigentlich, aufgrund der Wichtigkeit dieser Gegenstände erforderlich gewesen wäre[730].

Letztlich blieben die Landgerichte bis durch die Änderungen im Zuge des sog. Grundlagengesetzes vom 4. Juni 1848 für die streitige Rechtspflege und freiwillige Gerichtsbarkeit zuständig[731]. Entscheidender Grund dafür dürfte die staatswirtschaftliche Bedeutung der freiwilligen Gerichtsbarkeit gewesen sein. Man wollte diese das öffentliche Wohl betreffenden Gegenstände hochqualifizierten öffentlichen Behörden übertragen. Dies geschah wegen der Ähnlichkeit der den Richtern bei den Landgerichten ansonsten obliegenden Amtsgeschäfte. Die ordentliche Behandlung dieser Geschäfte verlangte einerseits juristische Kenntnisse und andererseits die Kenntnis der örtlichen Gegebenheiten. Man wollte aus Kostengründen weder einen größeren Behördenapparat schaffen[732] noch auf die durch die freiwillige Gerichtsbarkeit erzielten Einnahmen verzichten.

In dieser Zwickmühle befand sich auch König Ludwig I. noch im Jahr 1847, als er die Einführung der von allen Seiten geforderten Notariate[733] aus dem Grund der dann auszufallenden Staatseinnahmen ablehnte[734].

Man konnte sich nicht entscheiden, wo die freiwillige Gerichtsbarkeit ansonsten besser anzusiedeln gewesen wäre. So hatte man zwischenzeitlich die Übertragung der freiwilligen Gerichtsbarkeit an die Gemeinden in Erwägung gezogen, diese Idee jedoch letztlich wieder verworfen. Eine solche Organisation hätte die Landgerichte, denen die Aufsicht über die Gemeinden oblag und denen

---

730 (Puchta, Der Dienst der deutschen Justizämter oder Einzelrichter, 1829, S. 220).

731 GesetzBl. 1848, S. 137 ff.

732 (Puchta, Handbuch des gerichtlichen Verfahrens in Sachen der freiwilligen Gerichtsbarkeit, 1831, S. 14).

733 Zur Geschichte des Notariats in links- und rechtsrheinischen Bayern (Hermann, Zur Geschichte des Notariats im links- und rechtsrheinischen Bayern, 2012, S. 287–325).

734 (Weis, Die Trennung zwischen Justiz und Verwaltung bei den bayerischen Unterbehörden. Zur Vorgeschichte des Gerichtsverfassungsgesetzes von 1861, 1987, S. 760).

damit auch weiterhin die Aufsicht über die freiwillige Gerichtsbarkeit zugefallen wäre, allenfalls nur unwesentlich entlastet[735].

Die gemeinsame Ansiedelung der freiwilligen und der streitigen Gerichtsbarkeit bei den Landgerichten war im Endeffekt der „kleinste gemeinsame Nenner" aller Interessen und wurde daher beibehalten.

II. Geschäftskreis Kriminalgerichtsbarkeit

Die Landgerichte waren im Geschäftskreis der Kriminalgerichtsbarkeit zuständig für die Untersuchung von Verbrechen und Vergehen sowie für die Strafvollstreckung[736] der von den Obergerichten verhängten Strafurteile gem. Art. 11 Teil II. des StGB von 1813. Teil der Strafvollstreckung war auch die fortwährende Kontrolle von Haftstrafen durch Visitationen der gegebenenfalls in den jeweiligen in Landgerichtsbezirken eingerichteten Gefängnisse[737].

1. Untersuchungen der Landgerichte

Im Gegensatz zu anderen deutschen Staaten, so beispielsweise Preußen, gab es in Bayern keine eigenen Behörden, sogenannte Inqusitoriate, deren einzige Aufgabe darin bestand, Strafuntersuchungen durchzuführen[738]. Grund dafür war, dass man in Bayern die Folgen einseitiger „Geschäftsgewöhnung" bei den Staatsbediensteten[739] sowie einen dadurch vergrößerten Beamtenapparat fürchtete.

Einzig bei der Organisation des Inn- und Hausruckviertels (unter bayerischer Herrschaft stehende Gebietsteile bis 1815) wurde von der allgemeinen Zuständigkeit der Landgerichte für Kriminaluntersuchungen eine Ausnahme in der Form gemacht, dass diese Aufgabe bei einzelnen Landgerichten unter Beiordnung eines allein hierfür zuständigen Kriminaladjunkten konzentriert wurde.

735 (Puchta, Handbuch des gerichtlichen Verfahrens in Sachen der freiwilligen Gerichtsbarkeit, 1831, S. 16).

736 Vgl. Overath, Tod und Gnade.Die Todesstrafe in Bayern im 19. Jahrhundert, S. 81–84 – Zu den damit einhergehenden, insbesondere bei der Vollstreckung von Todesurteilen (zu deren Ablauf: ebenda S. 182–208), sicherheitsrechtlichen Problemen

737 (Reingruber, Ueber den Wirkungskreis eines Landgerichts im Königreiche Baiern, Bd. 2, 1814, S. 602).

738 Zur Geschichte des Strafprozesses und dessen Reformierung in Deutschland (Ignor, 2002 über den Inquisitionsprozess S. 41–78 und S. 129–137 und über Ansätze zu dessen Reform S. 211–249).

739 (Puchta, Der Dienst der deutschen Justizämter oder Einzelrichter, 1829, S. 234).

Die dortgelegenen übrigen Landgerichte konnten dadurch von dieser Aufgabe befreit werden[740].

Vom Geschäftskreis der Kriminalgerichtsbarkeit ist die Behandlung von Polizeiübertretungen zu unterscheiden, denn diese wurden als Teil der Verwaltung unter dem Begriff der sogenannten Administrativjustiz[741] gesondert behandelt und bestraft[742].

Sinn und Zweck der kriminalrichterlichen Untersuchung durch den Landrichter war die Erlangung bestmöglicher Untersuchungsergebnisse dadurch, dass die strafrechtlichen Untersuchungen durch den auch später urteilenden Richter geführt wurden, unter dessen Federführung das Verfahren also während der gesamten Zeit stand. Auf diese Weise sollte eine maximale Wahrheitsfindung und minimaler rechtlicher Fehlerhaftigkeit gewährleistet werden[743].

Später waren die kriminalgerichtlichen Untersuchungen nicht mehr zwingend von dem Landrichter auszuführen, sondern konnten auch auf einen Assessor übertragen werden[744]. Gem. Artikel 33 Teil II. des StGB von 1813 war auch bei kriminalgerichtlichen Untersuchungen eine Ablehnung des untersuchenden Richters als befangen möglich, wenn dafür entsprechende Gründe vorlagen[745]. Die Untersuchung musste dann von einer anderen Amtsperson durchgeführt werden.

Grundsätzlich kam es bei den Landgerichten im Bereich der kriminalgerichtlichen Untersuchung zu einer Unterscheidung zwischen Generaluntersuchung nach 1. Kapitel. Teil II. des StGB 1813 und 2. Kapitel. Teil II. des StGB 1813 und Spezialuntersuchung. Dies diente dem Grundsatz, dass die Ehre und der gute Name eines Staatsbürgers so lange geschont werden mussten, bis sich der Verdacht eines Verbrechens oder Vergehens hinreichend begründet hatte[746]. Im Falle einer erfolgreichen Generaluntersuchung schloss sich hieran eine entsprechend

740 (Puchta, ˜Dieœ Landgerichte in Bayern und ihre Reform: mit vergleichender Rücksicht auf das deutsche Gerichtswesen früherer Zeit, 1834, S. 79).

741 (Seydel, Bayerisches Staatsrecht, 1913/1, S. 360).

742 vgl. Fußnote Ziffer b) (Puchta, Der Dienst der deutschen Justizämter oder Einzelrichter, 1829, S. 185) und die Ausführungen hierzu in dieser Arbeit unter dem Gliederungspunkt „Geschäftskreis Polizeiverwaltung".

743 (Puchta, Der Dienst der deutschen Justizämter oder Einzelrichter, 1830, S. 359), vgl. dagegen die Äußerungen der Kritiker dieses Inquisitionsverfahrens (Ignor, 2002, über den Inquisitionsprozess S. 159 ff).

744 Instruktion vom 16. August 1814 in Döllinger, Abteilung XVIII. § 427 Nr. 3.

745 (Puchta, Der Dienst der deutschen Justizämter oder Einzelrichter, 1829, S. 132).

746 (Reingruber, Ueber den Wirkungskreis eines Landgerichts im Königreiche Baiern, Bd. 1, 1814, S. 642).

präzisere Spezialuntersuchung an. Beide Arten von Untersuchungen wurden von den Landgerichten in selbstständiger Art und Weise sowie in eigener Verantwortung durchgeführt und die hierbei erstellten Ermittlungsakten bei Spruchreife an das für das Strafurteil zuständige Appellationsgericht übersandt. Hielt das Appellationsgericht die Untersuchung noch nicht ausreichend für einen Urteilsspruch, ordnete es unter Rücksendung der Ermittlungsakten weitere Untersuchungen an[747].

a. Veranlassung für eine richterliche Untersuchung

Damit eine Generaluntersuchung begonnen werden konnte, musste es bei dem Landrichter gem. 1. Kapitel. Teil II. des StGB 1813 zunächst eine „Veranlassung" geben, um die Begehung einer möglicherweise strafrechtlich relevanten Handlung durch eine Person überhaupt untersuchen zu können. Es war also Handlung anhand des Straftatbestandes zu überprüfen. Die Gründe für den Landrichter, eine Generaluntersuchung[748] in Angriff zu nehmen, konnten ganz unterschiedlicher Natur sein. So konnten gem. Art. 60–65, 1. Kapitel. Teil II. des StGB 1813 Denunziationen ein strafrechtliches Verfahren beginnen lassen, wenn diese an den Landrichter persönlich gerichtet wurden. Ein Landrichter hatte auch bei anonymen Anzeigen tätig zu werden, wenn diese den Umständen nach nicht unglaubwürdig waren[749]. Gem. Art. 66, 1. Kapitel. Teil II. des StGB 1813 konnten auch Gerüchte eine Legitimation für eine Generaluntersuchung darstellen; zuerst hatte der Landrichter aber kritisch nach der Ursache von deren Entstehung zu forschen[750]. Eigene Wahrnehmungen des Richters waren, sofern er sie in Ausübung seines Amtes gemacht hatte, voll glaubwürdig, sobald er sie aktenkundig gemacht hatte. Erfolgte die Wahrnehmung jedoch als Privatmann, hatte der Richter sie gem. Artikel 69, 1. Kapitel, Teil II. StGB 1813 in Beisein eines anderen Gerichtsmitglieds zu Protokoll zu geben und sodann die Untersuchung fortzuführen. Etwas anderes galt aber dann, wenn der Richter die sträfliche Handlung selbst beobachtet hatte. In diesem Fall musste die Untersuchung von einer anderen Richterperson geleitet werden[751].

---

747 (Puchta, Der Dienst der deutschen Justizämter oder Einzelrichter, 1829, S. 239).

748 Bei der Unterscheidung zwischen General- und Spezialuntersuchung handelt es sich um den typischen Untersuchungskanon – gemeinrechtlich geprägter – straf(verfahrens)rechtlicher Kodifikationen aus dem 18. Jahrhundert (Ignor, 2002, S. 131 ff).

749 (Puchta, Der Dienst der deutschen Justizämter oder Einzelrichter, 1830, § 267).

750 (Puchta, Der Dienst der deutschen Justizämter oder Einzelrichter, 1830, § 268).

751 (Puchta, Der Dienst der deutschen Justizämter oder Einzelrichter, 1830, § 269).

Bei der Ergreifung eines Verdächtigen auf frischer Tat führte dies gem. Art. 68 1. Kapitel. Teil II. des StGB 1813 nicht erst zur Aufnahme einer Generaluntersuchung durch den Landrichter, sondern dieser hatte in diesem Fall den Verdächtigen sofort zu Protokoll zu vernehmen und somit in die Spezialuntersuchung einzutreten[752]. Ob bei Selbstanzeigen, die der Landrichter gem. Art 67, 1. Kapitel. Teil II. des StGB 1813 unverzüglich zu protokollieren hatte, unmittelbar in die Spezialuntersuchung einzutreten war oder zunächst eine weitere Untersuchung der Tatumstände zu erfolgen hatte, war der Entscheidung des Landrichters überlassen[753].

Gab es einen dieser Veranlassungsgründe, hatte der Landrichter die kriminalgerichtliche Untersuchung in der oben geschilderten Form aufzunehmen. Die Schwelle zur Aufnahme einer Generaluntersuchung durch den Landrichter war folglich sehr niedrig. Die Weite der Veranlassungstatbestände, insbesondere bei Gerüchten und Denunziationen, dürfte für die untersuchenden Landrichter nicht unproblematisch gewesen sein, da sie in allen Fällen den Veranlassungstatbestand jedenfalls schriftlich fixieren und diesem sodann nachgehen mussten. Bereits durch diese formelle Vorgehensweise wurden im Vorfeld eines, auch nur sehr unwahrscheinlich zu eröffnenden Verfahrens, erhebliche Arbeits- und Schreibressourcen bei den Landgerichten gebunden[754].

b. Generaluntersuchung

Die Generaluntersuchung war die Vorprüfung eines Sachverhalts für den späteren Eintritt in die Spezialuntersuchung gem. 2. Kapitel. Teil II. des StGB 1813.

Die Intention der Generaluntersuchung war es, gem. Artikel 74 Teil II. StGB 1813 zu ermitteln, ob der Tatbestand einer Straftat verwirklicht worden war. Sollte dies der Fall sein, war die Untersuchung gegen den unter Umständen noch unbekannten Täter einzuleiten, um etwaige Verdachtsgründe zu bestärken[755].

Erster und wichtigster Teil der Generaluntersuchung war es, eine präzise Erforschung des Sachverhalts zu betreiben. Dabei war gem. Artikel 75 ff. Teil II. StGB 1813 gegebenenfalls ein Sachverständiger beizuziehen, da der ermittelte Sachverhalt Grundvoraussetzung für die Erfüllung einer etwaigen Tatbestandserfüllung darstellte und folglich Ausgangspunkt der gesamten weiteren

752 (Puchta, Der Dienst der deutschen Justizämter oder Einzelrichter, 1830, § 270).

753 (Puchta, Der Dienst der deutschen Justizämter oder Einzelrichter, 1830, § 271).

754 Vgl. in dieser Arbeit den Gliederungspunkt „Kritik an Strafgesetzbuch 1813 in Bezug auf die Landgerichte".

755 (Puchta, Der Dienst der deutschen Justizämter oder Einzelrichter, 1830, S. 366).

Strafverfolgung war. Der Landrichter hatte dabei insbesondere darauf zu achten, die sich aus den Veranlassungsgründen für die Generaluntersuchung[756] ergebenden Informationen nicht vorschnell ungeprüft zu übernehmen[757].

Kam er dann nach sorgsamer Prüfung zu dem Ergebnis, dass der Tatbestand einer Straftat erfüllt war, hatte er in die eigentliche Generaluntersuchung einzutreten.

Um Informationen über die Tat oder, wenn diese gewiss war, solche über den unbekannten Täter zu erlangen, sollte die Generaluntersuchung im Wesentlichen durchgeführt werden anhand von Zeugenvernehmungen gem. Artikel 85 ff Titel II. StGB 1813, öffentlichen Anzeigen und Aushängen, Ortbesichtigungen und Hausdurchsuchungen, die an sich nur der allgemeinen Informationsbeschaffung galten, und im Falle der Durchsuchung aufgrund eines konkreten Verdachts zur Spezialuntersuchung zu rechnen waren[758], Leumundserkundigungen und weiterer Indiziensammlung[759]. Gem. Artikel 156 ff Titel III. StGB 1813 konnte der Richter sich auch bemühen, Informationen anhand von summarischen Verhören des Verdächtigen zu erhalten, wobei das Verhalten des (vermeintlich) als Zeugen geladenen Verdächtigen zu beobachten war. In einem solchen Fall wurde der Verdächtige als angeblicher Zeuge zum Verhör geladen und nach Belehrung über seine Wahrheitspflicht wurde er über seine Personenverhältnisse befragt. Im Anschluss daran erfolgte, ohne ihm seine Beschuldigteneigenschaft zu offenbaren, eine Befragung dahingehend, ob er wisse, weshalb er zum Verhör geladen worden sei. Bei Verneinung dieser Frage wurde er darüber informiert, dass man Grund zu der Annahme habe, dass er dies sehr wohl wisse[760]. Gegebenenfalls konnte der Beschuldigte im Rahmen dieser Vernehmung allgemein mit einzelnen Gegenständen der Tat oder mit ebenfalls bei der Tat anwesenden Personen konfrontiert werden. Während dieser Vernehmung sollte der befragende Landrichter auf jede Gemütsregung des Verdächtigen achten[761], in diesen jedoch, bei Abstreiten einer Kenntnis, „nicht weiter eindringen“. Gem. Artikel 158 III. Titel

756 Vgl. in dieser Arbeit den Gliederungspunkt „Veranlassung für eine richterliche Untersuchung“.

757 (Puchta, Der Dienst der deutschen Justizämter oder Einzelrichter, 1830, S. 405 f).

758 (Puchta, Der Dienst der deutschen Justizämter oder Einzelrichter, 1830, § 273).

759 (Puchta, Der Dienst der deutschen Justizämter oder Einzelrichter, 1830, § 274 & § 276).

760 (Puchta, Erinnerungen aus dem Leben und Wirken eines alten Beamten: vornehmlich für Anfänger in der juristischen, besonders Aemter-Praxis, 1842, S. 143.

761 (Puchta, Der Dienst der deutschen Justizämter oder Einzelrichter, 1830, § 275).

StGB 1813 war in einem solchen Fall das summarische Verhör dann „ohne weiteres“ zu schließen, das Verhalten des Befragten jedoch zu protokollieren.

Im Falle eines Geständnisses war stets zu berücksichtigen, dass das summarische Verhör lediglich Teil der Generaluntersuchung war und gem. Artikel 162 Titel III. StGB 1813 nicht Grundlage eines Strafurteils sein konnte. Ein gesondertes Geständnis war vielmehr im Rahmen der Spezialuntersuchung erforderlich.

Das summarische Verhör war demnach Teil der Befragung zur Ermittlung von Schuld und Unschuld des Befragten. Es war Ziel dieser Befragung, zu ermitteln, ob sich hieraus eine Veranlassung für die Eröffnung der Spezialuntersuchung gegen den Befragten ergeben könne[762].

Wenn diese verschiedenen Mittel der Generaluntersuchung keine Ergebnisse lieferten, konnte folglich auch keine Spezialuntersuchung gem. Artikel 91 II. Titel StGB 1813 eingeleitet werden. Dies war dann der Fall, wenn weder der Tatbestand erfüllt war noch ausreichende Hinweise auf Tat oder Täter ermittelt werden konnten. Solange die Generaluntersuchung kein Ergebnis über Wahrscheinlichkeit oder Gewissheit lieferte, dass eine Straftat tatsächlich begangen worden war und eine bestimmte Person dieser Straftat als Täter oder Gehilfe beschuldigt werden konnte, durfte gem. Art 93 II. Titel StGB 1813 keine Spezialuntersuchung durch das Landgericht beginnen.

Die Kriminaluntersuchung hatte, falls sie für nicht erfolgversprechend erachtet wurde, in solchen Fällen eingestellt zu werden. Die Einstellung der Generaluntersuchung war in der Regel gleichbedeutend mit einem Freispruch, da das Landgericht die einzige Behörde war, die Kriminaluntersuchungen durchführte[763].

Sinn und Zweck einer generellen Untersuchung war es, die Ehre und den guten Namen eines vermeintlich Verdächtigen nicht ohne Grund zu beeinträchtigen[764]. Aus diesem Grund sollte sie in einer Art und Weise durchgeführt werden, die kein Aufsehen erregte. Sowohl der Verdächtige als auch dessen Umfeld sollten von den Ermittlungen des Richters „im Geheimen“ nicht merken. Einer übereilten Vorverurteilung des Verdächtigen sollte auf diese Weise vorgebeugt werden. Durch den Richter war im Rahmen der Generaluntersuchung lediglich

---

762 Hierzu – unter Bezeichnung des summarischen Verhörs als „Zivilverhör“(Reingruber, Ueber den Wirkungskreis eines Landgerichts im Königreiche Baiern, Bd. 1, 1814, S. 644).

763 (Puchta, ˜Dieœ Landgerichte in Bayern und ihre Reform: mit vergleichender Rücksicht auf das deutsche Gerichtswesen früherer Zeit, 1834, S. 20).

764 (Reingruber, Ueber den Wirkungskreis eines Landgerichts im Königreiche Baiern, Bd. 1, 1814, S. 642).

zu klären, ob die vermeintliche Straftat tatsächlich begangen worden war und wenn ja, von wem. Dadurch, dass erst nach Abschluss dieses „Vorverfahrens" in die konkreten Ermittlungen eingetreten und dem Verdächtigen bis zu diesem Zeitpunkt der Tatvorwurf noch gar nicht eröffnet werden durfte, sollte dessen Leumund längstmöglich geschützt werden[765].

c. Spezialuntersuchung

Die Spezialuntersuchung richtete sich nach 3. Kapitel. Teil II. des StGB 1813 richtete sich. Gem. Artikel 92 II. Titel StGB 1813 wurde die Kriminaluntersuchung zu dem Zeitpunkt eingeleitet, zu dem der Verdächtige in die Position des Angeschuldigten versetzt und über die ihm zu Last gelegte Straftat persönlich befragt wurde. Da die Spezialuntersuchung durch die offizielle Versetzung des Verdächtigen in den Angeschuldigtenstand direkt die Ehre und den guten Namen des Bürgers beschädigte, waren für deren Anordnung nach Artikel 95 ff II. Titel StGB 1813 hohe Hürden gesetzt. So gab es gem. Art 97 II. Titel StGB 1813 nur bestimmte Gründe zur Anordnung der Spezialuntersuchung, wie beispielsweise das Geständnis des Täters, das Ertappen des Täters auf frischer Tat oder Aussagen von Tatzeugen etc. Außer den in Art. 97 II. Titel StGB 1813 genannten Gründen gab es gem. Art. 98 II. Titel StGB 1813 nur noch wenige Sonderanordnungsgründe für die Spezialuntersuchung, wie beispielsweise die Anordnung durch das übergeordnete Appellationsgericht.

Nach Anordnung der Spezialuntersuchung hatte der nun Angeschuldigte gem. Art. 102 II. Titel StGB 1813 die Möglichkeit, sich gegen deren Anordnung zu verteidigen. Dafür musste er unmittelbar beweisen können, dass die ihm vorgeworfene Tat gar nicht begangen worden war, er zur Tatzeit gar nicht am Tatort gewesen sein konnte oder sich der Tatverdacht lediglich aufgrund einer Personenverwechslung gegen ihn richtete. Gem. Art. 103 II. Titel StGB 1813 konnte dieser Verteidigungsantrag durch den Angeschuldigten allerdings nur innerhalb von 24 Stunden nach Bekanntwerden der Anordnung der Spezialuntersuchung unter Beifügung der entsprechenden Beweismittel zu Protokoll gegeben werden.

Die Spezialuntersuchung war essentieller Bestandteil der Strafverfolgung, da ein Strafurteil nicht auf Aussagen eines Verhörten während der Generaluntersuchung gestützt werden konnte. Dafür war eine ordentliche Vernehmung des Angeschuldigten im Rahmen der Spezialuntersuchung unter Eröffnung des Tatvorwurfs gem. Artikel 165 Titel III. StGB 1813 nötig. Sinn und Zweck der Spezialinquisition war es gemäß Artikel 107 Titel II. StGB 1813 zum einen, durch

765 (Ignor, 2002, S. 131 f).

Befragung des Angeschuldigten zu ermitteln, inwieweit dieser die ihm vorgeworfenen Tat einräumte oder abstritt. Zum anderen sollten die Tatumstände und weitere Beweise, sofern dies noch nicht im Rahmen der Generaluntersuchung geschehen war, so weit herausgearbeitet werden, dass sie eine Verurteilung des Angeschuldigten ermöglichten. Hierfür wurden in der Regel die gleichen Mittel herangezogen wie in der Generaluntersuchung mit Ausnahme des summarischen Verhörs, an dessen Stelle nun das Angeschuldigtenverhör trat. Die Spezialuntersuchung unterschied sich von der Generaluntersuchung insbesondere dadurch, dass nun keine allgemeine Beweis- und Indizienerhebung in Bezug auf eine Tat und einen Täter mehr erfolgte, sondern eine konkrete Tat und ein konkreter Angeschuldigter Mittelpunkt der Ermittlungen waren[766].

Diese im Rahmen von General- und vor allem Spezialuntersuchung gewonnenen Erkenntnisse waren von den Landgerichten zu protokollieren und an die Appellationsgerichte als Urteilsgerichte zu übersenden. Diese überprüften die im Rahmen der Untersuchung ermittelten Beweise und Indizien und fällten daraufhin ihr Urteil oder ordneten gegenüber den Landgerichten, falls sie dies für erforderlich hielten, weitere Untersuchungen an.

Bereits hier zeigt sich jedoch die Schwierigkeit für einen Richter, die beiden Verfahrensstadien der Generaluntersuchung und der Spezialuntersuchung tatsächlich zu unterscheiden und voneinander abzugrenzen. So sollte der Verdächtige im Rahmen der Generaluntersuchung zwar bereits vernommen werden dürfen, dies aber unter der täuschenden Vorspiegelung, er werde lediglich als Zeuge befragt. Gleichzeitig sollte aber die Generaluntersuchung gerade verhindern, dass vorzeitig konkrete Maßnahmen gegen einzelne Verdächtige eingeleitet wurden. Die Befragung eines Verdächtigen unter täuschender Vorspiegelung einer Zeugenstellung war aber gerade so eine konkrete Maßnahme, die durch die Generaluntersuchung verhindert werden sollte[767]. Das so umsichtig geschaffene Konstrukt von General- und Spezialuntersuchung konterkarierte sich in einem solchen Fall selbst.

2. Kritik an Strafgesetzbuch von 1813 in Bezug auf die Landgerichte

Das umfangreiche Kriminaluntersuchungsverfahren nach dem StGB von 1813 im Bereich der Untergerichtsbarkeit durch Einführung von Generaluntersuchung und Spezialuntersuchung führte zu nicht unerheblicher Kritik.

---

766 z.B. über die Nähe von General- und Spezialuntersuchung bei Hausdurchsuchungen(Puchta, Der Dienst der deutschen Justizämter oder Einzelrichter, 1830, § 273).

767 (Ignor, 2002, S. 132).

So war ein erheblicher Kritikpunkt an diesem Kriminaluntersuchungssystem, durch das StGB von 1813 sei zu wenig berücksichtigt worden, dass jeder Fall und jede verdächtige Person über bestimmte Eigenheiten verfüge, denen durch die strenge Anordnung von vorheriger Generaluntersuchung und erst hieran anschließender Spezialuntersuchung nicht ausreichend Rechnung getragen werde. Zwar wurde vor allem für den Geschäftsbereich der Landgerichte durchaus anerkannt, dass ein derartig strenges und formales Untersuchungsverfahren, das in verschiedene Phasen eingeteilt war, die untersuchenden Staatsdiener der Unterbehörden von einer übereilten und tumultuarischen Untersuchung abhalten könne. Gleichzeitig würden aber der Arbeit von fleißigen Richtern oftmals „formale Fesseln" angelegt und eine effektive Strafverfolgung behindert[768].

Gerade im Hinblick auf die Erlangung von Geständnissen führte die Einführung des StGB von 1813 zu erheblichen Verzögerungen. Dies lag vor allem daran, dass nun immer zu Beginn einer jeden Kriminaluntersuchung eine umfassende und zeitaufwendige Generaluntersuchung durchgeführt werden musste. Die Durchführung einer Generaluntersuchung war unabänderliche Bedingung für den Eintritt in die Spezialuntersuchung. Sie hatte immer, selbst bei eindeutiger Sachlage, vorab zu erfolgen. Dies führte zu einem zeitaufwendigen formalen „Vorverfahren", da die dort gewonnenen Geständnisse ohnehin nicht verwertet werden konnten. Zudem war unter Ausschöpfung aller Beweismittel stets vor Ort eine Generaluntersuchung durchzuführen. Dies liefe, so kritische Stimmen, der eigentlichen Intention des Strafgesetzbuches von 1813, nämlich der Schaffung eines besseren und vor allem effektiveren Strafverfahrens, zuwider[769].

Die Kritik an dem durch das StGB von 1813 eingeführte Kriminaluntersuchungsverfahren beschränkte sich nicht nur auf die Einführung eines strengeren und formaleren Untersuchungsverfahrens, das einen erheblichen Zeitaufwand zur Konsequenz hatte, sondern richtete sich insbesondere auch dagegen, dass dieses strengere Untersuchungsverfahren nun auch bei geringen Vergehen durchzuführen war.

Auch wurde der Vorwurf der Praxisuntauglichkeit erhoben, da ein sich im summarischen Verhör in der Generaluntersuchung in Widersprüche verstrickender Verdächtiger nicht ohne Weiteres sofort als Angeschuldigter befragt werden durfte. Erst musste formal und korrekt protokollarisch festgehalten, die Generaluntersuchung geschlossen und sodann die Spezialuntersuchung formal

768 (Puchta, ˜Dieœ Landgerichte in Bayern und ihre Reform: mit vergleichender Rücksicht auf das deutsche Gerichtswesen früherer Zeit, 1834, S. 21).

769 (Puchta, ˜Dieœ Landgerichte in Bayern und ihre Reform: mit vergleichender Rücksicht auf das deutsche Gerichtswesen früherer Zeit, 1834, S. 53 ff).

und korrekt gegen den, nun nicht mehr nur Verdächtigen, sondern Angeschuldigten, eröffnet werden. Erst dann durfte eine konkrete und präzise Befragung erfolgen[770]. Dies, so die Kritik, führe zu einer deutlich erhöhten Schreibarbeit bei den Landgerichten (wegen der getrennten Durchführung einer General- und einer Spezialuntersuchung in jedem Verfahren) und einem damit einhergehenden enormen Zeitverlust, der den Untersuchungszeitaufwand für jedes einzelne Verfahren erhöhe. Im Rahmen dieser Kritik wurde angeregt, dass gerade geringe Vergehen nicht mehr durch die Appellationsgerichte, sondern vielmehr direkt durch die jeweils untersuchenden Landgerichte abgeurteilt werden sollten. Dies hätte insbesondere den Vorteil gehabt, die überfüllten Strafhäuser von den Langezeit-Untersuchungshäftlingen infolge der langen Untersuchungszeiten zu befreien und darüber hinaus zu einer enormen Kostenersparnis im Bereich der Kriminalgerichtsbarkeit zu führen[771].

Problematisch bei diesem strengen, formalen Untersuchungsverfahren sei vor allem auch, so die Kritiker, dass diese Verfahren nun auch bei geringen Straftaten durchgeführt werden müssten. Diese führten aber mangels Beweisbarkeit in den seltensten Fällen – trotz zwingend vorgeschriebener umfangreicher General- und Spezialuntersuchung – zu einem Urteil. Gerade die auf dem Land häufiger auftretenden kleinen Straftaten, wie beispielsweise Forstfrevel, Körperverletzung bei Schlägereien oder Beleidigung von Amtspersonen waren kaum nachzuweisen. Dies mag insbesondere daran gelegen haben, dass diese Straftaten von der Landbevölkerung als „leicht verzeihliche Kavaliersdelikte“ angesehen wurden[772].

Es kam somit durch das strenge Untersuchungsverfahren zu einer (da wenig erfolgversprechend) sinnlosen Bindung von Personalressourcen bei den Landgerichten. Gerade diese Personalkapazitäten wären aber zur Bearbeitung der übrigen Geschäftskreise dringend benötigt worden.

Wesentliche Kritikpunkte an der Einführung des Untersuchungsverfahrens bei den Landgerichten durch das StGB von 1813 waren somit im Wesentlichen die Strenge bei der Untersuchungsdurchführung (in formaler Hinsicht) und die gestiegene Anzahl von überhaupt durchzuführenden Untersuchungen (im Hinblick auf die Schwere der Straftat). Dies führte in der Praxis zu einer

---

770 (Puchta, Erinnerungen aus dem Leben und Wirken eines alten Beamten: vornehmlich für Anfänger in der juristischen, besonders Aemter-Praxis, 1842, S. 144).

771 (Anonym, Ueber das Bedürfniß einer besseren Justiz in Baiern, besonders bey den Landgerichten den Land-Ständen gewidmet, 1819, § 21 – über die Durchsetzung dieses Vorschlags vgl. den Ausblick für die Entwicklung der Landgerichte am Ende dieser Arbeit unter dem Gliederungspunkt „Schlussbemerkung zu den Landgerichten“).

772 (Buchinger, 1827, S. 60 ff).

insgesamt längeren Strafverfahrensdauer und lief daher dem eigentlichen Zweck des StGB von 1813, also demjenigen einer Verbesserung des Untersuchungsverfahrens, zuwider. Ein längeres Untersuchungsverfahren barg immer das Risiko in sich, dass die verfolgte Straftat letztlich nicht aufgeklärt werden konnte.

Dass diese Kritik am Untersuchungsverfahren keine Kritik an der Landgerichtsbarkeit als solche war, sondern eben eine Kritik an dem Kriminaluntersuchungsverfahren selbst, ist daran ersichtlich, dass auch Stadtgerichte, deren Geschäftskreis im Vergleich zu den Landgerichten deutlich beschränkter war, keine höhere Erfolgsquote bei Kriminaluntersuchungen aufweisen konnten als die Landgerichte[773].

3. Kontrolle durch höhere Behörde

Auch im Bereich der Kriminalgerichtsbarkeit hatten die Landgerichte jeweils vierteljährlich tabellarische Geschäftsanzeigen an die jeweiligen übergeordneten Appellationsgerichte einzusenden.

Eine präzisere Kontrolle der ordentlichen Amtsführung durch die Landgerichte erreichte man aber durch Amtsvisitationen mittels eines Untersuchungskommissars[774]. Dieser hatte die ordnungsgemäßen Durchführung der Strafvollstreckung sowie die regelmäßige Visitation von gegebenenfalls im Landgerichtsbezirk errichteten Gefängnissen durch den Landrichter zu kontrollieren. Die wichtigste Überprüfung durch den Visitator war jedoch das Vorgehen des Landrichters im Rahmen von Kriminaluntersuchungen, da sich dies auf die gesamte weitere Strafgerichtsbarkeit auch bei allen Obergerichten auswirkte[775].

Die Akten und Protokolle von Untersuchungen, die der Landrichter für eine Verurteilung für ausreichend hielt, wurden von diesem ohnehin an das urteilende Appellationsgericht übersandt und dort im Rahmen der Urteilsfindung geprüft[776]. Wichtiger war es deswegen, dass der ein Landgericht visitierende Untersuchungskommissar statt der Akten und Protokolle die durch den Landrichter abgebrochenen Verfahren überprüfte. So konnte ermittelt werden, ob diese tatsächlich aus Gründen einer unergiebigen Generaluntersuchung, oder nur aus „Arbeitsscheu des Beamten“[777] eingestellt worden waren.

773 (Puchta, ˜Dieœ Landgerichte in Bayern und ihre Reform: mit vergleichender Rücksicht auf das deutsche Gerichtswesen früherer Zeit, 1834, S. 20).

774 Vgl. in dieser Arbeit den Gliederungspunkt „allgemeine Kontrolle“.

775 (Reigersberg, 1820, S. 15).

776 (Reigersberg, 1820, S. 31).

777 (Reingruber, Ueber den Wirkungskreis eines Landgerichts im Königreiche Baiern, Bd. 2, 1814, S. 602).

4. Beispiel am Etatjahr 1818/19

Im Etatjahr 1818/19 wurde das Geschäftsaufkommen in der Kriminalgerichtsbarkeit bei allen Untergerichten mit 5122 Generaluntersuchungen und 5112 General- und Spezialuntersuchungen angegeben. Von den jeweiligen Appellationsgerichten ergingen auf Grundlage dieser Spezialuntersuchungen 91 Unschuldserklärungen[778], 1048 Freisprüche, 1063 Freisprüche in der Berufungsinstanz und 2674 tatsächliche Verurteilungen.

Die am häufigsten begangenen Delikte waren solche gegen das Eigentum, die 3965 General- und 3525 Spezialuntersuchungen zur Folge hatten, gefolgt von Körperverletzungsdelikten mit 573 General- und 353 Spezialuntersuchungen. Die Zahlen der General- und Spezialuntersuchungen hinsichtlich Delikte gegen das Leben beliefen sich auf 253 bzw. 115, wobei zu berücksichtigen ist, dass hierbei auch viele durch Zufall oder Selbstmord verursachte Tode zunächst untersucht worden waren[779].

III. Geschäftskreis Polizeiverwaltung

1. Inhalt

Trotz ihrer Bezeichnung als Landgerichte war nicht die richterliche Tätigkeit das Hauptbeschäftigungsfeld der Landrichter, sondern der Schwerpunkt ihrer Tätigkeit lag im Bereich der Polizeiverwaltung[780]. Die Polizeiverwaltung war ein Geschäftskreis, der dem Landrichter in vielerlei Hinsicht allerhand abverlangte. Dies lag einerseits daran, dass ein angehender Landrichter in diesem Tätigkeitsfeld während seiner Studienzeit nicht unterrichtet worden war und sich daher sehr schwer tat, in diesen Geschäftskreis überhaupt einen Einstieg zu finden bzw. den ihm mit diesem Geschäftskreis übertragenen Pflichten gerecht zu werden[781]. Andererseits war die Bestimmung des Geschäftskreises der Polizeiverwaltung äußerst unbestimmt und vage, während anderen Unterbehörden, wie beispielsweise den Rentämtern, ein klarer Zuständigkeitsbereich zugewiesen wurde[782].

---

778 Aus einem Freispruch war lediglich ersichtlich, dass dem Angeklagten die vorgeworfene Tat nicht nachzuweisen war, er enthielt allerdings keine Aussage über dessen tatsächliche Unschuld. Durch eine Unschuldserklärung wurde tatsächlich die Unschuld des Angeklagten bestätigt (Stuckenberg, 1998, S. 118).

779 (Reigersberg, 1820, S. 17 ff).

780 (Seydel, Bayerisches Staatsrecht, 1913/1, S. 360).

781 (Reingruber, Ueber den Wirkungskreis eines Landgerichts im Königreiche Baiern, Bd. 1, 1814, Vorrede S. V).

782 (Hellmuth, 1854, S. 69).

Am Ende der Vorbemerkung der Verordnung vom 24. März 1802[783] war hinsichtlich der Landgerichte angekündigt worden, dass die Einrichtung der Landgerichte im Einzelnen und insbesondere im Bereich der Polizeiverwaltung nach der Ordnung erfolgen solle, die durch nachfolgende Reskripte im Einzelnen nachgeregelt werde. Eine solche Geschäftskreisbestimmung erfolgte jedoch auch in den Folgejahren nicht mehr.

Lediglich die Verordnung vom 18. Juni 1810[784], welche die Instruktion der Landgerichte betraf, führte aus, dass sich die Verordnung nicht mit den Geschäftsressorts der Landgerichte befasse, da diese als „ohnehin allgemein bekannt" vorausgesetzt werden könnten. Darüber hinaus wurde lediglich der Erlass einer Hauptdienstinstruktion mit näherer Kompetenzbestimmung für die Landgerichte angekündigt, ähnlich wie durch Verordnung vom 9. Dezember 1825[785]. Zu einer Umsetzung dieser Ankündigungen kam es jedoch nie.

Das Fehlen eines einheitlichen und zusammenhängenden Polizei- und Administrativgesetzbuches, in dem bestimmte Geschäftsbereiche klar den Landgerichten zugewiesen worden wären, wurde aufgrund der von diesen zu bewältigenden Aufgabenmenge im Laufe der Zeit zum Problem[786].

Diese bereits in der Verordnung vom 24. März 1802 begründeten Problematik führte zu einem sehr weiten Geschäftskreis der Landgerichte im Bereich der Polizeiverwaltung, da Mittel- und Oberbehörden in den landgerichtlichen Zuständigkeitsbereich alles delegierten, wofür nicht in einer Verordnung ein eigener ausschließlicher Wirkungskreis bestimmet werden konnte[787].

Im Folgenden wird dennoch der Versuch unternommen, den Geschäftskreis der Polizeiverwaltung oder besser gesagt, dessen wichtigste Gegenstände für den Landrichter in der täglicher Geschäftspraxis darzustellen[788].

783 Churpfalzbayerisches Reg. Bl. 1802, S. 236.

784 Reg. Bl. 1810 S. 505.

785 Reg. und Int. Bl. 1825, S. 977.

786 (Anonym, Ueber die bevorstehende Verkleinerung der Landgerichte in Bayern, 1834, S. 38).

787 (Reingruber, Ueber den Wirkungskreis eines Landgerichts im Königreiche Baiern, Bd. 1, 1814, S. 105).

788 Vgl. hierzu im Einzelnen über die einzelnen Geschäftsgegenstände, die im Jahr 1814 für ein Landgericht mit insgesamt über 200 festgesetzt werden(Reingruber, Ueber den Wirkungskreis eines Landgerichts im Königreiche Baiern, Bd. 1, 1814, S. 79 ff).

a. Polizei

Obwohl der Begriff der Polizeiverwaltung in der alltäglichen Geschäftspraxis als einheitlicher Begriff verwendet wurde, handelte es sich bei diesem Geschäftskreis an sich um zwei verschiedene, nämlich um die Polizei an sich und um die „übrige Verwaltung“[789]. So unterteilte eine Verordnung vom 28.Juni 1809[790] den Geschäftskreis der Polizeiverwaltung in „Polizei- und andere, nicht zur reinen Justiz ressortierenden Amtsgeschäfte“, ohne zu definieren, was unter den Geschäftskreis der Polizei zu subsumieren wäre. Aus dieser Formulierung war nur ersichtlich, dass der Geschäftskreis der Polizei auch ein Teil der Verwaltung, allerdings ein Geschäftskreis mit eng gefasstem Zuständigkeitsbereich war.

Die einzige positiv formulierte Definition des Geschäftskreises der Polizei findet sich in der Verordnung vom 15. August 1803[791] hinsichtlich der Organisation der kurfürstlichen Landesdirektion[792]:

> „Die Polizeideputation umfasst die mancherlei Anordnungen und Einrichtungen, welche von Seite der höchsten Gewalt entweder als Vorbeugungs- und Verhütungsmittel, oder als Verteidigungsmittel gemacht und getroffen werden, um den Staatsbürgern öffentliche Ruhe und Sicherheit, teils gegen schädliche Menschen und Tiere, teils gegen sonstige willenlose Kräfte der Natur und Bequemlichkeit zu verschaffen, überhaupt ihnen den Genuss ihrer Rechte zu erleichtern, wo ihre eigenen Kräfte dazu nicht hinreichen.“

Der Geschäftskreis der Polizei betraf also Angelegenheiten, die unmittelbar dem Schutz der Staatsbürger zu Gute kommen sollten, während in den Geschäftskreis der übrigen Verwaltung sonstige nicht der Justiz unterfallende Angelegenheiten des Zusammenlebens von Staatsbürgern fielen.

Zu unterscheiden ist der Begriff der „sonstigen Verwaltung“ vom Begriff des, zur damaligen Zeit ebenfalls häufig verwendeten Begriffs, der „inneren Verwaltung“[793]. Der Begriff der „inneren Verwaltung“ erfasste alle Gegenstände der Verwaltung, die nicht über die Landesgrenzen hinauswirkten und nicht zu Justiz

---

789 (Hellmuth, 1854, S. 82) und exemplarisch auch ersichtlich aus den Gerichtsstatitiken, die eine entsprechende Abgrenzung vornehmen, für Oberdonaukreis / Landgericht Füssen 1826/27 (StA Augsburg, Reg. des 3. Oberdonaukreises K.d.I., Akten, Nummer 1218).

790 Reg. Bl. 1809, S. 1227.

791 Reg. Bl. 1803, S. 662.

792 (Hellmuth, 1854, S. 87).

793 (Puchta, ˜Dieœ Landgerichte in Bayern und ihre Reform: mit vergleichender Rücksicht auf das deutsche Gerichtswesen früherer Zeit, 1834, S. 26).

oder Finanzen gehörten, und zwar unabhängig davon, ob solche der Polizei oder solche der „übrigen Verwaltung" zuzurechnen waren[794].

aa. Sicherheit

Ein entscheidender Aufgabenbereich des Landrichters war es, den Staatsbürgern in den jeweiligen Landgerichtsbezirken die nötige Sicherheit zu verschaffen.

Der wohl wichtigste Bereich der Sicherheit bei den Landgerichten war die Brandassekuranz[795]. Durch diese Versicherung sollten einerseits dem Ausbruch von Feuer überhaupt vorgebeugt, andererseits aber für jeden Landgerichtbezirk auch eine entsprechende Regulierung im Schadensfall gewährleistet werden.

Hierzu hatte der Landrichter ein Kataster zu erstellen und fortlaufend zu pflegen[796], aus dem alle der Feuerversicherung unterfallenden Objekte ersichtlich waren. Diese Aufzeichnungen waren in gesonderte Brandversicherungsbücher zu übertragen[797] und die sich hieraus ergebenden Versicherungssummen entsprechend anzupassen und jährlich einzuziehen[798]. Der Landrichter hatte darüber hinaus dafür zu sorgen, dass stets ausreichend Requisiten zum Löschen möglicherweise ausbrechender Feuer vorhanden waren.

Im Schadensfall hatte er die Brandursache zu erforschen, den Schaden zu schätzen und die Entschädigungssummen in ordnungsgemäßer Weise an die Geschädigten zu verteilen[799]. Die jeweiligen Akten waren an das Kreiskommissariat einzusenden[800].

Trotz oder gerade wegen des Umfangs dieser Obliegenheit hatte der Landrichter sich dieser Aufgabe mit hoher Intensität zu widmen, da er für die

794 (Hellmuth, 1854, S. 106 f).

795 (Puchta, ˜Dieœ Landgerichte in Bayern und ihre Reform: mit vergleichender Rücksicht auf das deutsche Gerichtswesen früherer Zeit, 1834, S. 62).

796 (Reingruber, Ueber den Wirkungskreis eines Landgerichts im Königreiche Baiern, Bd. 1, 1814, S. 84 Nr. 35).

797 (Reingruber, Ueber den Wirkungskreis eines Landgerichts im Königreiche Baiern, Bd. 1, 1814, S. 351).

798 (Reingruber, Ueber den Wirkungskreis eines Landgerichts im Königreiche Baiern, Bd. 1, 1814, S. 84 Nr. 35).

799 (Puchta, Erinnerungen aus dem Leben und Wirken eines alten Beamten: vornehmlich für Anfänger in der juristischen, besonders Aemter-Praxis, 1842, S. 231) und(Reingruber, Ueber den Wirkungskreis eines Landgerichts im Königreiche Baiern, Bd. 1, 1814, S. 84 Nr. 36 und 37).

800 Vgl. exemplarisch für Oberdonaukreis / Landgericht Füssen 1826/27 (StA Augsburg, Reg. des 3. Oberdonaukreises K.d.I., Akten, Nummer 1218).

Brandversicherungsassekuranz die einzige unmittelbar am Gefahrobjekt zuständige Instanz war[801].

Im Zusammenhang mit dieser Aufgabe stand auch die Pflicht des Landrichters, die Durchführung von Nachtwachen in Dörfern sowie kleinen in den Zuständigkeitsbereich der Landgerichte fallenden Städten und Märkten zu kontrollieren. Dies diente insbesondere der Gewährleistung der nächtlichen Ruhe auch im Hinblick auf die Abschreckung vermeintlicher Diebe, vor allem aber der Vorbeugung von Bränden[802]. Die Nachtwache hatte in kleinen Städten und Märkten nach der Verordnung vom 28. Januar 1805[803] für die Beleuchtung der Gassen zu sorgen. Da auch dies dem Sicherheitsgefühl der Bevölkerung diente, unterfiel die Aufsicht hierüber ebenfalls den jeweils zuständigen Landgerichten.

Auch Streifengänge, durchgeführt in der Regel von Gerichtsdienern (aber ggfs. auch Landrichtern oder Nebenbeamten[804]) unter Beiziehung von Knechten durch einen oder nach entsprechender Absprache mehrere Landgerichtsbezirke, waren Angelegenheiten, die dem Bereich der Sicherheit unterfielen. Ziel dieser stets in aller Stille angeordneten und von langer Hand geplanten Streifen war es, einerseits Vagabunden und angehende Straftäter von deren Taten abzuschrecken, andererseits der wachsenden Unsicherheit in der Bevölkerung entgegenzutreten[805].

Ferner oblag dem Landrichter die Aufsicht über die Aufrechterhaltung der Bauordnung[806] nach der Verordnung vom 28. Januar 1805[807]. Er hatte bei jedem neuen Bauvorhaben oder jeder größeren Baureparation innerhalb des Landgerichtsbezirks den Grund der baulichen Maßnahme und den hierfür von dem jeweiligen Werksmeister erstellten Plan zu überprüfen. Auch das zur Verwendung beabsichtigte Material[808] und die an der Bauausführung beteiligten

---

801 Vgl. hierzu im Einzelnen die Ausführungen von(Reingruber, Ueber den Wirkungskreis eines Landgerichts im Königreiche Baiern, Bd. 1, 1814, S. 348–358).

802 (Reingruber, Ueber den Wirkungskreis eines Landgerichts im Königreiche Baiern, Bd. 1, 1814, S. 339).

803 Reg. Bl. 1805, S. 214.

804 Vgl. hierzu die Instruktionen bezüglich der Diäten und Reisegebühren in Döllinger, Abteilung XVIII:, § 426 Nr. 1.

805 (Reingruber, Ueber den Wirkungskreis eines Landgerichts im Königreiche Baiern, Bd. 1, 1814, S. 337 f).

806 Zur Geschichte des Bauordnungsrechts in Bayern (Stangl, 2002, S. 10–18 und S. 27–28 (vor 1800), S. 19–38 (1800–1863) und S. 38 (ab 1863)).

807 Reg. Bl. 1805, S. 322.

808 Vgl. hierzu beispielsweise die Verordnung die Formen der Ziegelsteine betreffend vom 11. April 1805 in Reg. Bl. 1805, S. 505.

Gesellen, Zimmer- und Maurerjungen hatte der Landrichter unter Zuziehung der Baukommission zu inspizieren[809]. Die Baukommission bestand neben dem Landrichter aus einem Magistratsmitglied (oder, falls im Zuständigkeitsbereich eines Patrimonialgerichts gelegen, aus dem dortigen Patrimonialrichter) sowie zwei erfahrenen Werksmeistern[810]. Ziel dieser umfangreichen Aufsicht war die Gewährleistung einer hinreichenden Bauqualität bei Gebäuden und der damit einhergehenden Sicherheit für die dieses Gebäude nutzende Bevölkerung[811].

Ein weiterer großer Aufgabenbereich der Landgerichte war das Militär- und Kriegswesen[812]. Dieser Aufgabenbereich richtete sich weitestgehend nach dem Konskriptionsgesetz von 1812[813]. Zum Geschäftsbereich des allgemeinen Militärwesens zählten vor allem statistische Aufgaben wie die Erfassung aller sich auf Urlaub befindenden Soldaten im Landgerichtsbezirk, Kontrolle von deren Urlaubspässen bei Ankunft und Abreise, Einleitung von Entlassungsverfahren aus dem Militär von – um diese ersuchende – Soldaten sowie deren Weiterleitung an das Kreiskommissariat. Hinzu kam das Führen von Listen gefallener Soldaten, Anlage und Pflege von Deserteursverzeichnissen und die Leitung von Untersuchungen gegen diese Deserteure oder Soldaten, die verdächtigt wurden, Übergriffe auf die Bevölkerung getätigt zu haben[814]. Auch die Einberufung und Aushebung von militärischen Einheiten gehörte in den Aufgabenbereich der Landgerichte[815].

In Kriegszeiten war dies sogar eine ihrer wichtigsten Aufgaben des Landgerichts. Zur Organisation des Kriegswesens wurden die Landgerichte im jeweiligen Gebiet zu Marschkommissariaten umfunktioniert und waren für die Aushebung neuer Truppen sowie für die Versorgung und Unterbringung durchmarschierender

809 Vgl. exemplarisch für Oberdonaukreis / Landgericht Füssen 1826/27 (StA Augsburg, Reg. des 3. Oberdonaukreises K.d.I., Akten, Nummer 1218).

810 (Reingruber, Ueber den Wirkungskreis eines Landgerichts im Königreiche Baiern, Bd. 1, 1814, S. 359).

811 (Reingruber, Ueber den Wirkungskreis eines Landgerichts im Königreiche Baiern, Bd. 1, 1814, S. 358–365).

812 Zur Geschichte der bayerischen Wehrverfassung (Gruner, 1972, (Das Heer von 1804–1825) S. 37–70 und (das Heer von 1825–1848) S. 105–176), (Seydel, Bayerisches Staatsrecht, 1913/1, S. 165 ff).

813 (Reingruber, Ueber den Wirkungskreis eines Landgerichts im Königreiche Baiern, Bd. 2, 1814, S. 441 ff).

814 (Reingruber, Ueber den Wirkungskreis eines Landgerichts im Königreiche Baiern, Bd. 1, 1814, S. 93 f).

815 (Reingruber, Ueber den Wirkungskreis eines Landgerichts im Königreiche Baiern, Bd. 1, 1814, S. 94 f).

bayerischer und verbündeter Truppen verantwortlich[816]. Die Landrichter hatten darüber hinaus den oberen Behörden die entscheidenden Informationen zu besorgen, die diese für die Ermittlung der Kriegslasten benötigten. Beispielsweise mussten sie die Anzahl der einquartierten ausländischen und inländischen Truppen, zur Truppenversorgung aufgewendete Leistungen, wie die abgegebene Menge von Pferdefutter etc., sowie die Erhebung der Kriegsbeschädigungen im jeweiligen Landgerichtsbezirk[817] ermitteln und an die oberen Behörden weiterleiten[818].

Die Landgerichte hatten folglich eine Schlüsselposition für die Landesverteidigung und damit für die Sicherheit der Bevölkerung im weitesten Sinne inne. Sie waren die wichtige behördliche Schnittstelle zwischen Militär- bzw. Kriegswesen und der Regierung. Aufgrund der durch die Landgerichte verrichteten Arbeit konnten diese auf hierdurch erlangte neue Erkenntnisse reagieren und militärische Operationen in Kriegszeiten überhaupt erst durchführen. Die Landgerichte waren somit „Auge und Ohr" der Regierung in allen Militärangelegenheiten. Dies dürfte auch der Grund dafür gewesen sein, weshalb es den Landrichtern unter schwerer Strafe untersagt war, auch im Fall der Invasion von fremden Truppen ihren Landgerichtsbezirk zu verlassen[819]. Eine ordentliche und organisierte Landesverteidigung war nämlich ohne die durch die Landgerichte weitergegebenen Erkenntnisse kaum möglich.

Weiter Aufgabenbereiche der Landgerichte im Bereich der Sicherheit waren die Aufsicht über die Gendarmerieregimenter, bestehend aus Kavallerie und Infanterie[820]. Auch die Anordnungen von Streifen durch den Gerichtsbezirk[821], die Aufstellung der Flurwache und die Aufsicht darüber und über die Marktordnung (insbesondere Viehmärkte) sowie die Aufsicht über Fremde, im Speziellen die Befolgung des Passwesens, lagen im Zuständigkeitsbereich der Landgerichte[822].

---

816 (Puchta, Erinnerungen aus dem Leben und Wirken eines alten Beamten: vornehmlich für Anfänger in der juristischen, besonders Aemter-Praxis, 1842, S. 252).

817 (Reingruber, Ueber den Wirkungskreis eines Landgerichts im Königreiche Baiern, Bd. 1, 1814, S. 95–97).

818 Vgl. exemplarisch für Oberdonaukreis / Landgericht Füssen 1826/27 (StA Augsburg, Reg. des 3. Oberdonaukreises K.d.I., Akten, Nummer 1218).

819 Vgl. Instruktion vom 11. Juni 1809 in Döllinger, Abtheilung XVIII., § 1394.

820 (Reingruber, Ueber den Wirkungskreis eines Landgerichts im Königreiche Baiern, Bd. 1, 1814, S. 327–332).

821 (Reingruber, Ueber den Wirkungskreis eines Landgerichts im Königreiche Baiern, Bd. 1, 1814, S. 337 f).

822 (Reingruber, Ueber den Wirkungskreis eines Landgerichts im Königreiche Baiern, Bd. 1, 1814, S. 365 ff) und vgl. exemplarisch für Oberdonaukreis / Landgericht Füssen 1826/27 (StA Augsburg, Reg. des 3. Oberdonaukreises K.d.I., Akten, Nummer 1218).

bb. Gesundheit

Die Landgerichte waren darüber hinaus im Geschäftskreis der Polizei in ihren Bezirken die untersten Gesundheitsbehörden. Ihnen oblag in diesem Aufgabenbereich die Aufsicht über das gesamte Medizinal- und Sanitätswesen[823] samt der öffentlichen Krankenpflege sowie die Aufsicht über die dort tätigen Personen, also Ärzte, Hebammen, Apotheker und Krankenpfleger. In diesen Aufgabenbereich fiel auch die Aufklärung der Bevölkerung über allgemein nützliche und notwendige ärztliche Kenntnisse, vor allem durch Jugend- und Volksunterricht, sowie die Sorge für Schwangere, Säuglinge und kleine Kinder[824].

Ein weiterer Tätigkeitsbereich war die Verhinderung der Verbreitung von epidemischen und ansteckenden Krankheiten durch Veranlassung entsprechender Impfungen (insbesondere Pocken) in der Bevölkerung. Auch die Überwachung der Hygiene bei Nahrungsmitteln und in den Wohnstätten, das Veranlassen rascher Beerdigungen von Toten und das Ergreifen entsprechender Vorkehrungen zu Verhinderung der Verbreitung von Viehkrankheiten war Aufgabe der Landgerichte[825].

Letztlich fielen in den Aufgabenbereich der Polizei bei den Landgerichten alle Angelegenheiten, die die Sicherheit und die Gesundheit der im Landgerichtsbezirk ansässigen Bevölkerung im weitesten Sinne betrafen[826].

So berichtet Puchta, dass es infolge der extremen Verteuerung von Brot in den Jahren 1816 und 1817 zu einer Hungersnot kam. Als Landrichter nahm er hierbei in eigener Regie einen Kredit von 30.000fl. zu hohen Zinsen bei einer Bank auf, um große Mengen Getreide im Ausland ankaufen und in seinen Landgerichtsbezirk liefern lassen zu können. Als Pfand setzte er, mangels anderer verfügbarer Sicherheiten, große Bestände an Kapitalbriefen und Bankobligationen ein, die in der landgerichtlichen Hinterlegungsstelle hinterlegt worden waren. Er war an sich, ohne entsprechende Genehmigung der Hinterlegenden, gar nicht befugt, die Kapitalbriefe und Bankobligationen zu verpfänden. Wegen

823 (Puchta, Erinnerungen aus dem Leben und Wirken eines alten Beamten: vornehmlich für Anfänger in der juristischen, besonders Aemter-Praxis, 1842, S. 231), Zur Geschichte des bayerischen Medizinalwesen im 19. Jahrhundert (von Chiari, 2009, S. 12–28) und speziell zum hierzu ergangenen organischen Edikt vom 8. September 1808, S. 37 ff. in Reg. Bl. 1809, S. 1818.

824 (Reingruber, Ueber den Wirkungskreis eines Landgerichts im Königreiche Baiern, Bd. 1, 1814, S. 379 ff).

825 (Weis, Die Trennung zwischen Justiz und Verwaltung bei den bayerischen Unterbehörden. Zur Vorgeschichte des Gerichtsverfassungsgesetzes von 1861, 1987, S. 755).

826 Vgl. exemplarisch für Oberdonaukreis / Landgericht Füssen 1826/27 (StA Augsburg, Reg. des 3. Oberdonaukreises K.d.I., Akten, Nummer 1218).

der akuten Gefahr für die Bevölkerung hatte er sich dennoch auf diese Weise Geldmittel beschafft, um eine günstige Gelegenheit zum Ankauf von Getreide aus dem Norden zu einem angemessenen Preis zu nutzen. Nachdem der Kredit ohne Pfandverwertung zurückbezahlt werden konnte, hatte dieses Verhalten für Puchta keinerlei negative Folgen[827]. Dieser Fall, der sicherlich nur eine extreme Ausnahmeerscheinung war, zeigt aber beispielhaft die immense Aufgabenweite eines Landrichters. Als „äußerstes Verbindungsglied der Regierung" zu den Amtsanbefohlenen musste er teilweise auch unorthodoxe Wege beschreiten, um seinem ihm obliegenden Aufgabenkreis gerecht werden zu können.

Diesen umfangreichen Pflichten, nämlich stets für die Sicherheit und die Gesundheit der ihm Amtsanbefohlenen zu sorgen, konnte der Landrichter jedoch in Kriegszeiten nicht mehr nachkommen. Bei der Okkupation des Landgerichts durch fremde Truppen war eine Amtsausübung nicht mehr möglich, so dass in diesen Zeiten Justiz und Verwaltung kaum aufrecht erhalten werden konnten[828].

b. „Übrige Verwaltung"

Die Geschäftsgegenstände, die nicht sonstigen Unterbehörden (beispielsweise den Rentämtern) und bei den Landgerichten nicht der Justiz oder der Polizei zugewiesen worden waren, gehörten zum Geschäftskreis der „übrigen Verwaltung" gemäß der Verordnung vom 28.Juni 1809[829]. Da in diesen Geschäftskreis alle Geschäftsgegenstände fielen, die nicht ausdrücklich anderen Behörden zugewiesen worden waren, war die Zuständigkeit des Landgerichts hier nahezu unbegrenzt[830].

Im Folgenden werden die wichtigsten Aufgaben dieses Geschäftskreises zusammengefasst und erläutert.

Ein großer Aufgabenbereich der Landgerichte im Bereich der „übrigen" Verwaltung" war die Aufsicht über Religion[831], Unterricht und Erziehung sowie über das sittliche Betragen der Bevölkerung[832]. Die hieraus resultierenden Aufgaben

---

827 (Puchta, Erinnerungen aus dem Leben und Wirken eines alten Beamten: vornehmlich für Anfänger in der juristischen, besonders Aemter-Praxis, 1842, S. 267 ff).

828 (Buchinger, 1827, S. 39 f).

829 Reg. Bl. 1809, S. 1227.

830 (Weis, Die Trennung zwischen Justiz und Verwaltung bei den bayerischen Unterbehörden. Zur Vorgeschichte des Gerichtsverfassungsgesetzes von 1861, 1987, S. 755).

831 Zur Entwicklung der evangelischen und katholischen Kirche von 1800–1850 (Spindler, Handbuch der bayerischen Geschichte, 1979, S. 883–887 (evangelische Kirche) und S. 914–922 (katholische Kirche)).

832 Vgl. exemplarisch für Oberdonaukreis / Landgericht Füssen 1826/27 (StA Augsburg, Reg. des 3. Oberdonaukreises K.d.I., Akten, Nummer 1218).

erweiterten den Geschäftskreis der Landgerichte infolge des Reichsdeputationshauptschlusses im Jahr 1803[833].

Im Hinblick auf geistliche und kirchliche Angelegenheiten hatte ein Landrichter die Aufsicht über Kirchenbauten, die Gottesdienste und den öffentlichen Ritus. Er musste zudem die Organisation der Pfarreien überwachen, insbesondere die Größe des Pfarreibezirkes, die dortige Besetzung mit einem fähigen und verdienten Pfarrer und hatte hierüber regelmäßig dem Kreiskommissariat Bericht zu erstatten. Diese Berichte beinhalteten auch Angaben zu den Pfarreierträgnissen und Personalveränderungen in den Pfarreien, zu Beförderungen oder Todesfällen von Pfarrern[834]. Erst durch das Revisionsgesetz vom 1. Juli 1837[835] kam es zur Einrichtung eigener Kirchenverwaltungen.

Bei Erziehungs- und Schulwesen[836] hatten die Landgerichte den Jugendunterricht, dessen Besuch nach einer Verordnung vom 23. Dezember 1802[837] verbindlich war, die Umsetzung der Lehrpläne und die Lehrer sowie deren Fähigkeiten zu überwachen. Ebenso hatten die Landgerichte für die Besoldung der Lehrer und die Errichtung der benötigten Schulhäuser zu sorgen[838].

Zum Erhalt der guten Sitten mussten die Landgerichte das öffentliche Leben danach beaufsichtigen, dass keine unsittlichen Äußerungen getätigt wurden und keine Ausschweifungen, vor allem bei Zusammenkünften junger Personen verschiedenen Geschlechts, stattfanden. Alle Umstände, die für Unruhe sorgen konnten, wie beispielsweise das Singen provokanter Lieder, das Aufführen unanständiger Schauspiele etc, waren zu unterbinden[839]. Dies galt ebenso für „Kuppelei und Hurenwirtschaft“[840].

833 (Hornthal, 1837, S. 30).

834 (Reingruber, Ueber den Wirkungskreis eines Landgerichts im Königreiche Baiern, Bd. 2, 1814, S. 521 ff).

835 GesetzBl. 1837, S. 109.

836 Zur Entwicklung des Bildungs- und Schulwesens in Bayern von 1800–1860 (Spindler, Handbuch der bayerischen Geschichte, 1979, S. 950–966).

837 Reg. Bl. 1802, S. 911.

838 (Puchta, Erinnerungen aus dem Leben und Wirken eines alten Beamten: vornehmlich für Anfänger in der juristischen, besonders Aemter-Praxis, 1842, S. 232) und(Reingruber, Ueber den Wirkungskreis eines Landgerichts im Königreiche Baiern, Bd. 1, 1814, S. 440–450) und vgl. exemplarisch für Oberdonaukreis / Landgericht Füssen 1826/27 (StA Augsburg, Reg. des 3. Oberdonaukreises K.d.I., Akten, Nummer 1218).

839 (Reingruber, Ueber den Wirkungskreis eines Landgerichts im Königreiche Baiern, Bd. 1, 1814, S. 450 f).

840 (Weis, Die Trennung zwischen Justiz und Verwaltung bei den bayerischen Unterbehörden. Zur Vorgeschichte des Gerichtsverfassungsgesetzes von 1861, 1987, S. 756).

Dem Landrichter oblag darüber hinaus die politische Leitung des Straßen- und Wasserbaus im Landgerichtsbezirk, wobei die Durchführung dieser Maßnahmen durch das Bauamt erfolgte. Die Aufsicht über das Gesinde- und Armenwesen fiel ebenfalls in den Zuständigkeitsbereich des Landgerichts[841].

Ein weiterer wichtiger Aufgabenbereich war die Aufsicht über die landwirtschaftlichen Gründe des Amtsgerichtsbezirkes[842], die Sicherstellung der Versorgung der Bevölkerung mit der von der Landwirtschaft zu erwirtschaftenden Nahrung[843] sowie die Kontrolle des sonstigen Nahrungsgewerbes wie Müller, Metzger, Becker, etc.[844]. Dies allerdings nicht im Bereich der Hygienevorschriften, die in den Bereich der „Gesundheit" fielen.

Der Landrichter führte ebenso die Aufsicht über sonstige das Gewerbe betreffende Sachverhalte, wie beispielsweise theoretische und praktische Kenntnisse der Gewerbetreibenden. Im Falle der Überbesetzung hatte er sogar den Zugang zu bestimmten Berufen zu regulieren[845]. Gerade diese Aufgaben nahmen bei den Landgerichten mit der fortschreitenden industriellen Entwicklung mehr und mehr zu und erforderten daher einen deutlich höheren Zeitaufwand zur Bearbeitung[846]. Der Landrichter hatte ferner durch die Verordnung vom 2. Oktober 1811[847] im Geschäftsbereich des Gewerbewesens in der ersten Instanz das Verfahren über die Erteilung von Gewerbskonzessionen zu instruieren und zu entscheiden. Alle diese Aufgaben im Bereich des Gewerbswesens hatten früher nicht die Landgerichte zu beaufsichtigen, zu instruieren oder gar zu entscheiden. Dies war vormals vielmehr Aufgabe der Zünfte[848]. Die Aufgabenverschiebung in

841 (Puchta, Erinnerungen aus dem Leben und Wirken eines alten Beamten: vornehmlich für Anfänger in der juristischen, besonders Aemter-Praxis, 1842, S. 231).

842 (Reingruber, Ueber den Wirkungskreis eines Landgerichts im Königreiche Baiern, Bd. 1, 1814, S. 82/83).

843 (Reingruber, Ueber den Wirkungskreis eines Landgerichts im Königreiche Baiern, Bd. 1, 1814, S. 454 ff) und mit exakter Auflistung der Viehbestände im Bezirk vgl. exemplarisch für Oberdonaukreis / Landgericht Füssen 1826/27 (StA Augsburg, Reg. des 3. Oberdonaukreises K.d.I., Akten, Nummer 1218).

844 (Reingruber, Ueber den Wirkungskreis eines Landgerichts im Königreiche Baiern, Bd. 1, 1814, S. 503 ff).

845 (Reingruber, Ueber den Wirkungskreis eines Landgerichts im Königreiche Baiern, Bd. 1, 1814, S. 476 ff).

846 Vgl. exemplarisch für Oberdonaukreis / Landgericht Füssen 1826/27 (StA Augsburg, Reg. des 3. Oberdonaukreises K.d.I., Akten, Nummer 1218).

847 Reg. Bl. 1811, S. 1502.

848 (Puchta, ˜Dieœ Landgerichte in Bayern und ihre Reform: mit vergleichender Rücksicht auf das deutsche Gerichtswesen früherer Zeit, 1834, S. 62).

den Zuständigkeitsbereich des Landrichters bedeutete eine zusätzliche Bindung von Personalressourcen.

Mit dem Gemeindeedikt[849] wurden umfangreiche Aufsichts- und Genehmigungspflichten der Landgerichte im Kommunalwesen statuiert[850]. Nach § 127 des Gemeindeedikts[851] waren alle Städte zweiter und Städte und Märkte dritter Klasse den jeweiligen Landgerichten (bzw. ggfs. im Einzelfall den zuständigen Patrimonialgerichten) untergeordnet. Ausgenommen waren hiervon gem. § 126 des Gemeindeedikts lediglich nicht die Städte erster Klasse gem. § 9 des Gemeindeedikts mit einer Einwohnerzahl von über 2000 Familien. Die Landgerichte hatten gem. § 128 i.V.m. § 123 des Gemeindeedikts die Verwaltung des Gemeinde- und Lokalstiftungsvermögens zu beaufsichtigen und mussten jede Geldverfügung der Gemeinden genehmigen, bzw. in wichtigen Fällen oder bei einer Summe von über 500fl. die gemeindliche Anfrage an das übergeordnete Kreiskommissariat zur Genehmigung weiterleiten.

In den Gemeinden waren sie für die Lokalpolizei und für Vermittlungen in Streitfällen zwischen Gemeindemitgliedern und Gemeindevorsteher zuständig gem. § 108 ff des Gemeindeedikts von 1818[852]. Der Gang der streitenden Parteien zum das Vermittlungsamt ausübenden Gemeindevorsteher war in vielen Fällen zur Entlastung der Gerichte verpflichtend, um im Weiteren vor einem Landgericht den Klageweg beschreiten zu können[853]. Die Gemeindevorsteher unterlagen in den Aufgaben der Lokalpolizei der Aufsicht der Landgerichte. Die Gemeindevorsteher waren vor Ort für die Landgerichte die einzigen Gehilfen zur Ausübung der landgerichtlichen Staatsgewalt. Zu diesem Zweck hatte jeder Gemeindevorsteher monatlich einen Bericht an das Landgericht zu verfassen und darin die aktuellen Vorkommnisse hinsichtlich Sicherheit, Gesinde- und Armenwesen, Gesundheit, Nahrung, Unglückfälle sowie Bau-, Schul- und Sanitätswesen zu übermitteln[854].

849 Zur Geschichte des Kommunalrechts (Pohl & Menger, 1983, S. 3–23 und S. 25–40).

850 Über das Kommunalwesen bis zur Einführung des Edikts im Jahr 1818 (Reingruber, Ueber den Wirkungskreis eines Landgerichts im Königreiche Baiern, Bd. 2, 1814, S. 335 ff .

851 Gesetzblatt 1818, S. 49.

852 Vor Erlass des Gemeindeedikts im Jahr 1818 bestimmte sich der Aufgabenbereich des Gemeindevorstehers in ähnlicher Weise nach der Instruktion der Gemeindevorsteher vom 24. September 1808(Reingruber, Ueber den Wirkungskreis eines Landgerichts im Königreiche Baiern, Bd. 1, 1814, S. 333 ff).

853 (Wendt, 1835, S. 10) und (Pelkhoven, 1811, S. 31 f).

854 (Weber, 1817, S. 136).

In der täglichen Geschäftspraxis der Landgerichte stellte sich diese theoretische Anforderung, einen Bericht zu schreiben, allerdings problematisch dar, denn zum einen hatten diese, den Landgerichten subordinierten und des ordentlichen Lesens und Schreibens kaum mächtigen[855], Organe in vielen Fällen das durch sie auszufüllende Amt nicht freiwillig übernommen, sondern es war ihnen aufgebürdet worden[856]. Mit dementsprechender Gleichgültigkeit wurde dieses für die Landgerichte so wichtige Amt dann auch oftmals ausgeübt[857]. Zum anderen gerieten auch die pflichterfüllten Gemeindevorsteher gerade wegen ihrer tatsächlichen oftmals familiären Verbindungen vor Ort in einen Zwiespalt. Sie standen immer wieder vor der Frage, ob sie die Lokalpolizei in ordnungsgemäßer Weise ausüben sollten, mit allen negativen persönlichen Konsequenzen, oder ob sie es mit der Dienstpflicht doch nicht so genau nehmen sollten[858].

So war das an sich zur Erleichterung der landgerichtlichen Arbeit angedachte Amt des Gemeindevorstehers in vielen Gemeinden nicht der entlastende Faktor vor Ort, sondern eine weiteres, der fortwährenden Kontrolle der Landgerichte bedürfendes und damit Personalressourcen bindendes Aufgabenfeld.

Ebenfalls zu einer erheblichen Geschäftsvermehrung bei den Landgerichten führte im Jahr 1818 die durch das Gemeindeedikt vom 17. Mai 1818[859] initialisierte Übertragung der Aufsicht über das Stiftungswesen von den unmittelbar dem Ministerium des Inneren unterstehenden Stiftungsadministratoren auf die Landgerichte[860].

Dies geschah, obwohl das Stiftungswesen ursprünglich nach der Bestimmung des Organisationsreskripts von 1802 ausdrücklich nicht in den Aufgabenbereich der Landgerichte fallen sollte[861].

Eine weitere Aufgabe der Landgerichte war zumindest in bestimmten Fällen die Beaufsichtigung der Patrimonialgerichte[862].

Zwar waren die Patrimonialgerichte an sich in ihrer Stellung als Unterbehörden neben den Landgerichten angesiedelt und damit den Kreiskommissariaten

855 (Hiereth, Zur Geschichte des Landkreises Landshut, 1962, S. 28).
856 (Pelkhoven, 1811, S. 31 f (Fußnote)).
857 (Buchinger, 1827, S. 62).
858 (Anonym, Ueber die bevorstehende Verkleinerung der Landgerichte in Bayern, 1834, S. 39).
859 Gesetzblatt 1818, S. 49.
860 (Hellmuth, 1854, S. 71 ff).
861 (Buchinger, 1827, S. 62).
862 Vgl. exemplarisch für Oberdonaukreis / Landgericht Füssen 1826/27 (StA Augsburg, Reg. des 3. Oberdonaukreises K.d.I., Akten, Nummer 1218).

bzw. den Appellationsgerichten untergeordnet, allerdings oblag gem. § 68 des Edikts über die gutsherrlichen Rechte und die gutsherrliche Gerichtsbarkeit vom 26. Mai 1818[863] auch die Aufsicht über die Patrimonialgerichte zweiter Klasse[864] den Landgerichten. Dies waren gem. § 31 dieses Edikts die Patrimonialgerichte, die lediglich die freiwillige Gerichtsbarkeit sowie die ihnen in §§ 74–79 übertragenen Rechte ausübten. Eine Kontrolle durch die Landgerichte war hier die Ausnahme, die darin begründet lag, dass diese Patrimonialgerichte aufgrund ihres beschränkten Aufgabenkreises nicht der unmittelbaren und regelmäßigen Kontrolle von Kreiskommissariat und Appellationsgericht ausgesetzt waren[865].

In den Geschäftskreis der Verwaltung fiel auch die sogenannte „Administrativjustiz"[866]. Hierbei handelte es sich um die Verfolgung bestimmter Rechtsverletzungen, die unmittelbar durch die Verwaltung bestraft wurden. Dies stellte eine Abweichung von dem Grundsatz dar, dass die Verfolgung von Rechtsverletzungen in den Zuständigkeitsbereich der Kriminalgerichtsbarkeit fiel, weil diese durch die Verwaltung geahndeten Rechtsverletzungen von geringer Schwere waren, beispielsweise Polizeiübertretungen[867] oder Hinterziehung von Geldern durch Landgerichtspersonal[868]. Es kam also zur Durchbrechung des an sich stringenten Grundsatzes, dass die Landgerichte lediglich für die Untersuchung von Straftaten und nach Aburteilung zur Strafvollstreckung befugt waren. In diesen Verfahren konnten durch die Landgerichte jedoch keine hohen Strafen verhängt werden[869], sodass diese Durchbrechung hingenommen werden konnte.

c. *Fazit*

Die Darstellung des Geschäftskreises der Polizeiverwaltung und der lediglich wichtigsten Teile der übrigen Verwaltung zeigt das riesige Ausmaß dieses Aufgabenkreises. Es verwundert also nicht, dass dieser Geschäftskreis den größten Teil der landrichterlichen Tätigkeit ausmachte[870].

863 GesetzBl. 1818, S. 221.
864 (Puchta, Ueber die Grenzen des Richteramts in bürgerlichen Rechtssachen, 1819, S. 163).
865 Vgl. bspw. Kontrollfunktion des Landgerichts im Zusammenhang mit Hypothekenbestellungen bei Patrimonialgericht in Döllinger V, S. 285 Nr. 85.
866 (Seydel, Bayerisches Staatsrecht, 1913/1, S. 361).
867 Vgl. hierzu StGB von 1813 I. Teil Artikel 2 Abs. 4 und Instruktion vom 24. September 1808 § 90.
868 (Schuster, 1926, S. 278).
869 Vgl. bzgl. der Straferwartung in der Administrativjustiz(Puchta, Der Dienst der deutschen Justizämter oder Einzelrichter, 1830, S. 451).
870 (Seydel, Bayerisches Staatsrecht, 1913/1, S. 360).

Das Problem dieses Aufgabengebietes war, dass es keine klaren Abgrenzungen gab. Im Laufe der Jahre entwickelte sich die Polizeiverwaltung bei den Landgerichten zu einem regelrechten Auffangbecken für alle Arten von Geschäftsgegenständen, die keinen anderen Behörden zugewiesen werden konnten[871]. Dies ist vor allem daran ersichtlich, dass eine Vielzahl von Ressorts erst nach und nach in den Zuständigkeitsbereich der Landgerichte fielen[872]. Es kam dadurch zu einer nahezu willkürlichen Aufgabenzuweisung, die dem Geschäftsgang der Landgerichte mehr und mehr abverlangte und Personalressourcen band[873].

Diese Bindung wichtiger Personalressourcen im landgerichtlichen Geschäftsgang wurde noch dadurch verstärkt, dass, unabhängig von der schier unüberschaubaren Aufgabenfülle, Dienstreisen im Rahmen des Aufgabenbereichs der Polizeiverwaltung grundsätzlich durch den Landrichter persönlich durchzuführen waren und gerade nicht auf sein subordiniertes Dienstpersonal, also weder auf den Aktuar noch auf den Assessor, übertragen werden durften. Eine Übertragung dieser Aufgabe war grundsätzlich nicht vorgesehen, sondern erforderte den Nachweis eines wichtigen Grundes[874]. Allein die Erfüllung der Geschäftsgegenstände der Polizeiverwaltung war daher für jeden Landrichter ein extrem zeitraubender Faktor, der ihm die Durchführung seiner übrigen Justizaufgaben erheblich erschwerte, wenn nicht gar unmöglich machte.

2. Kontrolle durch höhere Behörde

Die Kontrolle des Geschäftskreises der Polizeiverwaltung erfolgte durch das Kreiskommissariat[875]. Dieses überprüfte anhand der vierteljährlich einzusendenden tabellarischen Geschäftsanzeigen den Geschäftsgang bei den Landgerichten und hatte in Fällen der unordentlichen oder langwierigen Bearbeitung ein Rüge- und Beschwerderecht[876].

Eine präzise Kontrolle der Amtsführung durch die Landgerichte im Bereich der Polizeiverwaltung erreichte man insbesondere durch Amtsvisitationen

---

871 (Puchta, Erinnerungen aus dem Leben und Wirken eines alten Beamten: vornehmlich für Anfänger in der juristischen, besonders Aemter-Praxis, 1842, S. 206).

872 (Puchta, ˜Dieœ Landgerichte in Bayern und ihre Reform: mit vergleichender Rücksicht auf das deutsche Gerichtswesen früherer Zeit, 1834, S. 60).

873 (Puchta, Der Dienst der deutschen Justizämter oder Einzelrichter, 1829, S. 237).

874 Vgl. dazu die Instruktion bzgl. Der Gefährtgelder in Polizeisachen in Döllinger, Abteilung XVIII., § 434.

875 (Reingruber, Ueber den Wirkungskreis eines Landgerichts im Königreiche Baiern, Bd. 1, 1814, S. 117).

876 § 19 der Verordnung vom 17. Dezember 1825 in Allg. Int. Bl, 1825, S. 1060.

mittels eines Untersuchungskommissars[877]. Dieser überprüfte vor Ort, in der Regel durch Besichtigung im Bereich der Sicherheits- und Gesundheitspolizei, ob der Landrichter seinen Pflichten nachgekommen war, wie beispielsweise der Organisation des Brandschutzes, der Brandversicherung, des Medizinial- und Hygienewesens. Die Verwaltung der Nahrungsmittel und die Behandlung des Gewerbswesens überprüfte der Kommissar anhand der Aufzeichnungen und der Registraturlisten des Landrichters. Ebenso kontrollierte er, ob der Landrichter die Aufsicht über das Gemeindewesen und die allgemeinen Militärgegenstände ordnungsgemäß durchgeführt hatte[878].

IV. Die Überlastung der Landgerichte und das sich daraus ergebende Reformbedürfnis

Die obige Darstellung des Geschäftsgang und des Wirkungskreises der Landgerichte sowie der damit verbundenen Problemen in der untergerichtlichen Alltagspraxis macht deutlich, dass es bei den Landgerichten zu einer Überfrachtung mit Zuständigkeiten gekommen war, die ein Reformbedürfnis immer deutlich aufzeigten.

Schon im Jahr 1803 kündigte der Hofgerichtsadvokat von Zintl[879] die Notwendigkeit weiterer Reformen bei den Landgerichten an, auch wenn er mangels Absehbarkeit der zukünftigen Entwicklungen noch nicht von einer Überlastung des Geschäftsgangs sprach[880]. Von Zintl erkannte schon damals das Grundproblem der späteren Entwicklungen. Er konstatierte ganz genau, dass weder innerhalb der Regierung noch innerhalb des Behördenapparats selbst Einigkeit in der Frage der tatsächlichen Ausdehnung des landgerichtlichen Zuständigkeitsbereichs herrschte. So führte er aus, dass bei den durch die Verordnung vom 24. März 1802[881] geschaffenen Verhältnissen an den Landgerichten nicht von einer „wahren Festigkeit" der untergerichtlichen Organisation die Rede sein könne[882].

877 Vgl. in dieser Arbeit den Gliederungspunkt „allgemeine Kontrolle".

878 (Reingruber, Ueber den Wirkungskreis eines Landgerichts im Königreiche Baiern, Bd. 2, 1814, S. 591–594 und S. 603–607).

879 Vgl. Titelblatt (Zintl, Theoretische-praktische Anmerkungen über die in dem H. R. Reiche geletende vorzüglichste Kriegegesätze, 1786).

880 (Zintl, Reflexionen über die neue Organisation der Churfürstl. Landesdirektion von Baiern und der Churfürstl. Landgerichte, 1803, S. 35 ff).

881 Churpfalzbayerisches Reg. Bl. 1802, S. 236.

882 (Zintl, Reflexionen über die neue Organisation der Churfürstl. Landesdirektion von Baiern und der Churfürstl. Landgerichte, 1803, S. 35).

Er sah vor allem darin ein Problem, dass es den über die untergerichtliche Organisation beratenden und nur mit Rechtstheoretikern besetzten Kommissionen an hinreichendem Praxisbezug fehlte[883]. Schon damals sei es eine Folge dieses unbestimmten Zuständigkeitsbereichs gewesen, dass die Landrichter mangels konkreten Aufgabenkreises einer Vielzahl von Aufgaben Herr werden mussten[884].

Noch Jahre später war die fehlende Praxisnähe der über die Organisation der Untergerichte entscheidenden Kommissionen ein erheblicher Kritikpunkt[885].

Ein weiterer Grund für die Aufgabenfülle war auch in der Vielzahl der den Landgerichten übergeordneten Oberbehörden zu sehen, die den Landgerichten in dem ihnen jeweils obliegenden Geschäftsbereich Weisungen erteilen konnten[886]. Diese Weisungen, zu deren Umsetzung die Landgerichte verpflichtet waren, beeinflussten jedes Mal unmittelbar den Geschäftsgang der angewiesenen Landgerichte.

Von den Weisungen der anderen Oberbehörden erhielten die jeweils anweisenden Behörden gar keine Kenntnis, da es ab der mittleren Behördenebene eine strikte Trennung der Gewalten gab[887]. Die tatsächliche Menge der Aufgaben war deswegen nur unmittelbar den Landgerichten selbst und der hiervon betroffenen Landbevölkerung bekannt. Diese fehlende Kenntnis der Oberbehörden von den tatsächlichen Zuständen bei den Landgerichten war wohl der Grund dafür, dass so lange Zeit nichts gegen die Weisungs- und Aufgabenflut unternommen wurde[888].

Es wurde allerdings auch die Ansicht vertreten, dass der landgerichtliche Aufgabenbereich durchaus zu bewältigen sei, wenn die Landrichter ihren „Müßiggang“ ablegen würden. Dafür sei es lediglich erforderlich, die Landrichter strenger zur Erfüllung der ihnen übertragenen Pflichten anzuhalten, um so eine Steigerung der landgerichtlichen Behördenproduktivität zu erreichen. Dann

---

883 (Zintl, Reflexionen über die neue Organisation der Churfürstl. Landesdirektion von Baiern und der Churfürstl. Landgerichte, 1803, S. 37).

884 (Zintl, Reflexionen über die neue Organisation der Churfürstl. Landesdirektion von Baiern und der Churfürstl. Landgerichte, 1803, S. 51).

885 Vom „praxisfernen Geschwätz an den Universitäten“ schreibt in seinem Vorwort(Reingruber, Ueber den Wirkungskreis eines Landgerichts im Königreiche Baiern, Bd. 1, 1814, S. VIII).

886 (Buchinger, 1827, S. 82) und (Koellenberger, 1822, S. 23).

887 vgl. hierzu in dieser Arbeit den Gliederungspunkt „Mittelbehörden und Hofgerichte.

888 (Buchinger, 1827, S. 95).

könne auch eine der beiden landgerichtlichen Assessorenstellen abgeschafft und dadurch eine Kostenreduzierung bei den Landgerichten erzielt werden[889].

Durch die endgültige Niederlage Napoleons habe sich der Aufgabenkreis der Landgerichte verringert, da das Kriegswesen ab diesem Zeitpunkt keine Rolle mehr in deren Zuständigkeitsbereich gespielt habe. Nachdem sich die Aufgabenbereiche der Landgerichte eingespielt und in Folge einzelner Instruktionen zum Teil gar vermindert hätten, liege die Hauptaufgabenbereich der Landgerichte bei den Kriminaluntersuchungen und von einer Überlastung des Geschäftsganges könne daher gar keine Rede sein[890].

Der wahre Grund für die sich aufstauende Geschäftslast bei den Landgerichten liege in der Bequemlichkeit der Landrichter, die die eingegangenen Berichte und Akten erst tagelang liegen ließen, bevor sie diese einer Bearbeitung unterzögen[891].

Der größte Teil der Kritiker war jedoch der Ansicht, dass der umfangreiche und nicht abgegrenzte Zuständigkeitsbereich der Landgerichte bei diesen zu einer Überlastung führe[892] und es daher entsprechender Reformen für den untergerichtlichen Geschäftsgang bedürfe.

Erkannt wurde auch ein weiterer Grund für die stetige Zunahme der Geschäftsmenge, nämlich die wachsende Bevölkerungszahl zu Beginn des 19. Jahrhunderts in Bayern sowie die immer schneller fortschreitende Entwicklung von Verkehr, Handel und Industrie[893]. Allein diese äußeren Umstände bewirkten schon eine derartige Aufgabenvermehrung bei den Unterbehörden, dass der praktische Geschäftsgang der Landgerichte mehr und mehr an seine Grenzen stieß. Hinzu kam eine steigende Bereitschaft in der Bevölkerung, Streitigkeiten gerichtlich klären zu lassen[894].

---

889 (Anonym, Ueber das Bedürfniß einer besseren Justiz in Baiern, besonders bey den Landgerichten den Land-Ständen gewidmet, 1819, § 13).

890 (Anonym, Ueber das Bedürfniß einer besseren Justiz in Baiern, besonders bey den Landgerichten den Land-Ständen gewidmet, 1819, § 20).

891 (Anonym, Ueber das Bedürfniß einer besseren Justiz in Baiern, besonders bey den Landgerichten den Land-Ständen gewidmet, 1819, § 23).

892 Vgl. aus der Betrachtung im Nachhinein von einem Landgerichtassessoren (sich nur als solcher bezeichnend) (Anonym, Ein Gutachten in der Gerichtsorganisationsfrage: von einem Landgerichts-Assesor, 1860, S. 1).

893 (Weis, Die Trennung zwischen Justiz und Verwaltung bei den bayerischen Unterbehörden. Zur Vorgeschichte des Gerichtsverfassungsgesetzes von 1861, 1987, S. 761).

894 (Fellner, 1986, S. 10).

Eine aussagekräftige Auflistung des jährlichen Geschäftsvolumens an einem Landgericht von durchschnittlicher Größe, verfasst von dem Landrichter Buchinger, verdeutlicht den dort alltäglich anfallenden Aufgabenkreis eindrücklich, wonach bei einem Landgericht mit einer Bevölkerungszahl von 25.000 bis 30.000 Einwohnern allein jährlich ein Schriftverkehr von 18.000–20.000 schriftlichen und protokollarischen Einläufen sowie von 18.000–20.000 Ausläufen, Expeditionen, Berichten, Dekreten, Erkenntnissen, Aufträgen etc. anfiel[895] .

Wie schon mehrfach erwähnt, war die Überlastung der Landgerichte vor allem auch auf deren offen formulierten Zuständigkeitsbereich zurückzuführen. Sie mussten alle diese Aufgaben übernehmen, die ansonsten keiner Behörde zugewiesen werden konnten (vgl. „Fazit" bei „Geschäftskreis Polizeiverwaltung"). Zu bedenken ist hierbei nicht nur das stetige Anwachsen des Geschäftsvolumens an sich, sondern auch der Umstand, dass die zu bearbeitenden Fälle aus ganz unterschiedlichen Rechtsgebieten stammten. In den seltensten Fällen konnten die Vorgänge routinemäßig abgearbeitet werden, vielmehr waren immer wieder eine andere Rechtsgrundlage heranzuziehen und unterschiedliche Formalien einzuhalten.

Ab der Verordnung vom 24. März 1802[896] entwickelte sich die Zuständigkeit der Landgerichte immer mehr zu einer Allzuständigkeit:

Bereits im Jahr 1802 kam es zur ersten Erweiterung des Geschäftskreises durch die Übertragung der Zuständigkeit für das streitige Kulturwesen und die Überwachung der Staats- und Hoheitsrechte auf die Landgerichte, auch die Aufsicht über Gemeinden und Patrimonialgerichte wurde ihnen anvertraut.

Der Reichdeputationshauptschluss von 1803 führte ebenfalls zu einer Zuständigkeitserweiterung bei den Landgerichten. Die geistlichen und kirchlichen Angelegenheiten wurden ihnen ebenso übertragen wie die Aufsicht über das Schul- und Erziehungswesen sowie über Gewerbeangelegenheiten.

In den Jahren 1804 bis 1808 kamen das Medizinalwesen, das Passwesen nebst der damit einhergehenden Zuständigkeit für Ein- und Auswanderungen im jeweiligen Gerichtsbezirk, das Armenwesen und die regelmäßige Erstellung der Qualifikationsanzeigen (vgl. hierzu bei Gliederungspunkt „Geschäftsgang bei den Gerichten" den Unterpunkt „Allgemeine Kontrolle") für die Oberbehörden als neu formulierte Aufgaben hinzu[897].

---

895 (Buchinger, 1827, S. 72 ff).

896 Churpfalzbayerisches Reg. Bl. 1802, S. 236.

897 (Hornthal, 1837, § 30).

Auch in den Folgejahren wurden diese zuvor geschaffenen Aufgabenbereiche durch entsprechende Präzisierungen und neue Gesetze, wie das StGB von 1813 oder das neue Brandversicherungsrecht[898], nochmals erweitert. Kritisiert wurde, dass die Gelegenheit zur Verkleinerung des landgerichtlichen Wirkungskreises im Rahmen der Konstitution und des organischen Edikts von 1808[899] oder der Verfassungsurkunde von 1818 ungenutzt verstrichen war[900].

Ebenso trug die teilweise Auflösung von Patrimonialgerichten zu einer Geschäftsvermehrung bei den hiervon betroffenen Landgerichten bei, da deren Besetzung und Bezirksgröße ohne Berücksichtigung dieser Auflösungen erfolgt war, die Landgerichte aber die Aufgaben der Patrimonialgerichte komplett übernehmen mussten[901].

Im Laufe der Zeit waren die Landgerichte von der Menge des Geschäftsanfalls, aber auch inhaltlich, so überlastet, dass ohne eine entsprechende Aufstockung des landgerichtlichen Personals der Aufgaben nicht Herr zu werden war[902]. Da dies jedoch zu einer deutlichen Erhöhung der Staatsausgaben im Bereich der Justiz, der ohnehin den finanziell aufwendigsten Kostenpunkt im Staatsetat darstellte[903], geführt hätte, war diese Alternative nicht durchsetzbar.

Bereits 1814 stellte der Landrichter Reingruber daher fest, dass die Landgerichte wohl nie den ihnen auferlegten Anforderungen entsprechen könnten[904]. Von Pelkhoven war der Ansicht, dass der Posten des Landrichters daher nur von einer „erhabeneren Person als der menschlichen“ ausgefüllt werden könne[905], da die Erfüllung aller dem Landrichter obliegenden Aufgaben einen „Allroundmann mit einem vierundzwanzigstündigem Arbeitstag“ erfordere[906].

Diese Überlastung der Landgerichte und die damit verbundene langwierige Geschäftsabwicklung musste bei Dritten, wie beispielweise den Amtsanbefohlenen,

898 (Puchta, ˜Dieœ Landgerichte in Bayern und ihre Reform: mit vergleichender Rücksicht auf das deutsche Gerichtswesen früherer Zeit, 1834, S. 80 f).

899 Reg. Bl. 1808, S. 1785.

900 (Hornthal, 1837, §§ 31–33).

901 (Hornthal, 1837, S. 53).

902 (Reingruber, Ueber den Wirkungskreis eines Landgerichts im Königreiche Baiern, Bd. 1, 1814, S. 113).

903 (Anonym, Ueber das Bedürfniß einer besseren Justiz in Baiern, besonders bey den Landgerichten den Land-Ständen gewidmet, 1819, § 22).

904 (Reingruber, Ueber den Wirkungskreis eines Landgerichts im Königreiche Baiern, Bd. 1, 1814, S. 114).

905 (Pelkhoven, 1811, S. 30).

906 (Weis, Die Trennung zwischen Justiz und Verwaltung bei den bayerischen Unterbehörden. Zur Vorgeschichte des Gerichtsverfassungsgesetzes von 1861, 1987, S. 756).

wohl tatsächlich den Eindruck erweckt haben, dass sich der Landrichter der Faulheit und dem Müßiggang hingebe[907].

Die sich in Bayern im 19. Jahrhundert rasch verändernden Verhältnisse, die sich inzwischen wesentlich von den Umständen der Zeit um das Jahr 1800 unterschieden[908], machten es nach nahezu einhelliger Meinung in Literatur und Praxis unausweichlich, die bestehende unterbehördliche Gerichtsbarkeit an den Landgerichten einer umfassenden Reform zu unterziehen. Auch die Bevölkerung, die Ständeversammlung, die Regierung und insbesondere die betroffenen Landrichter waren langsam für die Probleme an den Landgerichten dahingehend sensibilisiert, dass sie sich übereinstimmend für eine Reform des landgerichtlichen Geschäftsgangs aussprachen und vielerlei Reformvorschläge entwickelten[909].

907 (Anonym, Ueber das Bedürfniß einer besseren Justiz in Baiern, besonders bey den Landgerichten den Land-Ständen gewidmet, 1819, § 13).

908 (Seybold, 1854, S. 52 f).

909 Zu den tatsächlich umgesetzten Reformen vgl. in dieser Arbeit den Gliederungspunkt „Schlussbemerkung zu den Landgerichten“

F. Reformvorschläge

Die bisherige Untersuchung hat gezeigt, dass die Einrichtung und Organisation der Landgerichte, trotz oder gerade wegen des ambitionierten Vorhabens, aufgrund der Aufgabenkonzentration in einem einzigen Amt, bzw. unter Umständen gar in einer einzigen Person, und der flächenmäßigen Ausdehnung der Landgerichtsbezirke aus rein praktischen Gründen, wie Arbeitsüberlastung, litt. Die Vehemenz der Kritik und deren öffentliche Verbreitung in Schriften, oftmals anonym, aber auch unter Namensnennung der Verfasser, scheint einen Eindruck der Dringlichkeit einer Reformbedürftigkeit zu vermitteln[910]. Die Reformbedürftigkeit scheint außer Frage gestanden zu sein, die Art und Weiße der durchzuführenden Reform Anlass für Diskussionen. Nachfolgend werden exemplarisch verschiedene zeitgenössische Vorschläge zur Neuorganisation der Landgerichte behandelt, die ihrerseits aus unterschiedlichen Beweggründen veröffentlicht worden sein dürften, sei es, um die Reformbedürftigkeit an sich aufzuzeigen und hierbei unterschwellig einen gewünschte Tendenz vorzugeben[911] oder aber als konkret ausgearbeiteter und umzusetzender Reformvorschlag angesehen zu werden[912].

Die dargestellten Reformvorschläge unterscheiden sich in einigen Teilen wesentlich, sind in anderen Punkten jedoch wiederum deckungsgleich. Die Gründe für die unterschiedlichen Sichtweisen sind vielschichtig und aus heutiger Sicht nur schwer nachzuvollziehen. Es wird versucht, in einem jeweiligen Fazit die essentiellen Überlegungen und Begründungen herauszuarbeiten.

---

910 Vgl. u.a. (Koellenberger, 1822, mit dem rechtfertigenden Vorbericht S. 3–10 und S. 32–40), (Anonym, Ein Gutachten in der Gerichtsorganisationsfrage: von einem Landgerichts-Assesor, 1860), (Anonym, Ueber das Bedürfniß einer besseren Justiz in Baiern, besonders bey den Landgerichten den Land-Ständen gewidmet, 1819), (Hiereth, Zur Geschichte des Landkreises Landshut, 1962, S. 21–22), (Hornthal, 1837) (Puchta, Über die bürgerliche Rechtspflege und die Gerichtsverfassung Baierns mit Hinsicht auf die Verbesserungs-Vorschläge, 1826), (Pelkhoven, 1811), (Reingruber, Ueber den Wirkungskreis eines Landgerichts im Königreiche Baiern, Bd. 1, 1814).

911 So wohl eher: (Anonym, Ueber die bevorstehende Verkleinerung der Landgerichte in Bayern, 1834) und (Reingruber, Ueber den Wirkungskreis eines Landgerichts im Königreiche Baiern, Bd. 1, 1814).

912 (Hornthal, 1837), (Dickopf, 1960) und (Puchta, Über die bürgerliche Rechtspflege und die Gerichtsverfassung Baierns mit Hinsicht auf die Verbesserungs-Vorschläge, 1826).

I. Unbekannter Verfasser

Dieser Reformvorschlag eines unbekannten Verfassers[913] aus dem Jahre 1834 besteht in seiner Gesamtheit aus zwei Empfehlungen.

Zunächst wurde von ihm eine unmittelbare Reform vorgeschlagen, die die drängendsten Probleme des landgerichtlichen Geschäftsganges beseitigen und zugleich den Grundstein für eine mittelfristig durchzuführende umfassende Reform des Landgerichtswesens legen sollte. Beabsichtigt war vom Verfasser also eine „Reform der Landgerichte in zwei Schritten".

1. Unmittelbare Reform

Grundidee dieses Reformansatzes war es, Landgerichtsbezirke zu schaffen, deren Einzugsbereiche sich etwa auf die gleiche Anzahl von Amtsanbefohlenen erstreckte. Dabei ging der Verfasser von einer Bevölkerungszahl im rechtsrheinischen Königreich Bayern von 3.027.891 Seelen aus, ermittelt durch die Volkszählung aus dem Jahr 1830[914].

Die Größe der Landgerichtsbezirke sollte so bemessen sein, dass die Bevölkerung einen umfassenden Zugang zu den unterbehördlichen Justizstellen und der zugehörigen Verwaltung erhielt. Um dies zu erreichen, sollte eine Neueinteilung der Landgerichtsbezirke dergestalt erfolgen, dass in keinem Landgerichtsbezirk unter 15.000 Bewohner und in keinem Landgerichtsbezirk über 20.000 Bewohner zusammengefasst wurden. Ziel war es also, die bestehenden Landgerichtsbezirke zu verkleinern oder gegebenenfalls auch günstiger einzuteilen.

Besondere Berücksichtigung bei der Auswahl der Standorte sollte hierbei die zentrale Lage der Landgerichte im errichteten Bezirk sowie eine gute Erreichbarkeit über die Straßen finden[915]. Auf diese Weise könnte, laut Verfasser, mit etwa 200 Justiz- und Verwaltungsstellen auf dem Land die gesamte Landbevölkerung umfassenden Zugang zu den Unterbehörden erhalten.

An den jeweiligen Standorten habe jedoch außerdem eine Trennung der staatlichen Gewalten zu erfolgen. Die Landgerichte sollten nur noch die Zivilgerichtsbarkeit

913 Diese Schrift war selbst unter zeitgenössischen Autoren bekannt, die den Verfasser auch als „unbekannten Verfasser" betitelten (Koellenberger, 1822, S. 41).

914 (Anonym, Ueber die bevorstehende Verkleinerung der Landgerichte in Bayern, 1834, S. 60).

915 Die gute und zeitnahe Erreichbarkeit über Straßen war eine Forderung, um deren Umsetzung man sich beispielsweise auch bei den Patrimonialgerichten bemühte z.B. durch die dortige Forderung nach zusammenhängenden Gerichtssprengeln und die Erreichbarkeit binnen 4 Stunden vgl. hierzu in dieser Arbeit den Gliederungspunkt „Exkurs: Patrimonialgerichtsbarkeit".

und die Kriminalgerichtsbarkeit ausüben, in der gleichen Art und Weise wie sie dies auch bisher getan hätten.

Die Besetzung der Landgerichte mit einer kollegialen Verfassung, ausgeübt durch den Landrichter und zwei, diesem beigeordnete, Assessoren ab einem Streitwert von über 50fl., seien beizubehalten. Die landgerichtlichen Assessoren müssten dann jedoch – in gleicher Weise wie bei den Stadtgerichten – von den Weisungen des Landrichters völlig unabhängig sein[916]. Diese Unabhängigkeit hatte die Durchsetzung „echter" Kollegialität auch bei den Landgerichten zum Ziel. Diese „echte" Kollegialität sei nur möglich, wenn die Assessoren vollständig unabhängig an der kollegialen Urteilsfindung mitwirken könnten, ohne in anderen Aufgabengebieten vom Landrichter entsprechende Repressalien befürchten zu müssen[917]. Die Aufrechterhaltung der zivilrichterlichen Kollegialität nach diesem Vorschlag erfordere zwar einen gewissen Personalaufwand, die Kosten hierfür kämen aber der Qualität der Rechtsfindung auf dem Lande zu Gute. Auf diese habe auch die Landbevölkerung ein Anrecht[918]. Darüber hinaus sei ein Personalaufwand von drei Richterpersonen für einen Landgerichtsbezirk von 15.000–20.000 Seelen für den gesamten dortigen Bereich der Zivil- und Strafgerichtsbarkeit erforderlich und keineswegs maßlos[919].

Da an eine Verselbstständigung der freiwilligen Zivilgerichtsbarkeit, insbesondere des Notariats, nach Ansicht des Verfassers vorerst nicht zu denken war[920], dieses jedoch in die Hände eines rechtskundigen Beamten gehörte, sollte dieses Amt von einem Rechtskandidaten, also einer juristisch geschulten Person, wahrgenommen werden. Eine Delegierung der freiwilligen Gerichtsbarkeit in den Aufgabenbereich des juristisch unversierten Schreibpersonals, die ohnehin gang und gäbe war (vgl. oben Freiwillige Gerichtsbarkeit), sollte hierdurch entgegengewirkt werden[921].

Die Polizeiverwaltung war nach diesem Vorschlag dagegen von der Justizgerichtsbarkeit abzutrennen und durch eigene Polizeikommissariate auszuüben.

---

916 (Anonym, Ueber die bevorstehende Verkleinerung der Landgerichte in Bayern, 1834, S. 60).

917 Dieses Problem auch bei (Volkert, 1983, S. 119).

918 (Anonym, Ueber die bevorstehende Verkleinerung der Landgerichte in Bayern, 1834, S. 74).

919 (Anonym, Ueber die bevorstehende Verkleinerung der Landgerichte in Bayern, 1834, S. 74).

920 (Anonym, Ueber die bevorstehende Verkleinerung der Landgerichte in Bayern, 1834, S. 74 ff).

921 (Anonym, Ueber die bevorstehende Verkleinerung der Landgerichte in Bayern, 1834, S. 75).

Diese Polizeikommissariate waren mit einem Polizeikommissar und einem Aktuar, bei besonderen regionalen Verhältnissen ausnahmsweise mit einem weiteren Aktuar, zu besetzen[922].

Ziel dieses Vorschlags war es, sowohl eine Gewaltentrennung auch im Bereich der Unterbehörden zu vollziehen als auch den Rechtsuchenden schnelle Rechtshilfe zu ermöglichen. Trotz Abtrennung der Polizeiverwaltung von der Zivil- und Strafgerichtsbarkeit ist hier klar der Versuch zu erkennen, dem Grundsatz der Einheit der staatlichen Verwaltung gerecht zu werden, indem auch diese neu blidenden Polizeikommissariate an denselben Standorten wie die Landgerichte eingerichtet werden sollten. Auf diese Weise konnten weiterhin kurze Wege für die Amtsanbefohlenen zwischen diesen nun aufgeteilten Behörden gewährleistet werden[923].

Die Besoldung sollte sich an den bisher üblichen Zahlungen orientieren, wonach ein Landrichter oder Polizeikommissar, also der Leiter der jeweiligen Behörde, einen fixen Sold (1.100fl. – 1.200fl.) erhielt und jeder Assessor bzw. Polizeiaktuar je nach Dienstjahren zwischen 600fl. – 800fl[924].

Darüber hinaus war vorgesehen, die Karrierechancen für die Landesbeamten und Nebenbeamten zu verbessern, um ihren Arbeitseifer anzufachen. So sollten vor allem Landkommissare auf freiwerdende Stellen zu Regierungsräten befördert werden und Landgerichtassessoren sich nicht nur auf freie Landrichterstellen sondern auch auf Stadtrichterstellen bewerben dürfen[925]. All dies sei einer Effektivierung und Beschleunigung des unterbehördlichen Geschäftsgangs auf dem Land zuträglich[926].

Letztlich gestand der Verfasser dieses Vorschlags zwar zu, dass diese Reform mit noch höheren Kosten für die Staatskasse einhergehen würde als die derzeitige Landgerichtsverfassung. Dies sei jedoch eine notwendige Begleiterscheinung, die eine effektive Reform auf dem Land mit sich bringen würde[927].

---

922 (Anonym, Ueber die bevorstehende Verkleinerung der Landgerichte in Bayern, 1834, S. 60).

923 (Anonym, Ueber die bevorstehende Verkleinerung der Landgerichte in Bayern, 1834, S. 61).

924 (Anonym, Ueber die bevorstehende Verkleinerung der Landgerichte in Bayern, 1834, S. 61 f).

925 (Anonym, Ueber die bevorstehende Verkleinerung der Landgerichte in Bayern, 1834, S. 62).

926 (Anonym, Ueber die bevorstehende Verkleinerung der Landgerichte in Bayern, 1834, S. 63).

927 (Anonym, Ueber die bevorstehende Verkleinerung der Landgerichte in Bayern, 1834, S. 75 f).

2. Mittelfristige Reform

Auf der Grundlage dieses „unmittelbaren" Reformvorschlages, der gewissermaßen das Fundament für weitere Reformen, bilden sollte[928], folgen nun die mittelfristigen Reformvorschläge des unbekannten Verfassers für die Organisation der bayerischen Unterbehörden. Diese hatten auch die strukturellen Veränderungen der Zivilgerichtsbarkeit im Fokus.

Die Trennung der Gewalten sowie die Schaffung eigner kollegial besetzter Bezirksgerichte waren nach dieser Ansicht unabdingbar, um eine qualitative Verbesserung der Rechtsprechung zu erreichen. Die Trennung der Gewalten sollte durch eine Abspaltung der Justiz von der Polizeiverwaltung erfolgen. Neben den Bezirksgerichten seien mit Einzelrichtern besetzte Friedensgerichte für Routineangelegenheiten notwendig. Nur diese Maßnahmen könnten bei den Unterbehörden auf dem Lande zu einer wahren Verbesserung beitragen[929].

Die Bezirksgerichte, die durchaus auch zwei Landgerichtsbezirke umfassen könnten, sollten nach diesem Vorschlag für komplizierte Verfahren und solche mit höheren Streitgegenständen in Anspruch genommen werden und hierbei auch in kollegialer Verfassung entscheiden, während sich die Friedensgerichte, besetzt durch Einzelrichter, mit alltäglichen und daher schnell abzuurteilenden Rechtsstreitigkeiten befassen sollten.

Ein Großteil der Rechtsstreitigkeiten auf dem Land könne dann durch die Friedengerichte beigelegt werden, ohne dem Erfordernis einer kollegialen Entscheidung unterliegen zu müssen und dadurch in unmäßiger Weise Personalkapazitäten zu binden, wie es im Falle einer fest vorgeschriebenen Kollegialität für alle Streitigkeiten auf dem Lande der Fall wäre[930].

Die infolge der Trennung von Zivil- und Strafgerichtsbarkeit und Polizeiverwaltung erforderlichen Polizeikommissariate sollten bei den Friedensgerichten verbleiben und dort eigenständig diesen Geschäftskreis behandeln[931].

In einer Fußnote weist der Verfasser auch ausdrücklich auf das letztlich unumgängliche Bedürfnis hin, das Notariat mittelfristig aus dem Aufgabenbereich

928 (Anonym, Ueber die bevorstehende Verkleinerung der Landgerichte in Bayern, 1834, S. 63).

929 (Anonym, Ueber die bevorstehende Verkleinerung der Landgerichte in Bayern, 1834, S. 76).

930 (Anonym, Ueber die bevorstehende Verkleinerung der Landgerichte in Bayern, 1834, S. 76 f).

931 (Anonym, Ueber die bevorstehende Verkleinerung der Landgerichte in Bayern, 1834, S. 77).

besoldeter Beamten, die diese Aufgabe ohnehin an ungelernte Schreiber delegieren würden, abzuziehen und stattdessen durch Advokaten, unter Beifügung einer verbindlichen Sportel- und Taxordnung, ausüben zu lassen[932].

3. Fazit

Der zunächst angesprochene „unmittelbare Reformvorschlag" ist ein Kompromissvorschlag des Verfassers, durch den die bestehende Landgerichtsverfassung aber durchaus in ihren Grundzügen reformiert werden sollte, um den dortigen Geschäftsgang zu beschleunigen und in seiner Gesamtheit effektiver zu gestalten.

Der Verfasser bemühte sich aber dennoch mit diesem ersten Schritt, keine zu großen strukturellen Veränderung an der bestehenden landgerichtlichen Organisation vorzunehmen, um den kritischen Stimmen weitreichender Reformen, vor allem im Hinblick auf etwaige finanzielle Mehrbelastungen der Staatskasse, eine möglichst kleine Angriffsfläche zu bieten. Gleichzeitig sollte hiermit die Grundlage für weitere Reformen geschaffen werden. Insbesondere hoffte der Verfasser aufgrund der dann bereits erfolgten Neueinteilung der Landgerichtsbezirke sowie der Trennung der Zivil- und Strafgerichtsbarkeit von der Polizeiverwaltung in der Folgezeit einfacher weitere qualitative und quantitative Verbesserungen durchsetzen zu können.

Die Zusammensetzung und der Wirkungskreis der Landgerichte sollten durch diese erste „sanfte Reform" Stück für reformiert werden, um letztlich das Ziel der „mittelfristigen Reform" verwirklichen zu können.

Unabhängig von diesem umfassenden Reformprogramm für die Landgerichtgerichtsbarkeit (Verkleinerung und Neustrukturierung der Bezirke, Gewaltentrennung, Änderung der Gerichtsverfassung) kritisierte der Verfasser zusätzliche Hemmnisse der Gerichtsbarkeit, die den Verfahrensgang enorm verlangsamten.

So trage die sogenannte „Vielschreiberei" bei den Gerichten, also die Vorschriften über die Schriftlichkeit des Verfahrens, dazu bei, dass sich Prozesse verlangsamten. Der Verfasser appellierte daher an die Einführung der Mündlichkeit des Verfahrens bei den Gerichten schon Gründen der Schonung der Personalkosten und erst Recht, um ein schleuniges Verfahren zu ermöglichen[933].

Als weitere Hemmnisse des gerichtlichen Verfahrens wurden die vielen den Parteien zur Verfügung stehenden Rechtsmittel in Form von Gesuchen und

---

932 Fußnote (Anonym, Ueber die bevorstehende Verkleinerung der Landgerichte in Bayern, 1834, S. 74 ff).

933 (Anonym, Ueber die bevorstehende Verkleinerung der Landgerichte in Bayern, 1834, S. 78).

differenzierten Beschwerden in jedem Verfahrensstadium angeführt, mit denen Parteien, zum Teil mit Appellationsfristen von bis zu 60 Tagen, Prozesse verzögern konnten und so den gesamten Geschäftsgang zu bremsen vermochten[934].

Darüber hinaus führe eine Vielzahl von Formalvorschriften und „Spitzfindigkeiten" in der Zivilgesetzgebung zu einer erheblichen Rechtsunsicherheit in der Bevölkerung. Dies sei der Grund für eine Vielzahl von Prozessen, die den Geschäftsgang der Landgerichte nicht unerheblich belasten würden[935].

Zuletzt trage auch ein verfehltes Beweissystem im Strafrecht dazu bei, dass ein hoher Aufwand zur Täterermittlung betrieben werden müsse. Ein Täter sei im Endeffekt beinahe nur dann zu belangen, wenn er ein Geständnis ablege oder auf frischer Tat gefasst werde. Dieser Aufwand binde entweder Personalkapazitäten und halte die Beamten von anderen landrichterlichen Aufgaben fern oder führe zu einer Gefährdung der öffentlichen Sicherheit auf dem Lande durch die Vernachlässigung einer konsequenten Strafverfolgung und Bestrafung[936].

Der Vorschlag enthält also neben einer „zweistufigen" Reform der Gerichtsbarkeit auf dem Land sowie der damit einhergehende Trennung der Zivil- und Strafgerichtsbarkeit von der Polizeiverwaltung einen Appell an die Regierung, weitere Hemmnisse des landgerichtlichen Geschäftsganges – unabhängig von einer umfassenden Reform – zu beseitigen.

II. Reingruber

Reingruber war ein Landrichter aus Pfaffenhofen, der in dem Jahr 1814 einen umfassenden Band über Geschäftsgang und Wirkungskreis bei den bayerischen Landgerichten veröffentlichte, um anhand dieses Werkes den landrichterlichen Nachwuchs auszubilden[937]. Im Rahmen dieses Lehrbuches äußerte er sich auch zu einem möglichen Reformbedarf bei den Unterbehörden auf dem Lande.

Bei seinem Vorschlag gilt es jedoch zu berücksichtigen, dass seine Ideen aus einer Zeit stammten, zu der dem landgerichtlichen Wirkungskreis bestimmte Aufgabenkreise noch gar nicht zugeschlagen worden waren. Ein Großteil von Aufgaben fiel erst in den Folgejahren den Landgerichten zu.

---

934 (Anonym, Ueber die bevorstehende Verkleinerung der Landgerichte in Bayern, 1834, S. 78).

935 (Anonym, Ueber die bevorstehende Verkleinerung der Landgerichte in Bayern, 1834, S. 78).

936 (Anonym, Ueber die bevorstehende Verkleinerung der Landgerichte in Bayern, 1834, S. 78 f).

937 (Weis, Die Trennung zwischen Justiz und Verwaltung bei den bayerischen Unterbehörden. Zur Vorgeschichte des Gerichtsverfassungsgesetzes von 1861, 1987, S. 755).

So erweiterte das Gemeindeedikt[938] ab 1818 und das Hypothekengesetz von 1822 jeweils den Aufgabenkreis der Landgerichte erheblich, ebenso wie das Edikt über die gutsherrlichen Rechte und die gutsherrliche Gerichtsbarkeit vom 26. Mai 1818[939].

Das StGB von 1813 war erst im Jahr vor der Veröffentlichung des Lehrbuchs in Kraft getreten, somit zu einem Zeitpunkt, zu dem große Teile bereits verfasst waren. Die Kritikpunkte am StGB von 1813[940] kristallisierten sich erst an den Erfahrungen der Folgejahre nach Inkrafttreten heraus.

Diese Aspekte konnten daher von Reingruber bei seinen Reformüberlegungen gar nicht mehr berücksichtigt werden.

1. Inhalt

Reingruber wählte einen völlig anderen Ansatz für die Reform der Landgerichte. Er war der Überzeugung, dass eine Akkumulierung der Gewalten bei den Landgerichten in der bisherigen Art beibehalten werden sollte.

Er sah bei einer Gewaltentrennung die Einheit der Verwaltung auf der untersten Ebene der Behörden in Gefahr und daraus resultierend eine Vielzahl von Kompetenzstreitigkeiten zwischen den neuen, nun der Gewaltentrennung unterliegenden, Behörden voraus. Diese Folge sei unvermeidlich, da die verschiedenen Zweige des landgerichtlichen Wirkungskreises zu sehr verwoben seien und eine konkrete Abgrenzung der Aufgaben auf dem Lande nie stattgefunden habe. Eine gegen diese Tradition vollzogene Gewaltentrennung im Bereich der ländlichen Unterbehörden führe dann zu einem Anwachsen von Bürokratie und somit letztlich zu einer Vervielfältigung der Arbeit und einer Verlangsamung des Geschäftsganges. Es würde demnach genau die entgegengesetzte Wirkung hervorgerufen werden als ursprünglich beabsichtigt[941].

Auch biete nur eine allzuständige Unterbehörde dem Staat die Möglichkeit, einen umfassend geschulten Beamtenapparat auszubilden. Nur eine bei einer solchen Behörde ausgebildete und fähige Person habe die nötige praktische

---

938 Gesetzblatt 1818, S. 49.

939 Gesetzblatt 1818, S. 221.

940 Vgl. in dieser Arbeit den Gliederungspunkt „Kritik an Strafgesetzbuch von 1813 in Bezug auf die Landgerichte".

941 (Reingruber, Ueber den Wirkungskreis eines Landgerichts im Königreiche Baiern, Bd. 1, 1814, S. 113).

Erfahrung auf dem Gebiet der Zivil- und Kriminalgerichtsbarkeit sowie der Polizeiverwaltung, um ein vollkommener Staatsbeamter zu werden[942].

Reingruber verfolgte bei den Landgerichten den Grundsatz der größtmöglichen Intension des Wirkungskreises bei kleinstmöglicher Extension in räumlicher Hinsicht[943]. Da die Landgerichte einer derartig große Menge von Aufgaben zu erfüllen hatten und diese intensive Belastung mit verschieden Wirkungskreisen nach Reingruber positiv war, forderte er eine Verkleinerung der Landgerichtsbezirke. Nur bei einer Begrenzung der räumlichen Extension der Bezirke könne eine ordnungsgemäße Bewältigung der Aufgaben erwartet werden[944]. Die bestehenden Landgerichtsbezirke sollten dahin verkleinert werden, dass sie nur noch lediglich 6000 Seelen und eine regionale Ausdehnung von vier Quadratmeilen aufwiesen[945].

Lediglich in Militär- und Kriegsgeschäften sollte eine weitreichende Zuständigkeit eines ausschließlich beauftragten Landrichters als sogenannten Marschkommissar für mehrere Landgerichtbezirke gegeben sein, um in diesem sensiblen Geschäftsbereich ein umfassend zuständiges Marschkommissariat errichten zu können[946].

Dass diese Verkleinerung zu einem erhöhten Personalbedarf führen würde, war Reingruber klar. Er erwartete trotzdem keine erhöhte Kostenbelastung für die Staatskasse, da gleichzeitig mit der Vermehrung der Landgerichte eine Reduzierung des Personals bei den Oberbehörden stattfinden sollte. Die aus dieser Personalreduzierung verfügbaren Beamten sollten zur Besetzung der, nun verkleinerten und dadurch vermehrten, Landgerichtsbezirke dienen[947]. Eine derartige „Umverteilung" des Beamtenpersonals von den Oberbehörden zu den Landgerichten als Unterbehörden sei zwingend nötig, da die Landgerichte im bayerischen Staatsgebilde die Basis der gesamten Staatsverwaltung seien. Auf

---

942 (Reingruber, Ueber den Wirkungskreis eines Landgerichts im Königreiche Baiern, Bd. 1, S. 113).

943 (Reingruber, Ueber den Wirkungskreis eines Landgerichts im Königreiche Baiern, Bd. 1, S. 111 f).

944 (Reingruber, Ueber den Wirkungskreis eines Landgerichts im Königreiche Baiern, Bd. 1, S. 112).

945 (Reingruber, Ueber den Wirkungskreis eines Landgerichts im Königreiche Baiern, Bd. 1, S. 114).

946 (Reingruber, Ueber den Wirkungskreis eines Landgerichts im Königreiche Baiern, Bd. 1, S. 112).

947 (Reingruber, Ueber den Wirkungskreis eines Landgerichts im Königreiche Baiern, Bd. 1, S. 114).

dieser breiten Ebene müsse daher ein größerer Personalaufwand betrieben werden als bei den höheren Behörden, die kaum „gering genug" besetzt werden könnten. Diese personelle Umverteilung entspräche nur dem gerechten Verhältnis zwischen Aufgaben der Oberbehörden und den, den Landgerichten obliegenden Aufgaben[948].

2. Fazit

Reingruber hielt das bestehende landgerichtliche System für nicht grundlegend reformbedürftig. Sein Reformvorschlag zielte darauf ab, die bestehenden Verhältnisse in Bezug auf Geschäftsgang, personelle Besetzung und Wirkungskreis der Landgerichte beizubehalten. Einzig die extensive Ausdehnung der Landgerichtsbezirke sollte reformiert werden, um den Landgerichten als umfassend zuständige Unterbehörden eine intensive Erfüllung ihrer Aufgaben zu ermöglichen. Er war sich jedoch im Klaren darüber, dass eine Verkleinerung der Landgerichte nicht ohne einen höheren Personalaufwand betrieben werden konnte.

Um die Kostenlast nicht ausufern zu lassen, sollte diese Reform durch eine Umschichtung des Personals von den Oberbehörden hin zu den Landgerichten erfolgen.

III. Von Hornthal

Johann Peter von Hornthal[949], Advokat und fränkischer Abgeordneter der bayerischen Ständeversammlung, zeigte sich ebenfalls sensibilisiert für die Überlastung der bayerischen Landgerichte diesseits des Rheins.

In seinem Reformvorschlag vom 29. August 1837 unterbreitete er konkrete Pläne für die bereits 1833 in Aussicht gestellte Landgerichtsreform[950].

1. Inhalt

Entscheidender Schritt für eine Verbesserung des Geschäftsgangs der Landgerichte sei es, die landgerichtlichen Bezirke, wie bereits vom König 1833 angekündigt, zu verkleinern. Hierbei sollte besonders auf territoriale Besonderheiten sowie auf solche des Grundeigentums und des Vermögens Rücksicht genommen werden.

948 (Reingruber, Ueber den Wirkungskreis eines Landgerichts im Königreiche Baiern, Bd. 1, S. 112).
949 Zum Leben von Hornthals (BADW, Johann Peter von Hornthal, 1972, S. 640).
950 (Hornthal, 1837, S. 156 ff).

Die strafrechtlichen Untersuchungen sollten fortan von separaten landgerichtlichen Kriminaluntersuchungsämtern oder unmittelbar von kreis- oder stadtgerichtlichen Ämtern zusätzlich durchgeführt werden[951]. Infolge dieser Umorganisation könne der Personalbedarf bei den Landgerichten von drei bis vier Beamten (Landrichter und zwei Assessoren zuzüglich gegebenenfalls noch eines Aktuars) auf zwei Beamte (Landrichter und ein Nebenbeamter in Form eines Assessors oder Aktuars) reduziert werden. In begrenzten Ausnahmefällen könne den Landgerichten ein dritter Nebenbeamter beigeordnet werden, sofern dafür besondere Umstände vorlägen[952].

Die Polizeiverwaltung sollte weiterhin zusammen mit der Zivilgerichtsbarkeit von den Landgerichten als Unterbehörden ausgeübt werden, wobei innerhalb des Landgerichts jedoch eine klare Aufgabentrennung hinsichtlich des zu bearbeitenden Geschäftskreises vorgesehen war[953]. Faktisch lief dieser Vorschlag also auch auf eine Gewaltentrennung von Zivilgerichtsbarkeit und Polizeiverwaltung hinaus. Die erhebliche Reduzierung des landgerichtlichen Beamtenpersonals und die strikte Aufgabentrennung in Zivilgerichtsbarkeit und Polizeiverwaltung hätte außerdem die endgültige Aufgabe der kollegialen Entscheidungsfindung bei den Untergerichten zur Folge gehabt.

Auch die freiwillige Gerichtsbarkeit sollte nach dem Vorschlag von Hornthals – wohl um der ohnehin nicht vermeidbaren fortlaufenden missbräuchlichen Übertragung dieser Aufgabe auf ungelerntes Schreibpersonal zuvor zu kommen – durch in Rechtssachen befähigte Rechtspraktikanten wahrgenommen werden[954]. Auf diese Weise wollte von Hornthal offenbar eine praktische Art der Qualitätssicherung im Bereich der freiwilligen Gerichtsbarkeit, insbesondere des Notariats, betreiben. Insoweit entsprach der Reformvorschlag in Bezug auf die freiwillige Gerichtsbarkeit im Wesentlichen der „unmittelbaren Reform" des unbekannten Verfassers.

Zur weiteren Entlastung der Landrichter sollte diesen die Aufsicht über das Depositenwesen genommen und hierfür eigens zuständigen landgerichtlichen Rendanten übertragen werden[955].

Zur Durchführung dieses Reformprogramms veranschlagte von Hornthal zusätzliche Geldmittel in Höhe von 150.000fl[956].

951 (Hornthal, 1837, S. 157 Nr. 3).
952 (Hornthal, 1837, S. 157 Nr. 4).
953 (Hornthal, 1837, S. 157 Nr. 5).
954 (Hornthal, 1837, S. 157 Nr. 6).
955 (Hornthal, 1837, S. 157 Nr. 7).
956 (Hornthal, 1837, S. 158).

2. Hilfsantrag

Sollte eine Umsetzung des obigen Reformprogramms, aus welchen Gründen auch immer, nicht möglich sein, wies von Hornthal auf die entscheidenden Schlüsselreformen hin, die auf jeden Fall umgesetzt werden müssten, um die drängendsten Probleme bei den Landgerichten zu beseitigen. Die Umsetzung dieser Hilfsreformen sei wichtig, um einen ordnungsgemäßen Geschäftsgang auf dem Lande überhaupt weiterhin gewährleisten zu können.

Zunächst sollten in jedem Fall die größten Landgerichtsbezirke verkleinert werden. Ferner führe an einer Trennung der strafrechtlichen Untersuchung von dem Aufgabenbereich der Landgerichte, bei denen dann nur noch Zivilgerichtsbarkeit und Polizeiverwaltung verblieben, kein Weg vorbei. Zuletzt müsse eine Aufstockung des Gerichtspersonals, insbesondere im Untermainkreis, erfolgen[957].

Mittelfristig müssten darüber hinaus der Ständeversammlung der Entwurf eines Polizeigesetzbuches und eines allgemeine Zivilgesetzbuches sowie reformierte Entwürfe des Strafgesetzbuches, der Strafprozessordnung sowie eine allgemeine Gerichtsverfassung und eine Advokatenordnung vorgelegt werden[958].

3. Fazit

Zentraler Punkt dieses Reformvorschlags war, wie auch bei den übrigen Vorschlägen, eine Verkleinerung der Landgerichtbezirke unter Berücksichtigung regionaler Besonderheiten. Auch die grundsätzliche Absicht von Hornthals Reformvorschlag, den Wirkungskreis der Landgerichte zu schmälern, ist erkennbar.

Jedoch forderte er eine Trennung der Gewalten in einer anderen Umsetzung. Anders als der unbekannte Verfasser forderte von Hornthal eine Trennung der Zivilgerichtsbarkeit von der Kriminalgerichtsbarkeit und erhoffte auf diese Weise den Geschäftsgang der Landgerichte sogar derart zu entlasten, dass, unter Aufgabe der kollegialen Urteilsfindung im Bereich der Zivilgerichtsbarkeit, eine Reduzierung des Beamtenpersonals hätte erfolgen können.

Darüber hinaus sollte die Gewaltentrennung faktisch auch zwischen Zivilgerichtsbarkeit und Polizeiverwaltung erfolgen, da die verbleibenden Beamten eigene, strikt voneinander getrennte, Aufgabenbereiche zu bearbeiten gehabt hätten und dies lediglich „unter dem Dach“ derselben Unterbehörde.

Dieser Vorschlag eines fränkischen Abgeordneten der Ständeversammlung zeigt deutlich, dass die fränkische Zeit unter preußischer Verwaltung, bei der es

957 (Hornthal, 1837, S. 158 III).
958 (Hornthal, 1837, S. 158 IV).

eine strikte Gewaltentrennung gab[959], nach wie vor das Denken der fränkischen Volksvertreter beeinflusste.

Gerade in den ehemals preußischen Gebieten Frankens hatte man während der Zeit unter preußischer Verwaltung positive Erfahrungen mit einer umfassenden Gewaltentrennung gemacht[960] und versuchte diese Gewaltentrennung nun über die bayerische Ständeversammlung, quasi „durch die Hintertür", wieder einzuführen.

IV. Puchta als Mitglied der Kommission

Puchta mit seiner über vierzigjähriger Erfahrung an den Unterbehörden war Mitglied einer durch Reskript des Justizministeriums vom 6. April 1821 eingesetzten Kommission zur Prüfung eines Gesetzbuchs über das Zivilrechtsverfahren[961]. Die Einberufung der Kommission, die aus sieben Mitgliedern bestand, erfolgte zum 25. März 1823[962]. Grundlage des schließlich von der Kommission vorgelegten Gesetzentwurfes war der von Gönner entworfene Judiziarkodex aus dem Jahr 1815[963].

Diese Kommission bestand aus einem Ministerialrat der Justiz als Vorstand, einem Rat des Appellationsgerichts, einem Kreis- und Stadtgerichtsdirektor, drei Landrichtern, davon einer Puchta, und einem Advokaten[964].

1. Reformansatz der Kommission

Aufgabe der Kommission war es, grundlegende Überlegungen über die Erfordernisse einer hinreichenden unterbehördlichen Justiz und Polizeiverwaltung auf dem Lande anzustellen und daraus entsprechende Reformvorschläge zu entwickeln.

959 Vgl. in dieser Arbeit den Gliederungspunkt „Hardenbergsche Reformen in Ansbach-Bayreuth".

960 (Weis, Die Trennung zwischen Justiz und Verwaltung bei den bayerischen Unterbehörden. Zur Vorgeschichte des Gerichtsverfassungsgesetzes von 1861, 1987, S. 754).

961 (Puchta, Erinnerungen aus dem Leben und Wirken eines alten Beamten: vornehmlich für Anfänger in der juristischen, besonders Aemter-Praxis, 1842, S. 289).

962 (Teichmann, 1876, S. 403), (Ritter von Eisenhart, 1888, S. 690ff).

963 (Puchta, Über die bürgerliche Rechtspflege und die Gerichtsverfassung Baierns mit Hinsicht auf die Verbesserungs-Vorschläge, 1826, S. IV des Vorberichts).

964 (Puchta, Erinnerungen aus dem Leben und Wirken eines alten Beamten: vornehmlich für Anfänger in der juristischen, besonders Aemter-Praxis, 1842, S. 289 f).

a. Ausgangsüberlegungen

Die Ziviljustiz, also die Gerichte im eigentlichen Sinne, sollte sich wieder ihrer eigentlichen Aufgabe, nämlich allein der Urteilsfindung in streitigen Rechtssachen, widmen können. So wollte man eine konstant hohe Rechtsprechungsqualität schon bei den Untergerichten erreichen, ohne dass die Ziviljustiz durch die sonst zusätzlich anfallende Aufgabenlast von der Urteilsfindung abgehalten werde[965]. Die Mitwirkung von Advokaten am untergerichtlichen Verfahren sollte auf streitige Prozesse beschränkt werden, um im Übrigen ein schleuniges Verfahren zu ermöglichen.

Einigkeit bestand zudem darüber, dass eine ausreichende Menge von Untergerichten, die im Grundsatz ihrer Aufgabe der streitigen zivilgerichtlichen Urteilsfindung in kollegialer Art und Weise nachzukommen hatten, notwendig war.

In besonderen Einzelfällen sollte aber eine Ausnahme von diesem Grundsatz der Kollegialität möglich sein, um nach wie vor eine schnelle Urteilsfindung zu ermöglichen[966].

Im Hinblick auf eine Gewaltentrennung lehnten die Kommissionsmitglieder die Abtrennung der Polizeiverwaltung, wie vielfach gefordert, von vorneherein mit der Begründung ab, dass diese Aufgaben den typischen landrichterlichen Aufgaben noch am ähnlichsten seien. Die Einführung eines eigenen Polizeikommissariats erhöhe zudem den Personalkostenaufwand, obwohl diese Aufgabe von den bisherigen Landgerichten hinreichend zufriedenstellend bearbeitet worden sei. Zuletzt würde durch eine derartige Umorganisation die Verwaltung verkompliziert ohne einen entsprechenden Nutzen zu erzeugen[967].

b. Umsetzung

Die Kommission machte sich sehr detaillierte Gedanken, auf welche Art und Weise diese Vorüberlegungen am besten umgesetzt werden könnten.

Sie setzten hierbei insbesondere auf die Einführung von Bezirksgerichten neben den Landgerichten und auf die Verschlankung von Verfahrensabläufen.

Der wesentliche Teil des streitigen Verfahrens sollte in die Zuständigkeit sogenannter Bezirksgerichte überführt werden, die grundsätzlich als Kollegialorgan

965 (Puchta, Über die bürgerliche Rechtspflege und die Gerichtsverfassung Baierns mit Hinsicht auf die Verbesserungs-Vorschläge, 1826, S. 254/ 255 c & d).

966 (Puchta, Über die bürgerliche Rechtspflege und die Gerichtsverfassung Baierns mit Hinsicht auf die Verbesserungs-Vorschläge, 1826, S. 254 a & b).

967 (Puchta, Über die bürgerliche Rechtspflege und die Gerichtsverfassung Baierns mit Hinsicht auf die Verbesserungs-Vorschläge, 1826, S. 224).

zu entscheiden gehabt hätten. Damit wäre eine weitere untergerichtliche Instanz neben den Landgerichten geschaffen worden. Der Zuständigkeitsprengel eines solchen Bezirksgerichts hätte nach den Vorstellungen der Kommission mehrere Landgerichtsbezirke (fünf bis sechs[968]) mit einer Bevölkerungszahl von ca. 75.000 Einwohnern umfasst[969].

In der Kriminalgerichtsbarkeit sollten den Bezirksgerichten die Zuständigkeiten für Spezialuntersuchungen bei Vergehen und Verbrechen übertragen werden sowie die Aburteilung von Vergehen[970]. Die Aburteilung von Verbrechen wäre danach weiterhin Aufgabe der Appellationsgerichte gewesen[971].

Die Errichtung dieser kollegialen Bezirksgerichte hätte gleichzeitig zur Qualitätsverbesserung in der untergerichtlichen Entscheidungsfindung beigetragen. Eine Entscheidung durch einen Einzelrichter am Bezirksgericht wäre grundsätzlich unzulässig gewesen, da diese den Landgerichten in bestimmten Ausnahmefällen vorbehalten gewesen wären.

Ausnahmsweise durften auch die Bezirksgerichte als Einzelrichter entscheiden, wenn die Verfahren nicht der Gerichtsbarkeit der Landgerichte unterlagen, also bei Bewohnern der Städte und solchen von befreitem Gerichtsstand[972].

Die Landgerichte sollten nach den Vorstellungen der Kommission neben den Bezirksgerichten fortbestehen und ihre Aufgaben im Wesentlichen behalten. Ihre Zuständigkeit wäre jedoch auf die Gegenstände der streitigen Zivilgerichtsbarkeit beschränkt worden, die entweder von geringem Streitwert bzw. besonderer Einfachheit im Hinblick auf den Streitgegenstand waren oder aufgrund ihrer Dringlichkeit nicht vor kollegial besetzten Gerichten verhandelt werden konnten[973].

---

968 (Puchta, Über die bürgerliche Rechtspflege und die Gerichtsverfassung Baierns mit Hinsicht auf die Verbesserungs-Vorschläge, 1826, S. 258 a).

969 (Puchta, Über die bürgerliche Rechtspflege und die Gerichtsverfassung Baierns mit Hinsicht auf die Verbesserungs-Vorschläge, 1826, S. 255 Nr. 4 & 5).

970 (Puchta, Über die bürgerliche Rechtspflege und die Gerichtsverfassung Baierns mit Hinsicht auf die Verbesserungs-Vorschläge, 1826, S. 259).

971 (Puchta, Über die bürgerliche Rechtspflege und die Gerichtsverfassung Baierns mit Hinsicht auf die Verbesserungs-Vorschläge, 1826, S. 260).

972 (Puchta, Über die bürgerliche Rechtspflege und die Gerichtsverfassung Baierns mit Hinsicht auf die Verbesserungs-Vorschläge, 1826, S. 255 / 256 Nr. 6 & 7).

973 (Puchta, Über die bürgerliche Rechtspflege und die Gerichtsverfassung Baierns mit Hinsicht auf die Verbesserungs-Vorschläge, 1826, S. 255 Nr. 1 & 2).

Gerade um ein schleuniges Verfahren zu garantieren, wäre auf die Kollegialität bei der Urteilsfindung dort verzichtet worden und die Entscheidung stattdessen nur durch einen Einzelrichter erfolgt.

Geplant war, mit diesen Maßnahmen den Zuständigkeitsbereich der Landgerichte im Bereich der streitigen Gerichtsbarkeit erheblich zu vermindern und zu vereinfachen.

Einzig im Rahmen der Vermittlung zwischen den Parteien, sofern von diesen verlangt, konnten Landgerichte auch bei den ihrer Zuständigkeit entzogenen streitigen Verfahren mitwirken[974].

Die Mitwirkung von Advokaten bei den Landgerichten, also im Bereich des nichtstreitigen Verfahrens und bei Verfahren, die primär der Vermittlung zwischen den streitenden Parteien dienen sollten, wäre verboten worden[975]. Eine Verkleinerung der Landgerichtsbezirke war nur ausnahmsweise in den Fällen angedacht, in denen es aufgrund ihres besonders großen Umfangs zweckmäßig erschien[976].

In der Kriminalgerichtsbarkeit sollte den Landgerichten nur noch die General-, nicht mehr jedoch die Spezialuntersuchung obliegen[977].

Darüber hinaus beschäftigte sich die Kommission mit Fragen der Öffentlichkeit[978] und der Mündlichkeit des gerichtlichen Verfahrens, die der Transparenz des Verfahrens dienen sollten, ohne den Verlauf des Verfahrens zu behindern.

Die Öffentlichkeit des Verfahrens sollte sich allein auf die am Verfahren beteiligten Parteien und nicht auf die allgemeine Öffentlichkeit beziehen. Essentiell sei, dass die Verfahrenshandlungen vor den Parteien selbst jedoch nicht geheim gehalten werden[979].

Die Mündlichkeit des Verfahrens wäre auf das abschließende Plädoyer der Parteien unmittelbar vor der Gerichtsentscheidung beschränkt gewesen. Ansonsten

---

974 (Puchta, Über die bürgerliche Rechtspflege und die Gerichtsverfassung Baierns mit Hinsicht auf die Verbesserungs-Vorschläge, 1826, S. 257 f).

975 (Puchta, Über die bürgerliche Rechtspflege und die Gerichtsverfassung Baierns mit Hinsicht auf die Verbesserungs-Vorschläge, 1826, S. 256).

976 (Puchta, Über die bürgerliche Rechtspflege und die Gerichtsverfassung Baierns mit Hinsicht auf die Verbesserungs-Vorschläge, 1826, S. 256 Nr. 7).

977 (Puchta, Über die bürgerliche Rechtspflege und die Gerichtsverfassung Baierns mit Hinsicht auf die Verbesserungs-Vorschläge, 1826, S. 255 Nr. 3).

978 Vgl. hierzu in dieser Arbeit den Gliederungspunkt „Mündlichkeits- und Öffentlichkeitsprinzip vs. Schriftlichkeitsprinzip".

979 (Puchta, Über die bürgerliche Rechtspflege und die Gerichtsverfassung Baierns mit Hinsicht auf die Verbesserungs-Vorschläge, 1826, S. VIII des Vorberichts).

war vorgesehen, vor Gericht am schriftlichen Verfahren durch Schriftsätze und das protokollarische Beweisverfahren festzuhalten[980].

Einzig im Einzelrichterverfahren vor den Landgerichten sollte ein sogenanntes abgekürztes Protokoll eingeführt werden, in dem nur die wesentlichen streitigen Vorträge und Beweise in kurzer Form zusammengefasst worden wären[981].

2. Fazit

Der Reformvorschlag der Kommission ging in eine ähnliche Richtung wie der Vorschlag des unbekannten Verfassers, wonach auf unterbehördlicher Ebene ein Art Zwischenbehörde geschaffen werden sollte, die für den wesentlichen Teil der streitigen Zivilgerichtsbarkeit zuständig gewesen wäre.

Der Kommission war es jedoch wichtig, eine Gesamtzuständigkeit für alle Gewalten auf der unterbehördlichen Ebene zu erhalten, auch wenn dies nur durch Schaffung eines zusätzlichen Gerichts möglich gewesen wäre. Eine vollständige Gewaltentrennung sollte hier gerade nicht erfolgen.

Offenbar konnte sich Puchta, als erklärter Befürworter der Gewaltentrennung auch bei den Landgerichten[982], nicht durchsetzen. Dies mag durchaus als Zugeständnis der Kommission an die konservativen Kräfte in Ständeversammlung und Regierung, denen es um eine prinzipielle Aufrechterhaltung der Gewaltentrennung auf höheren Ebenen, nicht aber an deren Einführung auf unterer Ebene ging, gewertet werden.

Einzig eine Spezialisierung im Bereich der Ziviljustiz durch Schaffung von Bezirksgerichten war beabsichtigt. So richtete sich der Hauptaufgabenkreis der Landgerichte nach Vorstellung der Kommission nunmehr auf die Polizeiverwaltung und die nichtstreitige Gerichtsbarkeit auf dem Land sowie auf die kriminalgerichtliche Generaluntersuchung.

Die Hauptaufgabe der Bezirksgerichte wäre eine Urteilsfindung in streitigen Prozessen gewesen. Im Wesentlichen sollte hierdurch, unter Beibehaltung der kollegialen Urteilsfindung, die Rechtsprechungsqualität bereits im Bereich der Untergerichte garantiert werden. Einzig kleine und eilige Prozesse, also solche, die ohne großen Zeitverlust abgehandelt hätten werden können, sollten, um

980 (Puchta, Über die bürgerliche Rechtspflege und die Gerichtsverfassung Baierns mit Hinsicht auf die Verbesserungs-Vorschläge, 1826, S. 31 ff).

981 (Puchta, Über die bürgerliche Rechtspflege und die Gerichtsverfassung Baierns mit Hinsicht auf die Verbesserungs-Vorschläge, 1826, S. VIII des Vorberichts).

982 (Puchta, Der Dienst der deutschen Justizämter oder Einzelrichter, 1829, S. 18 ff und S. 209 Nr. 1).

einer Überlastung der Bezirksgerichte vorzubeugen, durch Einzelrichter bei den Landgerichten entschieden werden. In diesen landgerichtlichen Prozessen wäre der geringe Zeitaufwand entscheidend gewesen. Dies hätte neben der Entscheidungsfindung durch einen Einzelrichter statt durch ein Kollegium auch durch ein „abgekürztes Protokoll“ und den Ausschluss der Advokaten bei den Landgerichten gewährleistet werden sollen. Das Landgericht wäre an den größeren Prozessen, sofern sie nicht aus Gründen der Eile bei den Landgerichten hätten behandelt werden müssen, allein im Rahmen eines „Vermittlergerichts“, sofern von den Parteien gewünscht, zuständig gewesen.

Durch diese Spezialisierung sollten sowohl die Landgerichte als auch die neu geschaffenen Bezirksgerichte entlastet und sichergestellt werden, dass auch der freiwilligen Gerichtsbarkeit ausreichend Aufmerksamkeit durch das Richterpersonal gewidmet werden konnte.

Durch die Zuweisung der Aufgaben der Generaluntersuchung an die Landgerichte und der Aufgaben der Spezialuntersuchung an die Bezirksgerichte wäre der Kritik an dem Strafgesetzbuch von 1813[983] der Boden entzogen worden, weil jedem dieser beiden Gerichte nur bestimmte Untersuchungsschritte zugewiesen worden wären und somit eine klare Trennung von Generaluntersuchung und Spezialuntersuchung hätte erfolgen können. Auf diese Weise wäre es möglich gewesen, das Strafgesetzbuch von 1813 mit seinen Untersuchungsprinzipien im Wesentlichen unverändert beizubehalten.

Die bloße Verkleinerung der Landgerichtsbezirke war nach Ansicht von Puchta keine geeignete Maßnahme, um das Arbeitsaufkommen bei den Landgerichten wesentlich zu verringern. Zum einen ändere sich die Pflicht, in bestimmten periodischen Zeitabständen Listen, Tabellen und Aufzeichnung bei den oberen Behörden einzureichen durch die Verkleinerung der Landgerichtsbezirke nicht. Zum anderen ging Puchta sogar von der Annahme aus, dass die Aufgaben von Justiz und Polizeiverwaltung in Landgerichtbezirken von großer Fläche sogar geringer seien als bei Landgerichtbezirken von kleiner Flächenzahl. Nach den praktischen Erfahrungen Puchtas kam es insbesondere dann zu Reibungspunkten bei der Bevölkerung und damit zu einem höheren Regelungsbedarf durch die Landgerichte, wenn viele Menschen auf engem Raum zusammenlebten[984]. Dies galt nach Puchta umso mehr, da Parteien die eine lange Anreise zu einem

983 Vgl. hierzu in dieser Arbeit den Gliederungspunkt „Kritik an Strafgesetzbuch von 1813 in Bezug auf die Landgerichte“.

984 (Puchta, Über die bürgerliche Rechtspflege und die Gerichtsverfassung Baierns mit Hinsicht auf die Verbesserungs-Vorschläge, 1826, S. 221).

Landgerichtsstandort hätten, eher bereit seien, einen Streit ohne die Anrufung eines Landgerichts beizulegen[985].

Letztlich bringe – so Puchta – eine Verkleinerung der Landgerichtsbezirke nur enorme Kosten und einen nur geringen Nutzen[986]. Auch durch den Reformvorschlag der Kommission seien höhere Kosten für den Staatshaushalt unvermeidbar, man hege jedoch die Hoffnung, dass durch diese große Reform das Problem der Überlastung der Unterbehörden ein für alle Mal gelöst sei[987].

Ziel dieses umfassenden Reformvorschlages war es, insbesondere eine einmalige, ordentliche und endgültige Lösung dieses Problems zu erreichen, auch unter Inkaufnahme einer völlig neuen Gerichtsart im unteren Bereich. Die Kommission hoffte mit dieser grundlegenden Umorganisation der in früheren Jahren oftmals geäußerten Kritik zu entgehen, eine Vielzahl von kleinen Umorganisationen verhindere eine Eingewöhnung in ein neues System[988].

3. Mögliche Gründe für das Scheitern der Reform

Trotz über achtjähriger Tätigkeit der Kommission mit über 200 Sitzungen ist dieser Reformvorschlag bei der Ständeversammlung nach zweimaliger Revision letztendlich gescheitert[989]. Die Gründe waren sicherlich vielschichtig, doch wird im Folgenden versucht, die wesentlichen herauszuarbeiten.

Hauptgrund für das Scheitern des Vorschlags war wohl die von Anfang an bestehende Uneinigkeit innerhalb der Ständeversammlung über die Ausrichtung der zukünftigen Gerichtsverfassung[990]. Zwar gingen die meisten Mitglieder der Ständeversammlung davon aus, aufwendige gesetzliche Voraussetzungen für eine entsprechende Reform des Gerichtswesens schaffen zu müssen, konnten sich aber nicht auf bestimmte Voraussetzungen einigen[991].

985 Dieses Argument jedoch sofort wieder relativierend(Puchta, Über die bürgerliche Rechtspflege und die Gerichtsverfassung Baierns mit Hinsicht auf die Verbesserungs-Vorschläge, 1826, S. 222).

986 (Puchta, Über die bürgerliche Rechtspflege und die Gerichtsverfassung Baierns mit Hinsicht auf die Verbesserungs-Vorschläge, 1826, S. 224).

987 (Puchta, Über die bürgerliche Rechtspflege und die Gerichtsverfassung Baierns mit Hinsicht auf die Verbesserungs-Vorschläge, 1826, S. 220).

988 (Puchta, Über die bürgerliche Rechtspflege und die Gerichtsverfassung Baierns mit Hinsicht auf die Verbesserungs-Vorschläge, 1826, S. 219 f).

989 (Teichmann, 1876, S. 403), (Ritter von Eisenhart, 1888, S. 690ff).

990 So war dies auch in der Folge der Grund für fehlende Veränderungen in der Gerichtsorganisation (Renz, 1928, S. 13).

991 (Weis, Die Trennung zwischen Justiz und Verwaltung bei den bayerischen Unterbehörden. Zur Vorgeschichte des Gerichtsverfassungsgesetzes von 1861, 1987, S. 764).

Ein Teil der Mitglieder der Ständeversammlung hielt eine Verfassungsänderung für notwendig, um in einem ersten Schritt die Patrimonialgerichtsbarkeit und die damit verbundenen Standesvorrechte abzuschaffen, da diese ein essenzielles Hindernis für eine grundlegende Reform in der Gerichtsverfassung darstellen[992].

Ein anderer Teil der Ständeversammlung wollte, dass der Reformvorschlag aus der Mitte des Landtags entwickelt werde. Diesem Teil missfiel, dass der Vorschlag durch eine von der Regierung eingesetzte Kommission beschlossen und der Ständeversammlung lediglich abschließend „von oben"[993] vorgelegt worden war[994].

Über das Erfordernis von Reformen waren sich zwar alle Beteiligten einig, letztlich konnten aber der reaktionäre Flügel und der Flügel der liberalen Abgeordneten keinen Konsens finden[995].

Vor allem aus den Reihen der fränkischen Abgeordneten kam wiederholt der Vorwurf gegenüber der Regierung, eine Gewaltentrennung auch auf der unterbehördlichen Ebene überhaupt nicht zu wollen. Dies war für viele Abgeordnete jedoch ein unverzichtbarer Schritt[996].

Puchta resümierte als Gründe für die Ablehnung des Reformvorschlags durch die Ständeversammlung, dass sich Ständeversammlung und Regierung zu keinem Zeitpunkt auf die Art und Weise der Umsetzung eines neuen Gerichtsorganismus und die entscheidenden Grundsätze des anzuwendenden Verfahrens hätten einigen können. Vielmehr seien einem Teil der Ständeversammlung die Reformvorschläge „zu Deutsch" gewesen und einem anderen Teil „zu Französisch"[997] [998].

---

992 (Weis, Die Trennung zwischen Justiz und Verwaltung bei den bayerischen Unterbehörden. Zur Vorgeschichte des Gerichtsverfassungsgesetzes von 1861, 1987, S. 759).

993 Zum Verfassungsrechtlichen Kontext des „monarchischen Verfassungsprinzips" (Körner, Geschichte des Königreichs Bayern, 2006, S. 52 ff).

994 (Weis, Die Trennung zwischen Justiz und Verwaltung bei den bayerischen Unterbehörden. Zur Vorgeschichte des Gerichtsverfassungsgesetzes von 1861, 1987, S. 759), in diese Richtung auch (Spindler, Handbuch der bayerischen Geschichte, 2003, S. 138 ff und S. 142).

995 Zu den unterschiedlichen Reformvorstellungen des reaktionären und des liberalen Flügels (Carsten & Rautenberg, 2012, S. 54).

996 (Hornthal, 1837, S. 17).

997 Mit entsprechender Befürwortung der „deutschen Gerichtsorganisation" (Miller, 1825, S. 27 ff).

998 (Puchta, Erinnerungen aus dem Leben und Wirken eines alten Beamten: vornehmlich für Anfänger in der juristischen, besonders Aemter-Praxis, 1842, S. 290), zu diesen Flügeln (Carsten & Rautenberg, 2012, S. 54) oder zu ähnlichen Überlegungen in Preußen (Peters, 2010, S. 96 ff und S. 123 ff).

Ein weiterer entscheidender Punkt für das Scheitern des Kommissionsvorschlags dürften die zu erwartenden hohen Kosten durch die Schaffung einer Vielzahl neuer Bezirksgerichte und der damit einhergehenden Umorganisationen gewesen sein. Diese gescheiterte Reform war jedoch im Jahre 1825 Grundlage für einen erneuten Anlauf von König Ludwig I. die Gerichtsorganisation zu reformieren und sich hierbei an der pfälzischen Gerichtsorganisation zu orientieren. Aber auch hier scheiterte das Vorhaben an der Uneinigkeit über grundsätzliche Auffassungen über die Gerichtsorganisation[999].

V. Justizminister von Maurer im Jahr 1847

König Ludwig I. hatte im Jahr 1833 den Ministern der Justiz und des Inneren verboten, auf die Frage der Gewaltentrennung zurückzukommen und auch in den vorhergehenden Jahren hatte der König jede Forderung von Abgeordneten nach Reformen bei der Justiz auf dem Lande abgewehrt.

Erst im Jahr 1847 beauftragte König Ludwig I. den neu ernannten Justizminister von Maurer, einen Vorschlag über eine Neuorganisation des Gerichtswesens auszuarbeiten.

Von Maurer nahm diesen Auftrag zum Anlass, nochmals ausgiebig die Missstände des bayerischen Justizwesens insbesondere im Bereich der Landgerichte offen zu legen[1000].

1. Inhalt

Von Maurer beabsichtigte eine weitereichende und endgültige Erneuerung des bayerischen Justizwesens, insbesondere im Bereich der Unterbehörden. Er forderte in seinem Vorschlag eine Trennung der Gewalten, die Öffentlichkeit und Mündlichkeit des gerichtlichen Verfahrens[1001] sowie die Einführung von Geschworenengerichten[1002], Untersuchungsrichtern und Staatsanwälten[1003].

---

999 (Renz, 1928, S. 11 ff).

1000 (Weis, Die Trennung zwischen Justiz und Verwaltung bei den bayerischen Unterbehörden. Zur Vorgeschichte des Gerichtsverfassungsgesetzes von 1861, 1987, S. 759).

1001 Vgl. in dieser Arbeit den Gliederungspunkt „Mündlichkeits- und Öffentlichkeitsprinzip vs. Schriftlichkeitsprinzip" und dem Politik dieser Fragen in deutschen Staaten (Peters, 2010, S. 232 ff).

1002 Zum Politikum dieser Forderung in deutschen Staaten (Peters, 2010, S. 178–202).

1003 (Spindler, Handbuch der bayerischen Geschichte, 2003, S. 138 ff und S. 213) und (Weis, Die Trennung zwischen Justiz und Verwaltung bei den bayerischen Unterbehörden. Zur Vorgeschichte des Gerichtsverfassungsgesetzes von 1861, 1987, S. 759),

König Ludwig I. lehnte all diese Forderungen zunächst mit der Begründung ab, eine Neuorganisation des Justizwesens solle nur in unbedingt notwendigen Fällen erfolgen. Eine Trennung der Staatsgewalten führe lediglich zu einer Schwächung der Regierungsgewalt und zu einer Erhöhung der Staatskosten im Bereich des Gerichtswesens[1004]. Auch die Schaffung von Geschworenengerichten hielt er für überflüssig, da das bestehende Justizpersonal in Bayern ausreichend sei[1005].

Nach vielen und langen Beratungen schien sich König Ludwig I. schließlich doch von der Notwendigkeit einer solchen weitreichenden Reform überzeugen zu lassen. Er stellte dies jedoch unter die Bedingung, dass die Patrimonialgerichtsbarkeit von der Reform ausgenommen und keine Notariate geschaffen würden, um diese wichtigen Staatseinnahmen zu erhalten. Darüber hinaus sollten die neu geschaffenen Stellen deutsche Bezeichnungen führen[1006].

Zu einer Umsetzung dieses komplett ausgearbeiteten Reformvorschlags kam es letztlich doch nicht, da von Maurer am 1. Dezember 1847 aufgrund der Auswirkungen der Lola Montez Affäre als Justizminister entlassen wurde[1007].

2. Fazit

Die Vorstellungen und Entwürfe von Justizminister von Maurer gingen weit über die bisher in Erwägung gezogenen Reformvorschläge hinaus. Er brach in weiten Teilen mit den beinah traditionellen Grundsätzen des bayerischen Gerichtswesens seit dem Jahre 1802. So forderte von Maurer beispielsweise kumulativ eine umfassende und vollständige Gewaltentrennung, die Einführung des öffentlichen und mündlichen Verfahrens sowie eine vollständige Reform der Strafgerichtsbarkeit.

Einzig im Hinblick auf die Abschaffung der Patrimonialgerichtsbarkeit und in Bezug auf die Errichtung selbstständiger Notariate konnte sich von Maurer nicht durchsetzen, da Ludwig I. aus finanziellen Gründen den Status quo aufrecht erhalten wollte.

---

anders wird von Maurers Reformprogramm hingegen von Fellner gesehen, der es gar als Rückschritt im Vergleich zu früheren Jahren wertet und auch von Maurers Absicht ein öffentliches und mündliches Verfahren einzuführen, bestreitet (Fellner, 1986, S. 38), zum Politikum der Einführung von Staatsanwaltschaften (Carsten & Rautenberg, 2012, S. 54 ff).

1004 (Dickopf, 1960, S. 86).

1005 (Weis, Die Trennung zwischen Justiz und Verwaltung bei den bayerischen Unterbehörden. Zur Vorgeschichte des Gerichtsverfassungsgesetzes von 1861, 1987, S. 760).

1006 (Dickopf, 1960, S. 90).

1007 (Weis, Die Trennung zwischen Justiz und Verwaltung bei den bayerischen Unterbehörden. Zur Vorgeschichte des Gerichtsverfassungsgesetzes von 1861, 1987, S. 760).

Bisher war eine vollständige Gewaltentrennung in allen Bereichen der Untergerichte nur von bestimmten Abgeordneten der Ständeversammlung[1008], und auch von diesen nicht ausdrücklich als solche bezeichnet, vorgeschlagen worden. Ebenso war die Einführung der Mündlichkeit der Verhandlung vor der Zivilgerichtsbarkeit und der Strafgerichtsbarkeit von Seiten der Regierung bisher stets abgelehnt und nur in abgeschwächter Form in bestimmten Fällen in Erwägung gezogen worden[1009]. Eine völlig neue Überlegung war die Einführung von Geschworenengerichten und Staatsanwälten.

Trotz dieser revolutionären Vorschläge traf der Plan zur Neuorganisation des Gerichtswesens durch von Maurer auf breite Zustimmung. Dem Scheitern dieses Reformvorschlags lagen letztlich besondere, durch von Maurer nicht zu beeinflussende in der Person Ludwigs I. selbst begründete Umstände, zu Grunde[1010].

VI. Kern- und Streitpunkte bei den Reformbestrebungen

Bei allen Kernpunkten der Reformbestrebungen lassen sich je nach Sichtweise zahlreiche Argumente finden, die entweder für oder auch gegen die einzelnen Forderungen sprechen. Diese Argumente werden nachfolgend nochmals komprimiert einander gegenüber gestellt, um deutlich zu machen, dass jede weitreichende Reformvorstellung vor ihrer Umsetzung zahlreiche Hindernisse überwinden musste.

1. Verkleinerung der Landgerichtsbezirke

Die häufigste Forderung zur Reform der Landgerichte war eine Verkleinerung der Landgerichtsbezirke in geographischer Hinsicht.

Man hoffte schon allein durch die regionale Einschränkung die Menge der zu bearbeitenden Gegenstände an jedem Landgericht zu vermindern. Bereits 1803 wurde kritisiert, dass bei der Schaffung der Landgerichte 1802 die bestehenden Bezirke eher hätten kleiner gestalten werden müssen, um eine ordnungsgemäße Bearbeitung der Geschäftsgegenstände durch den Landrichter zu ermöglichen[1011].

1008 vgl. hierzu in dieser Arbeit den Gliederungspunkt „von Hornthal“ und dessen Vorschläge.

1009 vgl. hierzu in dieser Arbeit den Gliederungspunkt „Puchta als Mitglied der Kommission“.

1010 (Weis, Die Trennung zwischen Justiz und Verwaltung bei den bayerischen Unterbehörden. Zur Vorgeschichte des Gerichtsverfassungsgesetzes von 1861, 1987, S. 760).

1011 (Zintl, Reflexionen über die neue Organisation der Churfürstl. Landesdirektion von Baiern und der Churfürstl. Landgerichte, 1803, S. 79).

Ein Beispiel für die enorme Vergrößerung der Gerichtsbezirke zeigt sich im ehemals preußischen Fürstentum Ansbach-Bayreuth, nachdem es an Bayern gefallen war. Dort wurde aus ehemals fünf Justizämtern ein Landgerichtsbezirk gebildet. Die personelle Besetzung verfünffachte sich jedoch keineswegs, vielmehr entsprach der Personalschlüssel dieses neu geschaffenen Landgerichts dem eines Justizamtes[1012].

Die Belassung des bestehenden Zustandes von derartig großen Landgerichtsbezirken, so führt der Landrichter Reingruber aus, vermindere den staatlichen Einfluss, je weiter entfernt von einem Landgerichtssitz sich die zu verwaltende Region befinde. Die landrichterliche Verwaltung in diesen abgelegenen Regionen sei schon aus rein tatsächlichen Gründen weit weniger intensiv möglich als bei den dem Landgerichtssitze nahe gelegenen Gebieten[1013]. Ohne eine Verkleinerung der Landgerichtsbezirke bräuchte es somit, so von Pelkhoven, zur Erfüllung der Aufgaben eines Landrichters eine „erhabenere Person als die menschliche"[1014].

Nach Reingruber dürfe ein Landgerichtsbezirk daher maximal eine Einwohnerzahl von 6000 Seelen umfassen[1015]. Nur damit sei es einem Landrichter überhaupt möglich, all diejenigen Aufgaben zu erfüllen, für die ihn der Staat letztlich verantwortlich machen wolle[1016].

Auch diejenigen, die eine Verkleinerung der Landgerichtsbezirke zwar als notwendig erachteten, machten aber gleichzeitig deutlich, dass es sich hierbei um kein alleiniges Heilmittel handele, und weitere Maßnahmen zur Entlastung des dortigen Geschäftsbetriebes erforderlich seien[1017].

Argumentiert wurde zwar auch, die Prozessmenge reduziere sich bei geographisch größeren Landgerichtsbezirken aus rein praktischen Gründen, da weit entfernte Parteien dann oftmals den weiten Weg zum Landgericht scheuten und eher bereit dazu seien, ihren Streit außergerichtlich beizulegen. Dieser sicherlich richtigen Beobachtung wurde jedoch von anderer Seite wieder entgegengehalten, dass ein derartiger Nebeneffekt nicht die Intention der Regierung sein dürfe,

---

1012 (Puchta, ˜Dieœ Landgerichte in Bayern und ihre Reform: mit vergleichender Rücksicht auf das deutsche Gerichtswesen früherer Zeit, 1834, S. 48).

1013 (Reingruber, Ueber den Wirkungskreis eines Landgerichts im Königreiche Baiern, Bd. 1, 1814, S. 112).

1014 (Pelkhoven, 1811, S. 30).

1015 S. 114.

1016 (Reingruber, Ueber den Wirkungskreis eines Landgerichts im Königreiche Baiern, Bd. 1, 1814, S. 114).

1017 (Hornthal, 1837, S. 60).

da es gerade ein Teil der öffentlichen Fürsorge des Staates sei, den Amtsanbefohlenen einen unkomplizierten behördlichen Zugang zu ermöglichen[1018].

Es gab aber auch zahlreiche und bedeutende Stimmen, die sich gegen eine Verkleinerung aussprachen, denn eine Verkleinerung der Landgerichtsbezirke sei nicht zweckmäßig, da der Geschäftsumfang der gleiche bleibe und daher insbesondere die zeitaufwendigen periodischen Arbeiten, wie beispielsweise das Erstellen von Listen, Tabellen und Verzeichnissen im selben Umfang zu erledigen seien wie zuvor[1019].

Dazu berge eine neuerliche Umstrukturierung jedoch die Gefahr des Verlustes wichtiger Urkunden in sich. Deren Verteilung auf die neu geschaffenen und nun für einen kleineren Bezirk zuständigen Landgerichte sei schon daher problematisch[1020].

Gegen die letztlich nicht umgesetzte Ankündigung der Regierung aus dem Jahre 1833[1021], in naher Zukunft die Landgerichtsbezirke zu verkleinern, wurden viele Einwendungen erhoben. Einzige Folge einer solchen Verkleinerung sei die deutlich erschwerte Kontrolle durch die Oberbehörden, weil diese dann eine ansteigende Zahl von nunmehr verkleinerten Landgerichten unter sich hätten[1022].

Die Kritiker dieses Verkleinerungsvorschlags hielten diesen grundsätzlich für kontraproduktiv. Bei einer Verkleinerung der Landgerichte sei auch mit einer Reduzierung des Personals an der jeweiligen Behörde zu rechnen. Da mangels eines einheitlichen Polizei- bzw. Administrativgesetzes die Reichweite der landgerichtlichen Zuständigkeit in der Polizeiverwaltung nach wie vor ungeklärt sei, würde durch eine Personalreduzierung die Möglichkeiten von Patrouillen im Landgerichtsbezirk weiter erschwert. Die Verkleinerung der Landgerichte konterkariere letztlich durch die Art und Weise ihrer Umsetzung den durch sie beabsichtigten Zweck[1023].

1018 (Puchta, Ueber die Grenzen des Richteramts in bürgerlichen Rechtssachen, 1819, S. 167 f).

1019 (Puchta, ˜Dieœ Landgerichte in Bayern und ihre Reform: mit vergleichender Rücksicht auf das deutsche Gerichtswesen früherer Zeit, 1834, S. 86 ff).

1020 (Zintl, Reflexionen über die neue Organisation der Churfürstl. Landesdirektion von Baiern und der Churfürstl. Landgerichte, 1803, S. 66).

1021 (Riedenauer, 2003, S. 509) und (Anonym, Ueber die bevorstehende Verkleinerung der Landgerichte in Bayern, 1834, S. 1).

1022 (Anonym, Ueber die bevorstehende Verkleinerung der Landgerichte in Bayern, 1834, S. 5).

1023 (Anonym, Ueber die bevorstehende Verkleinerung der Landgerichte in Bayern, 1834, S. 38).

Dennoch wurde selbst von den Gegnern einer umfassenden Verkleinerung der Landgerichtsgerichtsbezirke anerkannt, dass in begründeten Einzelfällen eine Verkleinerung der Bezirke notwendig sein könnte, eine derartige Vorgehensweise jedoch die Ausnahme bleiben müsse[1024].

Zu einer Verkleinerung der Landgerichtsbezirke kam es letztlich nicht, da wohl massive Bedenken im Hinblick auf die unkalkulierbaren Kosten bestanden. Diese wären zwangsläufig entstanden, weil bei einer Verkleinerung neue Landgerichte errichtet und mit Personal ausgestattet hätten werden müssen. Insbesondere wollten Regierung und Ständeversammlung ein solches Risiko nicht eingehen, ohne sich über den Erfolg dieser Reform sicher zu sein. Gerade im Hinblick auf den Erfolg dieser Maßnahme bestanden vor allem in der Regierung offenkundig massive Zweifel.

2. Streit um die Gewaltentrennung

Ein weiterer vieldiskutierter Punkt war die Gewaltentrennung auf unterster Behördenebene[1025].

Dies schien der einfachste Weg zu sein, einzelne Aufgabenbereiche von den überlasteten Landgerichten, ohne das Erfordernis komplizierter Neuorganisationen zu entfernen.

Die erklärten Gegner einer Gewaltentrennung auf unterbehördlicher Ebene führten als Hauptargument für die Beibehaltung des Status quo die Notwendigkeit der Einheit der Verwaltung an[1026]. Da die Landgerichte als Unterbehörden auch die „äußeren Behörden" seien, also den unmittelbaren Kontakt zu den Amtsanbefohlenen pflegten, sei es notwendig, dem Landrichter einen umfassenden Einfluss in seinem Gerichtsbezirk einzuräumen, um der Staatsgewalt entsprechende Handlungsmöglichkeiten zu garantieren[1027].

Die Gewaltenkumulation sei ein fester Grundsatz in der bayerischen Rechtstradition der Unterbehörden auf dem Lande[1028]. Einzig hierdurch könne den Amtsanbefohlenen ein umfassender Rechtschutz gewährt werden. So führe die Gewaltentrennung bei den Landgerichten lediglich zu einer Problemverlagerung

---

1024 (Puchta, Der Dienst der deutschen Justizämter oder Einzelrichter, 1829, S. 210 Nr. 2) und (Puchta, Über die bürgerliche Rechtspflege und die Gerichtsverfassung Baierns mit Hinsicht auf die Verbesserungs-Vorschläge, 1826, S. 256 Nr. 7).

1025 (Renz, 1928, S. 11)

1026 (Weber, 1817, S. 2).

1027 (Anonym, Ueber die bevorstehende Verkleinerung der Landgerichte in Bayern, 1834, S. 64).

1028 (Weber, 1817, S. 2).

und nicht zu einer Problemlösung, da die Schwächen der Landgerichte in deren Geschäftsführung lägen und nicht in der Gewaltenkumulation[1029].

Auch um eine umfassende Ausbildung eines fähigen Beamtenapparates sicherzustellen, sei eine Gewaltentrennung zu unterlassen[1030]. Folge einer Gewaltentrennung wäre ansonsten zukünftig ein rein spezialisiertes Beamtentum ohne die Fähigkeit, die Tragweite des eigenen Handelns auf die übrigen Teile des Staates erkennen zu können[1031].

Aus Sicht der Amtsanbefohlenen dürfe eine Trennung ebenfalls nicht erfolgen, da diese seit jeher für jede Art von Problemen das Landgericht als „allzuständiges Amt" hatten aufsuchen können. Eine Trennung der Gewalten führe daher zur Unsicherheit bei den Amtsanbefohlenen und schade deren Vertrauen in den Landrichter. Letztlich hemme eine derartige Neuorganisation den Geschäftsgang bei den Landgerichten und führe nicht zu einer Beschleunigung, sondern zum entgegengesetzten Ergebnis[1032].

Darüber hinaus sei schon eine klare Abgrenzung der Justiz von der Polizeiverwaltung bei den „äußeren Behörden" auf dem Lande grundsätzlich nicht möglich[1033]. Die Folge einer dort durchgeführten Gewaltentrennung seien fortwährende Kompetenzkonflikte zwischen den neu geschaffenen Behörden und Gerichten[1034].

Befürworter einer Gewaltentrennung gab es seit der Organisation der Landgerichte durch die Verordnung vom 24. März 1802. Grund hierfür war die Lähmung des landgerichtlichen Geschäftsganges durch die Übertrachtung der Landgerichte mit Aufgaben aus allen Bereichen der Staatsgewalt, nämlich Zivilgerichtsbarkeit, Kriminalgerichtsbarkeit und Polizeiverwaltung[1035]. Kritikpunkt war, dass der eigentlich gerichtliche Charakter der Landgerichte aufgrund der Zuständigkeit für so viele andere Gegenstände der Staatsverwaltung mehr und mehr in den Hintergrund getreten sei[1036].

1029 (Pelkhoven, 1811, S. 24 f).

1030 (Weber, 1817, S. 3).

1031 (Reingruber, Ueber den Wirkungskreis eines Landgerichts im Königreiche Baiern, Bd. 1, 1814, S. 113)und (Weber, 1817, S. 2).

1032 (Anonym, Ueber die bevorstehende Verkleinerung der Landgerichte in Bayern, 1834, S. 64).

1033 (Pelkhoven, 1811, S. 25).

1034 (Anonym, Ueber die bevorstehende Verkleinerung der Landgerichte in Bayern, 1834, S. 64).

1035 (Koellenberger, 1822, S. 115).

1036 Diese Kritik bereits im Jahr 1803 (Zintl, Reflexionen über die neue Organisation der Churfürstl. Landesdirektion von Baiern und der Churfürstl. Landgerichte, 1803, S. 60).

Das patriarchalische System[1037] der Allzuständigkeit der Landrichter beinhalte darüber hinaus für diese eine Gefahr des Missbrauchs dieses Amtes, sofern keine zeitintensive, personal- und kostenaufwendige Kontrolle der Landgerichte stattfinde[1038]. Hinzu komme, dass eine umfassende und ordnungsgemäße Ausübung der gesamten Staatsgewalt durch eine Person überhaupt nicht möglich sei. Dies sei auf der obersten Ebene durch den Souverän nicht möglich, daher bediene er sich Ministern und Beamten, und ebenso wenig auf der untersten Behördenebene in lediglich räumlich begrenzterem Raum[1039].

Das Argument der Gegner der Gewaltentrennung auf unterster Ebene, dass eine solche Neuorganisation bei den Landgerichten die Einheit der Verwaltung zerstöre, könne nicht gelten, schließlich sei eine Gewaltentrennung auch bei den Oberbehörden und auf unterbehördlicher Ebene bei den Stadtgerichten erfolgreich umgesetzt worden[1040]. Justizminister von Reigersberg stellte bereits in seinem Bericht zum Etatjahr 1818/19 fest, dass den Stadtgerichten aufgrund der Gewaltentrennung eine deutlich schnellere Verfahrensbearbeitung möglich sei als den Landgerichten[1041].

Die Abschaffung der Gewaltenkumulation sei notwendig, da die Errichtung eines funktionierenden Regierungssystems Staatszweck sei und gleichzeitig in allen Bereichen und Ebenen der Staatsverwaltung auch eine Staatspflicht[1042].

Dass die Trennung der Gewalten eine effektive Art zur Schaffung einer ordnungsgemäßen Staatsverwaltung sei, zeige auch der Blick auf die linksrheinischen Gebiete, die seit jeher das französische System der Gewaltentrennung durch alle Behördenebenen beibehalten hätten[1043]. Ebenso würden Vergleiche der Staatsverwaltung in anderen deutschen Staaten oder ein Blick auf die Organisation in Frankreich und England zeigen, dass eine umfassende Gewaltentrennung der einzig wirksame Weg für eine ordnungsgemäße Verwaltung sei[1044].

1037 (Puchta, Der Dienst der deutschen Justizämter oder Einzelrichter, 1829, S. 9).

1038 (Puchta, Der Dienst der deutschen Justizämter oder Einzelrichter, 1829, S. 2).

1039 (Barth, 1823, § 16).

1040 (Anonym, Ueber die bevorstehende Verkleinerung der Landgerichte in Bayern, 1834, S. 72).

1041 (Reigersberg, 1820, S. 22).

1042 (Barth, 1823, § 7 und § 10).

1043 (Puchta, Der Dienst der deutschen Justizämter oder Einzelrichter, 1829, S. 4) und (Weis, Die Trennung zwischen Justiz und Verwaltung bei den bayerischen Unterbehörden. Zur Vorgeschichte des Gerichtsverfassungsgesetzes von 1861, 1987, S. 755).

1044 (Hornthal, 1837, S. 56 ff).

Die Überlastung der Landgerichte und die damit einhergehende Hemmung der Geschäfte auf dem Lande sei nur deswegen nicht aufgefallen, weil die Landgerichte in allen Belangen erste Ansprechpartner der Amtsanbefohlenen auf dem Lande seien, und Beschwerden daher zumeist gar nicht bis zu den oberen Behörden drängen. Zudem seien die Amtsgeschäfte der Landgerichte zu Beginn im Jahr 1802 und in den Folgejahren bei weitem nicht so umfangreich gewesen wie in den späteren Jahren[1045]. Folge der mit der Gewaltenkumulation verbundenen Aufgabenüberlastung bei den Landgerichten sei es, dass ein Landrichter keine Zeit mehr habe, die gesamte Menge der ihm obliegenden Aufgaben zu erfüllen, und zwar weder im Bereich der Justiz noch im Bereich der Polizeiverwaltung[1046].

Auch der Wortlaut und die Systematik der bayerischen Verfassungsurkunde von 1818 sprächen für eine Gewaltentrennung auf der unterbehördlichen Ebene. Zunächst stelle Titel II. § 1 klar, dass die gesamte Staatsgewalt vom König als Oberhaupt des Staates ausgehe. Hieraus sei ersichtlich, dass die Staatsgewalten, insbesondere die der Judikative, Gegenstände der Zivilgerichtsbarkeit und Strafgerichtsbarkeit sowie die der Exekutive, nämlich Gegenstände der Polizeiverwaltung in den dem Souverän nachgeordneten Behörden und Ämtern, nicht wieder vereinigt werden dürften. Genau dies sei aber der Fall bei den mit einer „Allzuständigkeit" ausgestatteten Landgerichten, während es bei den oberen Behörden nach der Gerichtsverfassung eine umfassende Gewaltentrennung gebe[1047].

Letztlich kam es, obwohl wiederholt gefordert, bis 1861[1048] nicht zu einer Gewaltentrennung. Ein Hauptgrund dürfte die stets befürchtete Kostenlast gewesen sein. Weitere Gründe, weshalb es zu einer derartigen Neuorganisation nie kam, dürften neben der Verwicklung Bayerns in eine Vielzahl von Kriegen, der Neuerwerb weiter Gebiete gewesen sein, deren Staatsschulden von Bayern ebenfalls getragen werden mussten. Die bayerische Regierung war offenbar nicht bereit,

1045 (Puchta, Der Dienst der deutschen Justizämter oder Einzelrichter, 1829, S. 10) und vgl. hierzu in dieser Arbeit die Ausführungen über den Aufgabenzuwachs in der Kriminalgerichtsbarkeit und in der Polizeiverwaltung im Laufe der Jahre unter den Gliederungspunkten „Geschäftskreis Kriminalgerichtsbarkeit" und „Geschäftskreis Polizeiverwaltung".

1046 (Anonym, Ueber die bevorstehende Verkleinerung der Landgerichte in Bayern, 1834, S. 26) und (Weis, Die Trennung zwischen Justiz und Verwaltung bei den bayerischen Unterbehörden. Zur Vorgeschichte des Gerichtsverfassungsgesetzes von 1861, 1987, S. 755).

1047 (Hornthal, 1837, S. 56).

1048 (Stahleder & all, 1990, S. 176).

sich ein weiteres unkalkulierbares Kostenrisiko aufzubürden[1049]. Dies ist vor allem insofern schwer nachzuvollziehen, als sich die Regierung bei einer unterbehördlichen Gewaltentrennung nicht auf unbekanntes Terrain begeben hätte, denn in den linkrheinischen Gebieten und den rechtsrheinischen Städten hatte sich eine solche Organisation bewährt[1050].

3. Mündlichkeits- und Öffentlichkeitsprinzip vs. Schriftlichkeitsprinzip

Insbesondere in den Jahren nach 1808 hatte die Schriftlichkeit des Verfahrens Auswüchse angenommen, die die Landgerichte an die Grenzen der Belastbarkeit brachten[1051].

Die Mündlichkeit und die oftmals im selben Atemzug genannte Öffentlichkeit des Verfahrens bei den Landgerichten war ein häufig vorgebrachter Vorschlag, um einerseits ein schleuniges streitiges Zivilverfahren in erster Instanz sicherzustellen und anderseits durch die Öffentlichkeit dieses Verfahrens eine gewisse Qualitätssicherung und „öffentliche Kontrolle" zu gewährleisten.

Die Mündlichkeit des Verfahrens wurde als eine Möglichkeit gesehen, die Landgerichte von ihrer Schreiblast zu befreien.

Es handelte sich um Forderungen, denen aufklärerische Gedanken zu Grunde lagen, insbesondere eben die Freiheit von Willkür, Gleichheit vor dem Gesetz, aber auch die effektive Gewährung von raschem Rechtschutz[1052].

Zunächst gilt es in diesem Zusammenhang die Begriffe der Mündlichkeit und Öffentlichkeit zu definieren:

Die typische Form des gemeinen deutschen Zivilprozesses, ebenso wie die der bayerischen oder preußischen Prozessordnungen, war der schriftliche und geheime Prozess, anders als der französische Prozess, der sich durch Öffentlichkeit und Mündlichkeit auszeichnete[1053].

1049 (Weis, Die Trennung zwischen Justiz und Verwaltung bei den bayerischen Unterbehörden. Zur Vorgeschichte des Gerichtsverfassungsgesetzes von 1861, 1987, S. 754).

1050 (Weis, Die Trennung zwischen Justiz und Verwaltung bei den bayerischen Unterbehörden. Zur Vorgeschichte des Gerichtsverfassungsgesetzes von 1861, 1987 , S. 755).

1051 (Puchta, Erinnerungen aus dem Leben und Wirken eines alten Beamten: vornehmlich für Anfänger in der juristischen, besonders Aemter-Praxis, 1842, S. 207).

1052 (Puchta, Beiträge zur Gesetzgebung und Praxis des bürgerlichen Rechtsverfahrens, 1822, S. 86 f).

1053 (Stürzer, 1838, S. 28).

Die Definition der Begriffe Öffentlichkeit und Mündlichkeit erfolgte daher auch in einer negativen Form in Abgrenzung zum geheimen und schriftlichen Verfahren.

Hiernach war ein Verfahren öffentlich, wenn es nicht geheim stattfand. Geheim war ein Verfahren, das lediglich vor dem Richter – gegebenenfalls unter Beiziehung eines Richterkollegiums oder von Gerichtsdiener und Schreibern – und vor den Parteien stattfand, jedoch unter Ausschluss jeglichen sonstigen Publikums[1054].

Zu unterscheiden ist der Begriff des geheimen Verfahrens von dem Begriff der Heimlichkeit. Ein heimliches Verfahren schloss selbst die Parteien von einzelnen Vorgängen des Verfahrens aus und erfüllte unter keinen Umständen die Voraussetzungen eines ordentlichen Verfahrens[1055].

Ein Verfahren war mündlich, wenn es nicht der Schriftlichkeit unterlag. In einem schriftlichen Verfahren hatten die Parteien ihre Vorträge entweder schriftlich beim Gericht einzureichen oder das Gericht hatte das von den Parteien mündlich Vorgetragene ebenso zu protokollieren wie den gesamten Verfahrensablauf einschließlich etwaiger Beweisaufnahmen etc.

Mündlich war ein Verfahren, wenn das Streitverhältnis allein durch den mündlichen Vortrag der Parteien dargelegt wurde, und der Richter diese nicht protokollierte mündliche Disputation zur Grundlage seiner Entscheidung machte[1056].

Insbesondere über die Einführung der Mündlichkeit des Verfahrens wurde heftig gestritten. Das schriftliche Verfahren mitsamt der damit verbundenen und oft kritisierten „Vielschreiberei" bei den Landgerichten wurde zweifelsohne im Hinblick auf den damit einhergehenden Zeitaufwand als Problem erkannt[1057]. Die Gegner einer solchen Einführung führten jedoch zahlreiche Argumente an, dass durch die Öffentlichkeit und Mündlichkeit des Verfahrens nichts zu gewinnen sei. Durch diese würde die Tätigkeit des Landrichters nur noch weiter erschwert. Zudem sei ein Gerichtsprozess eine „Privatangelegenheit", die einzig die Parteien, das Gericht und allenfalls noch die jeweils mandatierten Advokaten betreffe und jedenfalls nicht die „müßigen Maulaffen", die ohne eigenes Interesse lediglich Zuhörer des Verfahrens wären[1058].

1054 (Stürzer, 1838, S. 28).

1055 (Puchta, Beiträge zur Gesetzgebung und Praxis des bürgerlichen Rechtsverfahrens, 1822, S. 97).

1056 (Stürzer, 1838, S. 28).

1057 Dasselbe Problem soll es dagegen auch in Frankreich gegeben haben (Miller, 1825, S. 225 ff).

1058 Diese und weitere Argumente gegen die Einführung der Mündlichkeit des Verfahrens, außer im summarischen Prozesse (Miller, 1825, S. 45 ff).

Im Falle der Einführung des mündlichen Verfahrens bei den Landgerichten in zivilrechtlichen Streitigkeiten hätte ein Landrichter auf die ihm vorliegenden Verfahren noch mehr Aufmerksamkeit zu richten. Er müsse alle Fristen für die Parteien, alle prozessleitenden Verfügungen, jede Art von zu erlassenden Bescheiden und auch seine sonstigen Aufgaben mangels schriftlicher Vorträge und Protokolle noch genauer kontrollieren. Im Endeffekt müsse auf dem Lande dadurch jede Streitsache mehrmals überprüft werden, um zu verhindern, dass das nun mündliche Verfahren chaotische Ausmaße annehme. Dies alles müsse außerdem in ständiger Rücksprache mit den Parteien erfolgen. Konsequenz der Einführung des mündlichen Verfahrens sei also, dass jeder Landrichter allein 2–3 Tage pro Woche dafür aufwenden müsse, eine ordnungsgemäße Behandlung der Zivilstreitigkeit zu gewährleisten[1059].

Letztlich führe dies nur zu einem weiteren Hemmnis für den landgerichtlichen Geschäftsgang.

Außerdem sei die Schriftlichkeit des Verfahrens der einzige Weg, die Überlegungen des Richters auf dem Weg zum Urteil nachverfolgen zu können. Gerade für die Berufung zu den Appellationsgerichten sei dieses Verfahren daher unabkömmlich. Die richterliche Tätigkeit würde andernfalls erheblich erschwert werden[1060].

Darüber hinaus biete ein schriftliches Verfahren für einen Landrichter die vollumfängliche Möglichkeit, seine Aufgaben in ordnungsgemäßer und vor allem fleißiger Weise noch Jahre später nachzuweisen. Es biete somit jedem Landrichter auch die verbesserte Chance, sich für Aufgaben in höheren Behörden zu empfehlen[1061].

Eine Verminderung der „Vielschreiberei“ bei den Landgerichten sei weniger durch die Einführung des mündlichen Verfahrens als vielmehr durch Reduzierung der dortigen Aufgabenlast und der allgemeinen Vereinfachung des Geschäftsgangs zu erreichen[1062]. Allenfalls an die Einführung des mündlichen Verfahrens bei Streitigkeiten in geringfügigen Sachen könne gedacht werden, um Geschäftsgang in solchen Sachen zu beschleunigen[1063].

1059 (Hornthal, 1837, S. 52).

1060 (Puchta, Über die bürgerliche Rechtspflege und die Gerichtsverfassung Baierns mit Hinsicht auf die Verbesserungs-Vorschläge, 1826, S. 233).

1061 (Puchta, Über die bürgerliche Rechtspflege und die Gerichtsverfassung Baierns mit Hinsicht auf die Verbesserungs-Vorschläge, 1826, S. 232 f).

1062 (Puchta, Über die bürgerliche Rechtspflege und die Gerichtsverfassung Baierns mit Hinsicht auf die Verbesserungs-Vorschläge, 1826, S. 233 f).

1063 (Puchta, Beiträge zur Gesetzgebung und Praxis des bürgerlichen Rechtsverfahrens, 1822, S. 310 ff).

Befürworter der Einführung der Mündlichkeit des Verfahrens verwiesen auf das französische Justizwesen, bei dem für eine Bevölkerung von 32 Millionen Franzosen die Justiz aus vier Präsidenten und 44 Räten bestand. Das Oberappellationsgericht in München, das für eine Bevölkerung von vier Millionen Bayern zuständig war, sei jedoch mit einem Präsidenten, vier Direktoren und 39 Räten besetzt. Allein dieser Vergleich[1064], so die Befürworter, zeige schon die Überlegenheit des mündlichen Verfahrens gegenüber dem schriftlichen Verfahren durch eine effektivere und damit bessere Justiz und müsse daher auch Grundsatz in Bayern werden[1065].

In der Reduzierung des Schreibaufwandes für ein Verfahren sah man demnach ein sinnvolles Mittel zu Effektivierung der Justiz, aber auch der übrigen Verwaltung. Die Einführung der Mündlichkeit des Verfahrens könne hierbei allerdings nur dann hilfreich sein, sofern sie nach zuvor festgelegten Grundsätzen und nur in einfachen Streitsachen zur Anwendung komme[1066].

Andere Stimmen gingen sogar noch einen Schritt weiter und forderten eine gänzliche Abschaffung des schriftlichen Verfahrens bei den Landgerichten. Aufgrund der Vielzahl von Zuständigkeiten und der sich hieraus ergebenden Aufgaben reiche die Zeit bei den Gerichten auf dem Lande nicht aus, um die vielen Streitigkeiten im Rahmen von Schriftsätzen auszudiskutieren und in richterlichen Relationen abzuurteilen. Dies sei dann erst Aufgabe der Räte bei den Appellationsgerichten[1067].

Gleichzeitig mit der Einführung der Mündlichkeit bei den Landgerichten müsse die Beiziehung von Advokaten dort untersagt und erst auf Ebene der Appellationsgerichte erlaubt werden. So schwinde auch die Prozessfreudigkeit der Parteien und diese wären eher bereit, sich im Rahmen des nun mündlichen Verfahrens vor dem Landrichter zu vergleichen. Auf diese Weise könne man zum einen die Vielschreiberei und zum anderen die Prozessflut mit ein und demselben Mittel eindämmen[1068].

1064 An dem „französischen Modell“ wurde jedoch erheblich Kritik geübt (Miller, 1825, S. 6–9, S. 39–60 und S. 205 ff).

1065 (Anonym, Ueber die bevorstehende Verkleinerung der Landgerichte in Bayern, 1834, S. 24 in der Fußnote).

1066 (Puchta, Der Dienst der deutschen Justizämter oder Einzelrichter, 1829, S. 211 Nr. 3).

1067 (Anonym, Ueber das Bedürfniß einer besseren Justiz in Baiern, besonders bey den Landgerichten den Land-Ständen gewidmet, 1819, S. 17).

1068 (Anonym, Ueber das Bedürfniß einer besseren Justiz in Baiern, besonders bey den Landgerichten den Land-Ständen gewidmet, 1819, S. 17).

Allein mit einem mündlichen und darüber hinaus öffentlichen Verfahren könne man der steigenden Anforderungen an den Untergerichten Herr werden[1069]. Die Einführung der Öffentlichkeit des Verfahrens sei notwendig, da durch diese Maßnahme das Vertrauen der Bevölkerung in die Gerichtsbarkeit gestärkt werde[1070].

Dies widerspreche auch nicht dem Interesse der Parteien. Zwar möge es vereinzelt den Parteien widerstreben, der Öffentlichkeit einen Einblick in deren Privatangelegenheiten zu geben, in der Regel müsse jedoch davon ausgegangen werden, dass eine Kontrolle des gerichtlichen Verfahren durch die Öffentlichkeit auch, oder vor allem, im Interesse der rechtsuchenden Parteien liege. Die Mehrzahl der Parteien dürften daher die Einführung des öffentlichen Verfahrens begrüßen[1071]. Auch von der Seite der Justizbeamten dürften keine Einwände gegen die Einführung des öffentlichen Verfahrens bestehen, da es für Richter, die sich mit Unparteilichkeit, juristischen Fähigkeiten und Fleiß in einem öffentlichen Gerichtsverfahren zeigten, keinen Grund gebe, sich ein geheimes Verfahren zu wünschen[1072].

Letztlich setzten sich die Befürworter der Mündlichkeit des Verfahrens durch, zumindest im Hinblick auf bestimmte Gerichtsverfahren bei den Landgerichten, ebenso wie die Befürworter des öffentlichen Verfahrens[1073].

Zwar hatte auch die bis zu diesem Zeitpunkt geltende Prozessordnung in bestimmten Fällen die Möglichkeit eines mündlichen Verfahrens vorgesehen[1074], mit der Novelle zur Prozessordnung vom 17. November 1837 wurde jedoch die Mündlichkeit bei einer Vielzahl von Verfahren zum Grundsatz erklärt.

Die Mündlichkeit wurde in der Novelle zur Prozessordnung vom 17. November 1837 zwingend eingeführt bei Klagen von einem Streitwert in der Hauptsache von nicht über 100fl. ohne besondere Einbeziehung von anfallenden Kosten, Zinsen und Nutzungen sowie bei bestimmten weiteren Streitigkeiten[1075].

1069 (Weis, Die Trennung zwischen Justiz und Verwaltung bei den bayerischen Unterbehörden. Zur Vorgeschichte des Gerichtsverfassungsgesetzes von 1861, 1987, S. 761).

1070 (Anonym, Bemerkungen über die Einführung der Oeffentlichkeit des gerichtlichen Verfahrens und der Geschworenengerichte in Baiern, 1819, S. 19).

1071 (Buchinger, 1827, S. 219 ff).

1072 (Anonym, Bemerkungen über die Einführung der Oeffentlichkeit des gerichtlichen Verfahrens und der Geschworenengerichte in Baiern, 1819), S. 20).

1073 (Puchta, Anleitung zur Civilprozess-Praxis in Bayern: nach dem Gesetz vom 17. November 1837, 1838, S. 7 Nr. 2 und S. 8 Nr. 7).

1074 Vgl. Gerichtsordnung von 1753, Kapitel III., §3 Nr. 1–4 und Prozessgesetz vom 22. Juli 1819.

1075 Vgl. hierzu im Einzelnen „Gesetz einige Verbesserungen der Gerichtsordnung in bürgerlichen Rechtsstreitigkeiten betreffend“ vom 17. November 1837 dort Abschnitt I, § 1, Ziff. 2–9.

Gem. Abschnitt I § 2 der Novelle zur Prozessordnung vom 17. November 1837 wurde die Zuziehung eines Rechtsanwalts den Parteien auch im mündlichen Verfahren entgegen vieler Forderungen[1076] nicht versagt[1077].

Eine Klagehäufung im Rahmen des mündlichen Verfahrens sollte nur in den Fällen zulässig sein, in denen die verschiedenen Streitgegenstände derselben Nummer (beispielsweise im Falle einer Streitigkeit zwischen Familienmitgliedern) unterfielen. In den übrigen Fällen war eine eigene Klage erforderlich[1078]. Eine Widerklage konnte im mündlichen Verfahren nur erhoben werden, sofern der durch sie geltend gemachte Streitgegenstand ebenfalls die Voraussetzungen für das mündliche Verfahren erfüllte[1079].

Wurde die Hauptsacheklage im schriftlichen Verfahren verhandelt und fiel die Widerklage in das mündliche Verfahren, konnte diese nicht im schriftlichen Verfahren erhoben werden, sondern musste stattdessen selbstständig in einem der Mündlichkeit unterfallenden Prozess geltend gemacht werden[1080].

Durch die weitgehende Einführung des mündlichen Verfahrens wollte man offenbar genau die Parteien zu einer mündlichen Verhandlung vor den Richter holen, von denen man sich eine gütliche Einigung erhoffte (beispielsweise Streitigkeiten von geringem Wert, Streitigkeiten zwischen Familienangehörigen), oder Parteien, denen an einer raschen Entscheidung lag (beispielsweise Streitigkeiten von Reisenden oder Streitigkeiten während Messen und Märkten).

Die Hoffnung, in dieser Verfahrensart eine höhere Zahl an gütlichen Einigungen zu erzielen, zeigt sich auch an der zweimaligen Durchführung des Versuchs einer gütlichen Einigung, einmal zu Beginn der Verhandlung und einmal nach der Beweisaufnahme[1081].

4. Fazit

Um die Situation bei den Landgerichten zu verbessern, wurde eine Vielzahl von Vorschlägen erarbeitet. Diese Ideen hatten völlig unterschiedliche Ansatzpunkte zur Entlastung der Landgerichte.

1076 So zum Beispiel (Anonym, Ueber das Bedürfniß einer besseren Justiz in Baiern, besonders bey den Landgerichten den Land-Ständen gewidmet, 1819, S. 17) oder (Puchta, Über die bürgerliche Rechtspflege und die Gerichtsverfassung Baierns mit Hinsicht auf die Verbesserungs-Vorschläge, 1826, S. 256 Nr. 8).

1077 (Samhaber, 1838, S. 13).

1078 (Samhaber, 1838, S. 10).

1079 (Stürzer, 1838, S. 293).

1080 (Samhaber, 1838, S. 10).

1081 (Samhaber, 1838, § 13).

Sie reichten von dem rein praktischen Reformvorschlag wie Gebietsreformen durch die Verkleinerung der Landgerichtsbezirke bis hin zu grundlegenden Eingriffen in die bayerische Prozessordnung mit dem Ziel einer vollständigen Änderung des prozessualen Verfahrensablaufs, indem die Einführung der Öffentlichkeit und Mündlichkeit des Verfahrens gefordert wurde.

Alle diese Überlegungen beinhalteten den Versuch, des Hauptgrundes der Überlastung der Landgerichte Herr zu werden, nämlich der steigenden Bevölkerung und der damit einhergehenden Prozess- und Aufgabenflut in der Zivilgerichtsbarkeit, Kriminalgerichtsbarkeit und Polizeiverwaltung.

Einzig die Umsetzung einer Reform der bayerischen Prozessordnung konnte sich im Endeffekt, wenn auch mit Abstrichen, durchsetzen. Von der Einführung der Öffentlichkeit und der Mündlichkeit des Verfahrens in bestimmten Streitgegenständen bei den Untergerichten erhoffte man sich eine Beschleunigung des Verfahrens unter gleichzeitiger Schonung personeller Ressourcen:

Die Möglichkeit der gütlichen Einigung, für die der Weg über das mündliche Verfahren eröffnet war, stand in den gerichtlichen Verfahren von Anfang an im Vordergrund, um dadurch einen Großteil solcher Prozesse gar nicht bis zum Urteilsstadium reifen zu lassen. Auf diese Weise erhoffte man, bei den Untergerichten die zeitaufwendige Begründung von Urteilen und deren Niederschrift entbehrlich zu machen. Die Einführung des zweiten Versuchs der gütlichen Einigung nach der Beweisaufnahme, also unmittelbar vor der Entscheidung durch den Unterrichter, war der beste Beweis für diese Intention.

Durch das mündliche Verfahren von Angesicht zu Angesicht wollte man darüber hinaus erreichen, dass sich die Parteien vor Gericht begegneten und auf diese Weise die Möglichkeit der gütlichen Einigung unter Vermittlung des Richters persönlich erörtern konnten.

Sollte eine gütliche Einigung scheitern, konnte der Richter seine Eindrücke für die Entscheidung des Rechtsstreits direkt aus der mündlichen Verhandlung und nur aus dieser nehmen, ohne zusätzlich eine Vielzahl seitenlanger Schriftsätze berücksichtigen und lesen zu müssen. Hierdurch sollte jedenfalls für den Fall, dass eine gütliche Einigung scheiterte, der Zeitaufwand der Unterrichter für das Verfassen einer Entscheidung reduziert werden.

Durch die Novelle der bayerischen Prozessordnung vom 17. November 1837 wurden jedoch die eigentlichen Probleme, nämlich die Überladung der Landgerichte mit den unterschiedlichsten Aufgaben und die damit einhergehende Überlastung des landgerichtlichen Geschäftsgangs in seiner Gesamtheit, nicht gelöst.

Zwar war die teilweise Einführung des mündlichen Verfahrens bei bestimmten Streitigkeiten eine zeitsparende Reform zu Gunsten der Untergerichte, doch ist dabei nicht zu vergessen, dass diese Reform der Prozessordnung allen Untergerichten, also auch den Stadtgerichten, die ohnehin nur die Zivilgerichtsbarkeit ausübten, zu Gute kam.

Von einer Reform, die speziell die Entlastung der Landgerichte von ihrer Aufgabenlast zum Gegenstand hatte, konnte somit keine Rede sein. Der landgerichtliche Geschäftsgang als solcher blieb unverändert.

G. Schlussbemerkung zu den Landgerichten

Um ein Schlussfazit über die Bedeutung, Organisation und Stellung der Landgerichte in Bayern in der Zeit von 1802 bis 1848 ziehen zu können, ist es notwendig, auch einen Ausblick auf die Entwicklung der bayerischen Untergerichtsbarkeit in den Folgejahren zu geben. Hierbei wird deutlich, dass einige Reformvorschläge, die in der Zeit von 1802 bis 1848 noch keine Beachtung fanden, sich letztlich doch durchsetzten.

Durch die Errichtung von Landgerichten konnten die Pflegerichte abgeschafft und dadurch die Missstände des Pflegewesens endgültig beseitigt werden. Die Untergerichte waren damit keine Pfründe mehr für Adelige oder Beamte, sondern wurden nur noch von fachkundigen und erfahrenen Juristen besetzt. Trotz der erheblichen Kritik am Geschäftsgang bei den Landgerichten bestand weitgehende Einigkeit über die Fachexpertise und Bildung sowie den Fleiß der Landrichter[1082]. Mit der Gründung der Landgerichte im Jahre 1802 und deren Besetzung durch gut besoldete Beamte erreichte man auch ein Ende des zuvor gängigen Ämterhandels und gleichzeitig eine Sensibilisierung der Bevölkerung dafür, dass das Amt eines Landrichters nicht eine Belohnung war, sondern eine große, mit viel Verantwortung verbundenen Aufgabe.

Diese Aufgabe war fortan auch weitestgehend von der Richterperson selbst, gegebenenfalls unter Beziehung der hierfür beigeordneten Nebenbeamten, auszuüben und nicht, wie bei den Pflegegerichten vor 1802 üblich, durch sogenannte Pflegeverweser, die von den die mit dem Amt des Hauptpflegers lediglich formell betrauten und juristisch zumeist völlig ungebildeten Hauptpflegern bezahlt wurden.

Durch die ordentliche Besoldung und finanzielle Absicherung der Landrichter und deren Familien gelang es, ein starkes Beamtentum bereits auf unterster Behördenebene zu schaffen. Da die Tätigkeit als Landrichter nun lukrativ war, konnte auch juristisch hervorragend ausgebildetes Fachpersonal bereits für die Untergerichtsbarkeit gewonnen werden.

Mit der Konstitution von 1808[1083], dort Titel V. §§ 3 und 4, und der Verfassungsurkunde von 1818, dort Titel VIII. §§ 3 und 4, wurde die richterliche Unabhängigkeit verfassungsmäßig festgeschrieben. Dies trug erheblich zu einer Emanzipation der Gerichtsbarkeit vom Souverän bei und stärkte auch die Stellung der Gerichte auf dem Lande. Diese waren nun dadurch bei ihrer

1082 Kritik am mangelnden Fleiß der Landrichter einzig (Pelkhoven, 1811, § 14).

1083 Reg. Bl. 1808, S. 985.

Urteilsfindung einzig an Recht und Gesetz gebunden und konnten, wie bereits die Konstitution von 1808 in Titel V. § 3 festschrieb, ihre Richterstellen nicht ohne Rechtsspruch verlieren.

Die oftmals kritisierte „Allzuständigkeit" der Landgerichte, also die Zuständigkeit für Zivilgerichtsbarkeit, Kriminalgerichtsbarkeit und Polizeiverwaltung, hatte auch einen positiven Nebeneffekt, der die Stellung und das Ansehen der Landgerichte bei der Bevölkerung erheblich verbesserte. Ein Landgericht war aufgrund seiner umfassenden Zuständigkeiten für die Amtsanbefohlenen in dem jeweiligen Bezirk der universelle Ansprechpartner für tatsächliche und rechtliche Probleme aller Art[1084]. Die Amtsanbefohlenen konnten sich also in der Regel an eine einzige Behörde wenden, ohne die Befürchtung haben zu müssen, dass sich diese für unzuständig erklären würde. Aus heutiger Sicht war ein Landgericht von damals Zivilgericht, Kriminaluntersuchungsbehörde, Landratsamt, Notariat, Grundbuchamt, Militärbehörde, Nachlassgericht, Betreuungsgericht, Familiengericht, Insolvenzgericht, Gemeindeaufsicht, Stiftungsaufsicht, Straßenbaubehörde, Gewerbeaufsichtsamt, Gesundheitsbehörde, Versicherungsanstalt, Einwohnermeldeamt, Kirchenaufsicht, Schulbehörde und vieles mehr[1085] in einem einzigen Amt.

Aufgrund dieser „Allzuständigkeit" konnte ein Landrichter umfassenden Rat erteilen und weitreichende Entscheidungen für seinen Landgerichtsbezirk treffen, ohne bürokratischen Hindernissen unterworfen zu sein. Vor allem in Krisenzeiten und nach Katastrophen hatte man bei den Landgerichten somit die Möglichkeit, schnell und effektiv Hilfe zu leisten[1086].

Neben diesen positiven Auswirkungen hatte die umfassende Zuständigkeit der Landgerichte auch für die Ausbildung eines Beamten große Vorteile. Da in allen höheren Behörden eine Trennung der Gewalten bereits stattgefunden hatte, war die Tätigkeit bei einem Landgericht die einzige Möglichkeit der umfassenden Fortbildung als Beamter in nahezu allen Tätigkeitsbereichen der öffentlichen Gewalt.

Es gab sogar Stimmen, die eine mehrjährige Tätigkeit bei einem Landgericht als „unerlässlich notwendige Schule der praktischen Bildung" für jeden

---

1084 Zur positiven Wahrnehmung der Landgerichte bei den Amtsanbefohlenen vgl. aus der Betrachtung im Nachhinein von einem Landgerichtassessoren (sich nur als solcher bezeichnend) (Anonym, Ein Gutachten in der Gerichtsorganisationsfrage: von einem Landgerichts-Assesor, 1860, S. 4).

1085 (Kayser, 1814, S. 254).

1086 Vgl. hierzu Ausführungen zur eigenständigen Hilfe bei der Hungersnot 1816/1817 (Puchta, Erinnerungen aus dem Leben und Wirken eines alten Beamten: vornehmlich für Anfänger in der juristischen, besonders Aemter-Praxis, 1842, S. 267 f).

Staatsbeamten sahen[1087]. Diese Stimmen bezeichneten die Arbeit eines Landrichters als Schnittstelle zwischen juristischer Theorie und der tatsächlichen Praxis, die „die Schule mit dem Leben versöhnt"[1088].

Für die Tätigkeit bei einem Landgericht war also, neben einer gründlichen Kenntnis des Rechts, auch Einfühlungsvermögen für die Probleme der einfachen Landbevölkerung sowie ein praktisches Verständnis für das tatsächliche Leben auf dem Lande nötig. Auch die Fähigkeit, eine Vielzahl von anfallenden Aufgaben strukturiert organisieren zu können und hierbei den Überblick zu behalten, war für das Amt eines Landrichters unerlässlich.[1089].

Die Ausbildung eines Staatsbeamten bei einer anderen Behörde als einem Landgericht wurde daher sogar teilweise als Hindernis für eine vollkommene juristische und verwaltungspraktische Bildung angesehen, da es diesem angehenden Beamten dann an der nötigen Abwechslung fehle, die aber notwendig sei, um die Vielschichtigkeit und Tragweite seiner Tätigkeit erkennen zu können[1090].

Der Wirkungskreis eines Landgerichts spiegelte also den Großteil der Staatsverwaltung ohne die Finanzen wider, in der Zivilgerichtsbarkeit, der Kriminalgerichtsbarkeit und der Polizeiverwaltung[1091]. Trotz oder gerade wegen der hiermit einhergehenden Aufgabenlast, die die Landgerichte und deren Beamten mit dem zugehörigen Gerichtspersonal an die Grenzen ihrer Belastbarkeit gebracht hatten, galten sie als „Basis der Pyramide" der Staatsverwaltung[1092].

Sie waren ein wichtiges Zwischenstadium für die Entwicklung der Gerichtsbarkeit, beginnend bei den Pflegegerichten bis zur weiteren Entwicklung der Gerichtsbarkeit ab 1850. Gerade durch die mit der Überlastung einhergehenden Probleme bei den Landgerichten entwickelte sich vom einfachen Landbewohner bis hin zur Ständeversammlung und dem König eine Sensibilität für das Bedürfnis einer umfassenden Gewaltentrennung auf allen Ebenen der Staatsverwaltung.

1087 (Reingruber, Ueber den Wirkungskreis eines Landgerichts im Königreiche Baiern, Bd. 1, 1814, in seiner Vorrede S. XIV).

1088 (Reingruber, Ueber den Wirkungskreis eines Landgerichts im Königreiche Baiern, Bd. 1, 1814, S. 102).

1089 (Reingruber, Ueber den Wirkungskreis eines Landgerichts im Königreiche Baiern, Bd. 1, 1814, S. 105 in der Fußnote).

1090 (Weber, 1817, § 3).

1091 (Reingruber, Ueber den Wirkungskreis eines Landgerichts im Königreiche Baiern, Bd. 1, 1814, S. 102).

1092 (Reingruber, Ueber den Wirkungskreis eines Landgerichts im Königreiche Baiern, Bd. 1, 1814, S. 112).

Im direkten Vergleich zu den linksrheinischen Gebieten[1093] und den rechtsrheinischen Stadtgerichten zeigte sich, dass eine umfassende Gewaltentrennung in der gesamten Staatsverwaltung der einzig mögliche Weg war, die Staatsverwaltung effektiv zu gestalten und vor dem absoluten Kollaps zu bewahren. Auch Reformen in anderen Bereichen der Landgerichtsbarkeit, wie der Versuch der weitgehenden Abschaffung der Entscheidungsfindung durch Einzelrichter und Einführung einer kollegialen Beschlussfassung bereits auf untergerichtlicher Ebene fielen der Überlastung der Landgerichte zum Opfer und wurden de facto oftmals ausgehebelt.

Man folgerte daraus, dass eine vollumfassende Reform der Untergerichtsbarkeit erfolgversprechender schien, als bloß punktuelle Reformen in einzelnen Bereichen. Andernfalls drohten nämlich grundsätzliche Probleme bei den Landgerichten (Überlastung mit Aufgaben) bereits Reformen von Anfang an zu hemmen. Dies war auf den ersten Blick oftmals gar nicht zu erkennen, beispielsweise bei der Einführung der Kollegialgerichtsbarkeit an den Landgerichten, der Umsetzung des Gemeindeedikts oder der Einführung des Hypothekengesetzes, da dort jeweils die Reformbestrebungen aus ganz anderen Bereichen der Staatsverwaltung kamen, aber letztlich das gleiche Justizorgan, nämlich die Landgerichte, betrafen. Es galt also fortan bei allen Reformen des Justiz- und Verwaltungsapparats die Systemizität und die Gewachsenheit dieser komplexen Institutionen zu berücksichtigen und die Folgen einer Reform – unabhängig davon, auf welcher Ebene und in welchem Rechtsgebiet sie beabsichtigt war – bis ins letzte Glied des Apparats (dies waren eben oftmals die Landgerichte) zu durchdenken und bewusst in Kauf zu nehmen.

Die hieraus gewonnenen Erfahrungen wurden bei den Reformen der Gerichtsbarkeit ab 1850 stets berücksichtigt. Dies zeigt sich in einer Zusammenstellung des Staatsrates für die Motive des Grundlagengesetztes vom 4. Juni 1848. Der Staatsrat wies dabei darauf hin, dass es der Tätigkeit eines Landrichters als unterstem Regierungsorgan hinderlich sei, wenn er zur gleichen Zeit Zivilurteile, Protokolle von Kriminaluntersuchungen, Notariatsgeschäfte, Hypothekengeschäfte sowie Sporteln und Taxen zu bearbeiten habe. Hierdurch würde seine Schaffenskraft in einer Art und Weise aufgeteilt, dass die gesamte Strebsamkeit eines Landrichters verloren ginge. Für die Staatsverwaltung, deren verlängerter Arm der Landrichter als Beamter sei, sei dadurch nichts gewonnen, da dieser Arm mehr und mehr erlahme[1094].

1093 Hinsichtlich der Ämter- & Gerichtsorganisation in den rechtsrheinischen Gebieten (Becher, 1896) und (Volkert, 1983, S. 125 f).

1094 Bayrisches Hauptstaatsarchiv, Unterlagen zum Grundlagengesetz vom4. Juni 1848, Staatsrat Nr. 3292.

Diese wichtige Erkenntnis wirkt sich, sicherlich unbewusst, bis heute auf die juristische Ausbildung und das verfassungsrechtliche Grundverständnis für die Staatsverwaltung in Deutschland aus. Auch die heutige deutsche Justizorganisation kennt in vielen Bereichen statt der „allgemeinen Allzuständigkeit“ einzelner Organe eher eine Organisation im Rahmen von Spezialisierungen wie beispielsweise Notariate im Beurkundungswesen, die in Spezialbereichen unterteilte Organisation von Zivil- (beispielsweise durch spezielle Handelskammern bei Landgerichten oder bei Amtsgerichten eigen Kammern für Miet- und WEG-Streitigkeiten), Kriminal- (Staatsschutzkammer, Schwurgericht etc.) und öffentlicher Gerichtsbarkeit (Kammerorganisation in spezielle Sachgebiete des öffentlichen Rechts).

Ab 1848, nach Abdankung König Ludwig I., zeigte sich in der neuen Regierung ein wiedererstarkter Reformwille in Form des sogenannten Grundlagengesetzes vom 4. Juni 1848[1095]. Hierbei handelte es sich um ein Verfassungsgesetz, in dem weitreichenden Wunsch zur Reform der Rechtspflege Rechnung getragen werden sollte.

Die Hauptpunkte des Grundlagengesetzes hinsichtlich der beabsichtigten Reformen waren Trennung der Justiz von der Verwaltung, Beseitigung der Standesvorrechte des privilegierten Gerichtsstandes, Schaffung von Schwurgerichten, Einführung von Einzelgerichten, Bezirksgerichten und Handelsgerichten in erster Instanz, Unabsetzbarkeit der Richter, sowie Abschaffung der Versetzungsmöglichkeit, Einrichtung einer Staatsanwaltschaft bei den Kollegialgerichten, Öffentlichkeit und Mündlichkeit des Verfahrens, Einführung des Anklageprinzips, Erlass eines Polizeistrafgesetzbuches für geringe Rechtsverletzungen, Übertragung der Ahndung geringer Rechtsverletzungen auf bei den Polizeibehörden geschaffene Einzelgerichte, Übertragung des Vormundschafts- und Hypothekenwesens auf die Einzelgerichte und Schaffung von Notariaten[1096].

Zu einer Umsetzung kam es 1848 allerdings nur hinsichtlich des strafrechtlichen Teils des Grundlagengesetzes. So wurde Schwurgerichte und das öffentliche und mündliche Verfahren eingeführt sowie Staatsanwaltschaften geschaffen[1097].

Auch in den Folgejahren kam es trotz regelmäßigen Hinweises auf die Absicht, das Programm des Grundlagengesetzes weiterhin umsetzen zu wollen, kaum noch zu weiteren Schritten[1098]. So scheiterte beispielsweise der Versuch,

1095 GesetzBl. 1848, S. 137 ff.
1096 (Seydel, Bayerisches Staatsrecht, 1913/1, S. 363).
1097 (Hellmuth, 1854, S. 66).
1098 (Seydel, Bayerisches Staatsrecht, 1913/1, S. 364).

im Jahr 1851 eigene Notariate auch im rechtrheinischen Bayern zu schaffen. Zur Verabschiedung eines Notariatsgesetzes kam es letztlich erst 1861[1099].

Den langen Kampf um die Organisation der Rechtspflege kommentierte Justizminister Karl Freiherr von Mulzer bei seiner Ansprache an die Abgeordnetenkammer vom 25. Mai 1861 bei Vorlage des Gerichtverfassung- und Notariatsgesetzes:

> „Mögen durch diese Gesetzentwürfe die Fragen über die Trennung der Rechtspflege und der Verwaltung und über das Institut des Notariats nach langem Kampfe zum Frommen der Rechtspflege und hiermit zum Segen des Landes allseitiger Einigkeit ihren Abschluss finden…“[1100].

Im Zuge dieser Reformen auf Basis des Grundlagengesetzes von 1848 ist davon auszugehen, dass nach einer gewissen Eingewöhnungszeit auch der Großteil der Bevölkerung die neue Gerichtsverfassung positiv aufnahm. Eine derart umfangreiche und vor allem grundsätzliche Reform – da sie eben unter anderem die Gewaltentrennung auch auf unterster Ebene[1101] und das Notarswesen in seiner ursprünglichen Form wieder einführte[1102] – wäre wohl nicht möglich gewesen, wenn man im rechtsrheinischen Bayern nicht die negativen Erfahrungen der ersten Hälfte des 19. Jahrhunderts gemacht hätte.

Allerdings gab es letztlich auch Verlierer dieser Reform, denn der Markt Kötzting, dessen bisheriger Landgerichtbezirk auf nunmehr zwei Landgerichte aufgeteilt worden war, beschwerte sich bitter, dass der Bierverbrauch aufgrund der Aufteilung enorm zurückgegangen sei. Diejenigen Amtsanbefohlenen, die ehemals in Bad Kötzting ihr Bier nach Gerichtsterminen zu trinken pflegten, frönten diesem Genuss nun an dem neuen Landgericht Neukirchen, sofern sie in den Zuständigkeitsbereich des neuen Landgerichts fielen[1103].

1099 (Stahleder & all, 1990, S. 176).

1100 (Weis, Die Trennung zwischen Justiz und Verwaltung bei den bayerischen Unterbehörden. Zur Vorgeschichte des Gerichtsverfassungsgesetzes von 1861, 1987, S. 765).

1101 Gerade die fehlende Gewaltentrennung galt als entscheidendes Mittel der einheitlichen Machtausübung vom Monarchen bis zur untersten Behördenebene (Puchta, Der Dienst der deutschen Justizämter oder Einzelrichter, 1829, S. 3).

1102 Hiergegen wehrte sich Ludwig I. aus finanziellen Gründen bis zuletzt (Weis, Die Trennung zwischen Justiz und Verwaltung bei den bayerischen Unterbehörden. Zur Vorgeschichte des Gerichtsverfassungsgesetzes von 1861, 1987, S. 760).

1103 (Weis, Die Trennung zwischen Justiz und Verwaltung bei den bayerischen Unterbehörden. Zur Vorgeschichte des Gerichtsverfassungsgesetzes von 1861, 1987, S. 763 f).

www.ingramcontent.com/pod-product-compliance
Ingram Content Group UK Ltd.
Pitfield, Milton Keynes, MK11 3LW, UK
UKHW021906290926
8980IPUK00015B/1079

9 783631 735435